BIBLIOTHÈQUE DU MOYEN AGE
TRADUCTIONS ARCHAÏQUES ET RYTHMÉES

CHANSONS DE GESTE

ROLAND. — AIMERI DE NARBONNE

LE COURONNEMENT DE LOUIS

TRADUCTION

DE

Léon CLÉDAT

PROFESSEUR A L'UNIVERSITÉ DE LYON

PARIS
GARNIER FRÈRES, LIBRAIRES-ÉDITEURS
6, RUE DES SAINTS-PÈRES, 6

1899

CHANSONS DE GESTE

BIBLIOTHÈQUE DU MOYEN AGE
TRADUCTIONS ARCHAÏQUES ET RYTHMÉES

CHANSONS DE GESTE

ROLAND. — AIMERI DE NARBONNE

LE COURONNEMENT DE LOUIS

TRADUCTION

DE

Léon CLÉDAT
PROFESSEUR A L'UNIVERSITÉ DE LYON

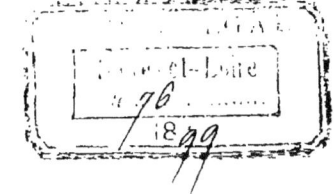

PARIS
GARNIER FRÈRES, LIBRAIRES-ÉDITEURS
6, RUE DES SAINTS-PÈRES, 6

1899

PRÉFACE

Ce volume contient trois chansons de geste, *Roland*, *Aimeri de Narbonne* et *le Couronnement de Louis*, les deus[1] dernières traduites pour la première fois dans leur ensemble.

Nous donnons la traduction complète de la chanson de *Roland*. Dans les deus autres, nous avons pratiqué quelques coupures, en remplaçant les fragments supprimés par des analyses.

Nous appliquons un système de traduction qui

---

1. Nous suivons dans ce volume le système orthographique adopté par la *Revue de Philologie française*, et appliqué dans les citations du *Rutebeuf* de la *Collection des grands écrivains français* (Paris, Hachette). Il consiste : 1° à remplacer par *s*, sauf dans les noms propres, tout *x* valant *s*; 2° à ne jamais redoubler *l* ni *t* dans les verbes en *eler* et en *eter*; 3° à écrire *je prens, il prent*, etc., comme Racine et Bossuet, au lieu de « je prends, il prend ». Nous renvoyons à la *Revue de Philologie française* pour la justification de ces réformes, qui visent à rendre l'orthographe plus correcte en faisant disparaître des erreurs et des anomalies grossières.

a été déjà mis à l'épreuve[1], et qui consiste à reproduire aussi exactement que possible les mots, les tournures et le rythme de nos vieus poèmes. On trouvera plus loin des explications précises sur ces archaïsmes. Notre but est de donner — si on nous permet cette expression — la « sensation » de l'original à ceus qui n'ont pas fait les études spéciales sans lesquelles on ne peut lire dans le texte les auteurs du moyen âge. C'est moins une traduction que le texte même rendu lisible.

Nous serons sobre de notes, ne voulant pas influer sur l'idée que le lecteur pourra se former spontanément du mérite littéraire de nos vieilles chansons de geste, et jugeant inutile de souligner les anachronismes, les procédés de style et les conceptions naïves (comme celle des mahométans idolâtres et adorateurs d'Apollon), toutes

---

[1]. Dans le *Rutebeuf* cité plus haut, dans deus volumes de la collection Lecène et Oudin (*Poésie lyrique au moyen âge ;* — *Littérature dramatique au moyen âge*), et dans un chapitre de l'*Histoire de la Langue et de la Littérature française* de Petit de Julleville.

Nous avons publié, en 1887, dans la *Bibliothèque de la Faculté des Lettres de Lyon* (Paris, Leroux), une « traduction archaïque de la *Chanson de Roland* », à laquelle nous renvoyons pour le commentaire philologique qui accompagne chaque vers du poème. Cette traduction a été refondue pour le présent volume.

particularités avec lesquelles le lecteur sera vite familiarisé. Nous souhaitons seulement qu'on n'attache pas plus d'importance qu'il ne convient aus gaucheries de l'exécution, et qu'on retrouve, à lire ces vieus poèmes, un peu de l'émotion que nos ancêtres éprouvaient à les entendre.

L. Clédat.

COSTUME MILITAIRE DU XIIᵉ SIÈCLE

D'APRÈS LES SCEAUS [1]

Fig. 1.

Fig. 2.

Fig. 3.

Fig. 4.

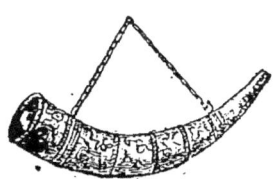

Fig. 5.

1. Ces sceaus sont : celui de Thibaut IV, comte de Blois (fig. 1); celui de Guillaume II, comte de Nevers (fig. 2); celui de la ville de Soissons (fig. 3); celui de Mathieu III, comte de Beaumont-sur-Oise (fig. 4). Les figures sont reproduites ici d'après l'édition Gautier de la *Chanson de Roland*. L'olifant (fig. 5) est emprunté aus *Nouveaux mélanges archéologiques* du P. Cahier.

Voyez, dans le petit glossaire ci-contre, les mots *écu*, *gonfanon*, *haubert*, *heaume*.

EXPLICATION DES ARCHAÏSMES

Il est nécessaire de donner au lecteur quelques explications préalables sur les mots archaïques, les vieus gallicismes et le rythme employés dans notre traduction.

I. — MOTS

Parmi les mots dont nous allons donner la liste alphabétique, les uns existent encore, mais ont perdu une partie de leur signification, d'autres figurent dans nos dictionnaires à titre d'archaïsmes [1], d'autres enfin ont complètement disparu de la langue.

Adouber : *Armer, revêtir de l'armure*, et non pas seulement « armer chevalier ».
Ahan : *Grande fatigue, grande peine*. On dit encore « suer d'ahan ».
Amiral : *Émir, grand chef des Sarrasins.*
Appeler (en) : *Interpeller.*
Armes : Ce mot ne désigne pas seulement les armes offensives, mais aussi — c'est le sens ordinaire — les armes défensives, l'ensemble des pièces de l'*armure*.
Aumaçour : Nos trouvères font de ce mot (qui est l'arabe *al-mansor* = le victorieus) le nom d'une dignité chez les Sarrasins.

---

1. Tel *douber, ahan, férir*, etc. — Nous n'avons pas fait figurer, dans ce petit glossaire, des mots tels que *empenné, autour* (substantif), *besant, ire*, qui, bien que peu employés aujourd'hui, n'exigent pas d'autres explications que celles qui se trouvent dans les dictionnaires courants.

Baillie (avoir en) : *Avoir sous sa puissance, gouverner.*
Baron : Ce mot n'a pas de signification plus précise que celle de *grand seigneur*. Il s'applique aussi bien à l'empereur, au pape, aus rois, qu'aus comtes, aus ducs, etc. Il s'emploie adjectivement avec le sens de *plein de vaillance.*
Beau frère : Terme d'affection : *mon ami.*
Bliaud : Espèce de *tunique*, que l'on gardait sous le haubert.
Boucle, bouclier : Voyez **écu**.
Brant : *Épée*, et spécialement *lame de l'épée.*
Brogne : Est le plus souvent synonyme de *haubert* (Voyez ce mot). A l'origine, la brogne est un haubert sans mailles, constitué par une tunique de cuir sur laquelle sont appliquées des plaques d'acier.
Carreau : *Trait* que lance l'arbalète.
Chef : Ce mot est constamment employé avec le sens de *tête*, qui est le sens primitif.
Chenu : *Blanc.*
Coiffe : Voyez **haubert**.
Com : Forme abrégée de *comme.*
Conquêter : *Conquérir.*
Courant : *Rapide.* Épithète de nature, appliquée au cheval.
Dame-Dieu : *Seigneur Dieu.* A l'origine, le mot *dame* est des deus genres et signifie à la fois « seigneur » et « dame ».
Démener : Voyez **mener**.
Dérompre : Composé et synonyme de *rompre.*
Dessur, dessus : *Sur.*
Devers : Deus sens : *En se dirigeant vers, en partant de.*
Dextre : Adj. : *droit, droite.* Subst. : *main droite.* — Dans la locution « mener en *destre* », nous avons conservé à ce mot sa forme populaire, à laquelle se rattache le dérivé « destrier ».
Doublé : Adjectif qui s'applique au haubert. Le haubert *doublé* paraît être un haubert *à doubles mailles.*
Droit, droite : Cet adjectif a souvent le sens de *légitime.*
Droiturier : *Légitime, juste.*
Dromon : *Grand navire.*
Écu : L'écu portait au centre une boucle, d'où le nom de *bouclier* (= *garni d'une boucle*). Il était en bois, recouvert de cuir. On le décorait de peintures (fleurs, animaus) et parfois de dorures.
Enseigne : *Drapeau*, et aussi *cri de guerre.* L'enseigne-drapeau était fixée par des clous au-dessous du fer de la lance.
Épié : Espèce de *lance.* Ce mot n'a rien de commun avec *épieu.*

Escient (à mon), ou sans préposition, **mon escient**, ou encore **mien escient** : *A ma connaissance, comme je le sais, autant que je puis savoir*. Cette locution s'emploie, bien entendu, avec les autres adjectifs possessifs.

Férir : *Frapper*. Nous n'employons plus guère ce verbe que dans la locution « sans coup férir ».

Fleuri : *Blanc* (comme les arbres fruitiers en fleurs).

Frère : Au vocatif : *ami*.

Gemmé : *Garni de pierres précieuses*. **Gemmé d'or** : *orné d'or et de pierres*.

1. **Gent, gente** : Adj. : *beau, noble, gracieux*.
2. **Gent** : Subst. : *race, peuple, armée, troupe, gens*.

Geste : Substantif féminin : *histoire*.

Glouton : Terme d'injure, sans signification précise.

Gonfanon : *Enseigne*, fixée par des clous au-dessous du fer de la lance.

Haubert : *Tunique en mailles de fer*. La partie du haubert qui protégeait le menton s'appelait *la ventaille*, et celle qui couvrait la nuque, les oreilles et la tête s'appelait *la coiffe*. Le heaume était posé sur la coiffe.

Heaume : *Casque d'acier*, de forme conique, se laçant par dessus la coiffe du haubert, et muni d'un avancement sur le nez, qu'on appelait *nasal* ou *nasel*. Le heaume pouvait être garni d'or et de pierreries.

Hoir : *Héritier*.

Jaseran : Proprement *d'Alger* (arabe *Djezaïr*).

Leur (le) : Pour *leur*. Voyez **mien**.

Lignage : *Descendance, race, parenté*.

Loyaument : Forme archaïque de *loyalement*.

Mahon : *Mahomet*.

Maître : *Principal*, — *e*, dans les locutions telles que « maître-tour, maître-port, etc. ».

Marche : *Province frontière*, et, par extension, *province, pays, seigneurie*.

Mener : Ce verbe et son composé *démener* s'emploient constamment dans des locutions telles que « *mener* ou *démener joie, deuil, douleur, fierté*, etc. », qui signifient : manifester de la joie, de la douleur, etc.

Mercier : Verbe ; sens actuel du composé *remercier*.

Merveiller (se : *S'émerveiller*.

Mie (ne) : Locut. adv. : *ne point*.

Mien (le) : Forme aujourd'hui pronominale, employée au lieu de la forme adjective *mon*. On a de même *le tien* pour *ton*, *le sien* pour *son*, etc. On trouve aussi *mien* (sans *le*) pour *mon*. Voyez **escient**.

Mil : Pour *mille*. A l'origine, *mille* était le pluriel de *mil*, mais les deus mots se sont employés de bonne heure l'un pour l'autre.

Monjoie : Cri de guerre des Français, et nom de l'enseigne de Charlemagne. Mot d'origine très incertaine.

Montant : *Valeur*, dans les locutions telles que « n'en pas donner le *montant* d'un bouton ».

Moult : *Beaucoup, très, beaucoup de*. — Nous avons conservé à ce mot la forme sous laquelle il est connu ; mais la forme correcte serait *mout*.

Moutier : *Église ; monastère.*

Mul : Masculin de *mule*. Nous n'avons aujourd'hui que le diminutif *mulet*.

Nasal : Partie du *heaume* (Voyez ce mot), qui protège le nez.

Nôtre (le) : Pour *notre*. Voyez **mien**.

Olifant : *Éléphant, ivoire, cor d'ivoire.*

Onques : *Jamais.*

Ost : *Armée, camp.*

Parage : Comme *lignage*. Voyez ce mot.

Parmi : Peut s'employer en parlant du milieu d'*un* objet.

Puy : *Montagne.*

Rière-garde : On a substitué dans ce mot le composé « arrière » au simple « rière » = latin *retro*.

Senestre : *Gauche.*

Sien (le) : Pour *son*. Voyez **mien**.

Sire : S'emploie pour *seigneur*, même au vocatif. Un roi s'adressant à un vassal l'appèlera *sire*.

Sommier : *Cheval destiné à porter les fardeaus, bête de somme.*

Targe : Espèce de *bouclier* (rond ?).

Tien (le) : pour *ton*. Voyez **mien**.

Vaincre une bataille : La *gagner*.

Val : *Vallée*. Le pluriel archaïque est *vaus*, conservé dans la locution « par monts et par vaus ». En dehors de cette locution, nous employons le pluriel « vals ».

Vassal : S'emploie souvent, par extension, pour *seigneur*, *baron* (Voyez ce mot), *vaillant chevalier*. Adjectivement, il équivaut à *vaillant*.

Ventaille : Voyez **haubert**.

Vêprée : *Soir.*

Vôtre (le) : Pour *votre*. Voyez **mien**.

II. — FORMES, SYNTAXE, TOURNURES, LOCUTIONS

Les adjectifs se rattachant à la déclinaison latine en *is*, et les participes présents, même employés comme adjectifs, ne prenaient pas d'*e* au féminin. On disait « *grand* et *fort* bataille », comme on dit encore « à grand peine, grand rue, grand-mère ». Nous avons maintenu cette particularité toutes les fois que la conservation du rythme y était intéressée. Les adjectifs de cette catégorie qui se rencontrent le plus souvent sont : *grand, fort, tel, mortel, royal, loyal*, et les participes présents.

— L'article peut être omis devant les titres suivis du nom de personne : *comte Aimeri, roi Marsile*, au lieu de « le comte Aimeri, le roi Marsile ».

— Le pronom sujet est très souvent omis, comme en latin :

Pleure des yeus, *tire* sa barbe blanche
(*Roland*, laisse 164)

pour « il pleure, etc. »

— Un pronom peut correspondre à un nom qui ne se trouve pas dans la proposition précédente. Ainsi, dans la chanson de *Roland* (laisse 58), on lit : « S'*il* était vif, je vous l'eusse amené », et le pronom *il* représente le calife, qui n'est nommé dans aucune des sis propositions exprimées dans les cinq vers qui précèdent.

— Le participe passé peut s'accorder avec le complément direct qui suit et ne pas s'accorder avec celui qui précède. La liberté de l'accord est complète.

— Il arrive constamment que le verbe est précédé par son complément direct et suivi par son sujet. Mais, en général, à défaut des cas disparus de l'ancienne déclinaison, le contexte éclaire le sens.
Exemple :

L'âme de lui emporte Satanas.
(*Roland*, laisse 102.)

Il est clair que ce n'est pas l'âme qui emporte.
Il faut seulement prendre garde à ne pas confondre une phrase

affirmative avec une phrase interrogative, quand c'est un pronom sujet qui suit le verbe.

— Nous avons dû conserver quelquefois l'ellipse du *de* possessif : « La mort Roland ; fils Capuel ; le fils Sainte-Marie », pour « La mort *de* Roland ; fils *de* Capuel ; le fils *de* Sainte-Marie. »

— L'ellipse de la conjonction *que* et du pronom *qui* est fréquente :

> Bien vous savez contre païens j'ai droit ;
> (*Roland*, laisse 276)

c'est-à-dire : vous savez *que*...
Ellipse de *qui :*

> S'il a parent m'en veuille démentir.
> (*Roland*, laisse 307.)

— La conjonction *que* peut équivaloir à *si bien que* ou à *car :*

> Dieu le sauva, *qu'*au corps ne l'a touché.
> (*Roland*, laisse 109.)

— L'*i* du pronom relatif *qui* et la voyelle de la conjonction *si* (*se* en vieux français) s'élident fréquemment :

> Hors Saragosse *qu'*est en une montagne.
> (*Roland*, laisse 1.)

> *S'*en rière-garde il peut trouver Roland,
> Le combattra avec toute sa gent.
> (*Roland*, laisse 51.)

En revanche, on peut n'avoir pas d'élision devant *il :*

> Et, *si* il peut, Roland y périra.
> (*Roland*, même laisse.)

— Pour exprimer cette idée que pas une des personnes dont on parle ne s'abstient d'agir de telle ou telle façon, on emploie constamment la tournure : « N'y a celui qui ne », avec ou sans ellipse du pronom relatif :

> N'y a marin, de lui ne se réclame.
> (*Roland*, laisse 133.)

> N'y a celui ne pleure et se lamente.
> (*Roland*, laisse 162.)

EXPLICATION DES ARCHAÏSMES

— Les invocations à Dieu et aus saints, sous diverses formes, étaient devenues « de style » pour appuyer une affirmation. Ce serait faire un contresens que de leur attribuer leur pleine valeur ; leur signification est presque aussi atténuée que celle du « Diable m'emporte » dans ces vers de Musset :

> On dit triste comme la porte
> D'une prison,
> Et je crois, le Diable m'emporte,
> Qu'on a raison.

Il faut en dire autant des locutions telles que : « Je ne le veus celer, en pure vérité, etc. », et aussi des comparaisons employées pour exprimer le peu de valeur ou d'utilité d'une chose : « Cela ne lui vaut un denier, un bouton, etc. »

Notons encore les locutions : « peu s'en faut qu'il ne perde le sens, qu'il n'enrage, que son cœur n'éclate », pour exprimer un sentiment très vif de colère, de douleur, etc.

III. — VERSIFICATION

On nomme **laisses** les couplets épiques ; les laisses contiennent un nombre indéterminé de vers. Tous les vers d'une même laisse ont la même assonance, ou la même rime. L'**assonance** diffère de la rime en ce qu'elle porte uniquement sur la voyelle. Les plus anciennes chansons de gestes sont assonancées et non rimées.

Nous avons conservé l'assonance ou la rime toutes les fois qu'elle se présentait naturellement ou qu'on pouvait la rétablir sans trop modifier le vers et sans altérer le sens. Les assonances sont souvent difficiles à maintenir, par exemple l'assonance en *a* : les mots *cheval*, *chaud* (chalt), *courant* (prononcé *coura-n't*) assonaient entre eus ; il faudrait aujourd'hui remplacer *chaud* et *courant* par des mots de même sens ayant un *a* oral tonique, et on n'en trouve pas.

Dans un certain nombre de chansons de gestes (*Aimeri de Narbonne* est du nombre), chaque laisse se termine par un petit vers, à chute féminine, qui n'assone pas avec les autres.

— Le vers ordinaire des chansons de geste est le décasyllabe, avec césure à la quatrième syllabe. **Après la césure**, comme

EXPLICATION DES ARCHAÏSMES

aujourd'hui encore à la fin du vers, **on admet une syllabe féminine qui ne compte pas, même lorsqu'elle n'est pas élidée.**

Exemple :

> Le roi Marsile la tient, qui Dieu point n'aime.
> (*Roland*, laisse 1.)

Ce vers n'a dis syllabes qu'à la condition de traiter la syllabe féminine de *Marsile*, à la césure, comme la syllabe féminine de *aime* à la fin du vers.

— Il y a des mots qui ne comptent pas aujourd'hui pour le même nombre de syllabes qu'en vieux français. Ainsi *chrétien*, *diable*, avaient trois syllabes; *destrier*, *étrier*, *lévrier*, n'en avaient que deus. Nous avons dû le plus souvent maintenir le compte ancien.

En outre l'*e* après une voyelle (par exemple dans *épée*) n'était pas encore muet et comptait pour une syllabe :

> Devant Roland s'enfuiënt les païens.
> (*Roland*, laisse 167.)

Enfin l'*e* final pouvait ne pas s'élider devant la voyelle initiale du mot suivant (*c'est* ou *ce est*), et l'hiatus était autorisé sans aucune réserve.

CHANSONS DE GESTE

ROLAND

Le 15 août 778, l'arrière-garde de Charlemagne était détruite par les Basques des Pyrénées, et un « préfet de la Marche de Bretagne », nommé Roland, périssait dans la bataille. C'est cet événement qui a été amplifié par la légende sur laquelle repose la chanson de *Roland*. La troupe de Basques a été transformée en une armée formidable de Sarrasins ; la défaite a été attribuée à la trahison ; Roland est devenu le neveu de Charlemagne, etc., etc.

La chanson de *Roland*, dont nous donnons ci-après la traduction intégrale[1], nous est parvenue sous une forme qui date de la seconde moitié du xie siècle.

---

1. D'après notre édition classique (Paris, Garnier), sauf pour les parties qui ne se trouvent pas dans le manuscrit d'Oxford et que nous empruntons à l'édition Léon Gautier.

CONSEIL TENU PAR MARSILE [1]

I

Charles le roi, notre empereur le Magne,
Sept ans tout pleins a été en Espagne.
Jusqu'en la mer conquit la terre haute ;
N'y a château qui devant Charles tienne,
Mur ni cité n'y reste à renverser,
Hors Saragosse, qu'est en une montagne.
Le roi Marsile la tient, qui Dieu point n'aime,
Mahomet sert et Apollon invoque [2].
N'évitera que malheur ne l'atteigne.

II

Le roi Marsile était en Saragosse.
Allé en est dans un verger sous l'ombre ;
Sur un perron de marbre bleu [3] se couche :
Environ lui a plus de vingt mille hommes.
Il en appèle et ses ducs et ses comtes :
« Oyez, seigneurs, quel malheur nous accable !
L'empereur Charles, le roi de France douce,
En ce pays nous est venu confondre.

---

1. *Nota bene.* Le nom du roi Marsile se présente dans le texte original sous deus formes que nous emploierons l'une et l'autre : *Marsile* et *Marsilion*. On a aussi *Charles* et *Charlon* pour le nom de Charlemagne.
2. C'est-à-dire : « Il sert Mahomet et invoque Apollon ».
3. On hésite entre *bleu* et *blond* pour traduire le vieil adjectif *lloi*.

Je n'ai pas d'ost qui bataille lui donne;
N'ai telle gent qui la sienne disperse.
Conseillez-moi comme mes sages hommes ;
Me préservez et de mort et de honte. »
N'y a païen qui un seul mot réponde,
Hors Blanchandrin, du château de Val-Fonde.

III

Blanchandrin fut des plus sages païens,
De grand courage il était chevalier,
De bon conseil pour son seigneur aider ;
Et dit au roi : « Or ne vous effrayez.
Mandez à Charles, à l'orgueilleus, au fier,
Féaus services et grandes amitiés [1] :
Lui donnerez ours et lions et chiens,
Sept cents chameaus et mille autours mués [2],
D'or et d'argent quatre cents muls chargés,
Cinquante chars qu'en fera charrier.
Tant lui donnez de fins besants d'or pur,
Bien en pourra payer ses soudoyés [3].
En cette terre a assez guerroyé;
En France, à Aix, s'en doit bien retourner;
Vous le suivrez à fête Saint-Michel,
Et recevrez la loi des chrétïens [4],

---

1. C'est-à-dire : « Envoyez-lui des assurances de service et d'amitié. »
2. *Mille autours ayant mué.*
3. *Les hommes à sa solde.*
4. C'est-à-dire : « Vous vous convertirez à la religion chrétienne. » La *loi*, c'est ici la *foi*, la *religion*.

Serez son homme par honneur et par bien[1].
S'il veut otages, vous lui en enverrez
Ou dis ou vingt pour qu'il ait confiance.
Envoyons-y de nos femmes les fils ;
Dût-il périr, y enverrai le mien :
Beaucoup est mieus qu'ils y perdent les chefs[2],
Que nous perdions honneur ni dignité,
Ni nous soyons conduits à mendier. »
Païens répondent : « Il doit être approuvé. »

IV

Dit Blanchandrin : « Par cette mienne dextre[3],
Et par la barbe qui sur le sein me flotte,
L'ost des Français verrez bientôt défaire ;
Francs s'en iront en France la leur terre.
Quand tous seront à leur meilleur logis,
Charles sera à Aix à sa chapelle ;
À Saint Michel tiendra moult haute fête.
Viendra le jour, et passera le terme,
N'orra[4] de nous paroles ni nouvelles.
Le roi est fier, son courage terrible,
De nos otages fera trancher les têtes ;
Beaucoup est mieus que la vie ils y perdent,
Que nous perdions claire Espagne la belle,

---

1. *Par honneur et par bien* est une formule analogue à : *en tout bien tout honneur.*
2. *Chefs = têtes.*
3. *Par ma main droite.*
4. *Orra*, futur de *ouïr*.

Ni nous ayons les maus ni les souffrances. »
Disent païens : « Ainsi peut-il bien être. »

V

Le roi Marsile eut son conseil fini.
Il appela Clarin de Balaguer,
Estramarin et Eudropin son pair,
Et Priamon et Garlan le barbu,
Et Machiner et son oncle Mathieu,
Et Joïmer et Maubien d'outre-mer,
Et Blanchandrin, pour ses ordres donner.
Des plus félons dis en a appelés :
« Seigneurs barons, à Charlemagne irez :
Il est au siège à Cordres la cité.
Branches d'olive en vos mains porterez,
Ce signifie pais et humilité.
Par votre adresse si l'accord pouvez faire,
Vous donnerai beaucoup d'or et d'argent,
Terres et fiefs tant que vous en voudrez. »
Disent païens : « Nous en avons assez[1]. »

VI

Le roi Marsile eut fini son conseil.
Dit à ses hommes : « Seigneurs, vous en irez,
Branches d'olive en vos mains porterez,
Et me direz à Charlemagne, au roi,
Pour le sien Dieu qu'il ait merci de moi;

---

1. C'est-à-dire : « Cela nous suffit. »

Pas ne verra passer ce premier mois
Que le suivrai [1] et mil de mes féaus,
Et recevrai la chrétïenne loi,
Serai son homme par amour et par foi.
S'il veut otages, il en aura pour vrai. »
Dit Blanchandrin : « Moult bon traité aurez. »

VII

Dis blanches mules fit amener Marsile,
Que lui transmit [2] le roi de Suatile.
Les freins sont d'or, et les selles d'argent.
Ceus sont montés qui le message firent ;
Dedans leurs mains portent branches d'olive :
Humilité et pais ce signifie.
Vinrent à Charles qui France a en baillie [3] :
Ne se peut d'eus garder qu'ils ne le trompent.

CONSEIL TENU PAR CHARLEMAGNE

VIII

L'empereur Charles se fait fier et joyeus :
Cordres a prise, les murs en pièces mis,
Par ses machines les tours en abattit.
Moult grand butin en ont ses chevaliers,

---

1. C'est-à-dire : « sans que je le suive. »
2. *Que lui avait envoyées.*
3. *Avoir en baillie = avoir sous sa puissance.*

D'or et d'argent et de chères armures.
En la cité n'est pas resté païen
Ne soit occis, ou chrétïen devient.
L'empereur Charles est en un grand verger,
Et avec lui Roland et Olivier,
Samson le duc et Anséïs le fier,
Geoffroi d'Anjou, du roi gonfalonier.
Aussi y furent et Gérin et Gérier ;
Là où ils furent, des autres y eut bien :
Beaucoup y eut des barbus et des vieus,
De douce France y a quinze milliers.
Sur tapis blancs siègent[1] les chevaliers,
Aux tables[2] jouent pour se désennuyer,
Et aus échecs les plus sages, les vieus.
Entre eus s'escriment les bacheliers légers.
Dessous un pin, auprès d'un églantier,
Un beau fauteuil y eut, fait tout d'or pur :
Là siét le roi qui douce France tient.
Blanche a la barbe et tout fleuri le chef,
Gent a le corps et contenance fière.
À qui le cherche point ne le faut montrer.
Les messagers descendirent à pied,
Le saluèrent par amour et par bien.

IX

Blanchandrin a tout le premier parlé,
Et dit au roi : « Sauvé par Dieu soyez,

---

1. *Sont assis.*
2. On a vu dans les « tables » le jeu de *tric-trac.*

Le glorieus que devons adorer !
Ceci vous mande roi Marsile le preus :
Il s'est enquis de la loi de salut.
De son avoir vous veut beaucoup donner,
Ours et lions, lévriers enchaînés,
Sept cents chameaus et mille autours mués,
D'or et d'argent quatre cents muls chargés,
Cinquante chars que charrier ferez.
Tant y aura de besants épurés,
Dont bien pourrez vos soudoyés payer.
En ce pays avez été assez ;
En France, à Aix, bien retourner devez :
Là vous suivra, mon seigneur le promet.
Il recevra la loi que vous tenez [1] ;
Jointes ses mains sera votre vassal,
De vous tiendra Espagne le pays. »
L'empereur Charles en tent ses mains vers Dieu :
Baisse la tête et commence à penser.

X

L'empereur Charles tint la tête inclinée :
De sa parole il ne fut point hâtif,
Sa coutume est de parler à loisir.
Quand se redresse, moult eut fier le visage ;
Dit aus païens : « Vous avez moult bien dit.
Le roi Marsile est moult mon ennemi.
De ces paroles que vous avez ci dit
En quel mesure en pourrai être sûr ?

1. *La religion que vous pratiquez.*

— C'est par otages, ce dit le Sarrasin,
Dont vous aurez ou dis, ou quinze, ou vingt.
Dût-il périr, y mettrai un mien fils,
Et en aurez de plus nobles encore.
Quand vous serez dans le palais princier,
À la grand fête Saint-Michel du Péril,
Mon seigneur là vous suivra, ce dit-il,
Dedans vos bains que Dieu pour vous y fit [1].
Là voudra-t-il [2] chrétien devenir. »
Charles répont : « Encor pourra guérir [3]. »

XI

Beau fut le soir, et le soleil fut clair.
Les dis mulets fait Charles établer [4];
Au grand verger fait le roi tendre un tref [5],
Les messagers il y a fait loger ;
Douze sergents les ont bien hébergés.
La nuit demeurent tant que vint le jour clair [6].
L'empereur est de grand matin levé ;
Messe et matines a le roi [7] écouté.
Dessous un pin en est le roi allé ;
Ses barons mande pour le conseil tenir ;
Par ceus de France veut-il en tout agir.

---

1. À Aix-la-Chapelle, ville d'eaus.
2. *Il voudra, il consentira à.*
3. *Guérir = faire son salut.*
4. *Mettre à l'étable, à l'écurie.*
5. *Un tref = une tente.*
6. C'est-à-dire : « Ils passent la nuit jusqu'au jour. »
7. *Le roi Charles, l'empereur.*

XII

L'empereur Charles s'en va dessous un pin,
Ses barons mande pour son conseil tenir.
Ogier y vint, l'archevêque Turpin,
Richard le vieus et son neveu Henri,
Et de Gascogne le preus comte Acelin,
Thibaud de Reims et Milon son cousin.
Aussi y furent et Gérier et Gérin,
Et avec eus le comte Roland vint,
Et Olivier le preus et le gentil [1];
Des Francs de France en y a plus de mil.
Ganelon vint, qui la trahison fit.
Dès or commence le conseil de malheur.

XIII

« Seigneurs barons, leur dit l'empereur Charles,
Le roi Marsile m'a transmis ses messages [2].
De son avoir me veut donner grand masse,
Ours et lions, lévriers enchaînés,
Sept cents chameaus et mille autours mués,
Quatre cents muls chargés de l'or arabe,
Avec cela plus de cinquante chars.
Mais il me mande que en France m'en aille ;
Il me suivra à Aix à ma demeure,
Et recevra notre loi salutaire ;

---

1. *Gentil* = noble.
2. *Messages* = messagers.

Chrétien sera, de moi tiendra ses marches [1].
Mais je ne sais si vraiment le veut faire. »
Disent Français : « Il y faut prendre garde. »

XIV

L'empereur Charles eut son discours fini.
Roland le comte, qui ne l'approuve mie,
En pieds se dresse et lui vint contredire.
Il dit au roi : « A tort croirez Marsile.
Sept ans y a qu'en Espagne nous vînmes ;
Je vous conquis et Noples et Commibles,
Pris ai Valtierre et la terre de Pigne,
Et Balaguer, et Tudèle, et Séville.
Le roi Marsile s'y conduisit en traître ;
De ses païens il vous envoya quinze,
Chacun avait une branche d'olive ;
Ils vous portèrent ces paroles, les mêmes.
À vos Français un conseil vous en prîtes :
Vous le donnèrent un peu légèrement.
Deus de vos comtes au païen vous transmîtes,
L'un fut Basan et l'autre fut Basile :
En prit les têtes dans les monts d'Haltoïe.
Faites la guerre com l'avez entreprise,
En Saragosse conduisez votre armée,
Mettez le siège à toute votre vie [2].
Et vengez ceus qu'un félon fit occire. »

---

1. « Ses marches », c'est-à-dire : son pays, proprement *pays frontière*.
2. C'est-à-dire : « *au besoin* pendant tout votre vie. »

XV

L'empereur Charles tint sa tête baissée,
Tira sa barbe, tourmenta sa moustache.
Ni bien ni mal à son neveu répont.
Français se taisent, excepté Ganelon ;
En pieds se dresse, et vint devant le roi,
Moult fièrement commence son discours,
Et dit au roi : « A tort croirez un fou,
Ni moi ni autre, sinon pour votre bien.
Quand ce vous mande le roi Marsilion
Qu'il deviendra, jointes ses mains, votre homme,
Et toute Espagne tiendra par votre don,
Puis recevra la loi que nous tenons,
Qui vous conseille que la pais rejetions,
Ne lui chaut [1], sire, de quel mort nous mourions.
Conseil d'orgueil n'est juste que prévale ;
Laissons les fous, aus sages nous tenons. »

XVI

Après cela y est Naimes venu,
Blanche eut la barbe et tout le poil chenu,
Meilleur vassal n'y avait en la cour.
Et dit au roi : « Bien l'avez entendu,
Ce que vous a Ganelon répondu :
Sage conseil, si bien est entendu.

---

1. C'est-à-dire : « Il ne lui importe pas (à celui qui vous conseille, etc.). »

Le roi Marsile est en guerre vaincu;
Vous lui avez tous ses châteaus ravi,
Par vos machines avez brisé ses murs,
Brûlé ses villes et ses hommes vaincu.
Quand il vous mande qu'ayez merci de lui,
Péché ferait qui demanderait plus,
Si par otages vous en veut faire sûr.
De vos barons vous lui manderez un;
Cette grand guerre ne doit aller plus loin. »
Disent Français: « Bien a parlé le duc. »

XVII

« Seigneurs barons, qui y enverrons nous,
En Saragosse, au roi Marsilion ? »
Répont duc Naimes: « J'irai, si l'octroyez;
Remettez m'en le gant et le bâton. »
Répont le roi : « Vous êtes un sage homme;
Par cette barbe et par cette moustache,
Vous n'irez pas cet an[1] de moi si loin.
Allez vous seoir quand nul ne vous appèle. »

XVIII

« Seigneurs barons, qui pourrons envoyer
Au Sarrasin qui Saragosse tient ? »
Répont Roland : « J'y puis aller moult bien.
— Ne le ferez, dit le comte Olivier,
Votre courage est terrible et moult fier;

---

1. *Cet an*, par extension, « ce jour, à cette heure ».

Je craindrais trop que vous eussiez mêlée.
Si le roi veut, j'y puis aller moult bien. »
L'empereur Charles a la tête incliné,
Après leur dit : « Tous deus vous en taisez ;
Ni vous, ni lui, n'y porterez les pieds.
Par cette barbe que voyez blanchoyer,
Les douze pairs à tort seraient choisis. »
Français se taisent; vous les voici calmés.

XIX

Turpin de Reims s'est levé de son rang.
À Charles crie de sa vois haute et grande :
« Beau sire roi, laissez en pais vos Francs.
En ce pays avez été sept ans,
Moult ils ont eu et peines et ahans[1].
Donnez m'en, sire, le bâton et le gant,
Et je irai au païen espagnol.
Je voudrais voir un peu quel air il a. »
L'empereur Charles répont tout en courrous :
« Par cette barbe, vous ne le ferez point.
Allez vous seoir dessus ce tapis blanc ;
Ne parlez plus, si je ne vous le dis. »

XX

« Francs chevaliers, leur dit l'empereur Charles,
Élisez-moi un baron de ma terre,
Qu'au roi Marsile me porte mon message,
Et puisse bien, s'il est besoin, combattre. »

---

1. *Ahans = souffrances, fatigues.*

Ce dit Roland : « Ganelon, mon beau-père !
Si le laissez, n'y enverrez plus sage. »
Disent Français : « Il le peut moult bien faire ;
Si le roi veut, bien est juste qu'y aille. »

XXI

Ce dit le roi : « Ganelon, avancez,
Et recevez le bâton et le gant.
Ouï l'avez, c'est vous qu'élisent Francs.
— Sire, dit-il, c'est Roland qui l'a fait[1].
Ne l'aimerai plus de tout mon vivant,
Ni Olivier, parce qu'est son ami,
Les douze pairs parce qu'ils l'aiment tant :
Les en défie, sire, devant vos yeus. »
Ce dit le roi : « Trop avez de colère.
Or vous irez, certes, quand je le veus.
— J'y puis aller, mais n'y aurai garant[2] :
N'en eut Basile ni son frère Basan. »

XXII

« En Saragosse sais bien qu'aller me faut.
Qui là-bas va, retourner ne s'en peut.
Par dessus tout j'ai votre sœur pour femme[3] ;
En ai un fils, de plus beau n'en est nul ;

---

1. *Qui m'a désigné.*
2. C'est-à-dire : « Je n'y aurai point de défenseur, je suis perdu d'avance. »
3. C'est-à-dire : « Avant tout n'oubliez pas que j'ai votre sœur pour femme. »

C'est Baudouin, s'il vit, qui sera preus.
À lui je laisse mes honneurs et mes fiefs.
Gardez-le bien, plus ne le reverrai. »
Charles répont : « Trop avez tendre cœur.
Quand le commande[1], il vous y faut aller. »

XXIII

Et Ganelon en fut moult angoissé.
De son cou jète ses grandes peaux de martre,
Et est resté en son bliaud[2] de soie.
Vairs[3] eut les yeus, et moult fier le visage,
Gent eut le corps, et les côtés eut larges.
Si beau était, tous ses pairs l'en regardent.
Dit à Roland : « Fou, pourquoi telle rage ?
On le sait bien, que je suis ton beau-père.
As conseillé que vers Marsile j'aille !
Si Dieu me donne que de là je retourne,
Te causerai si grand deuil et malheur,
Qui durera pendant toute ta vie. »
Répont Rolant : « C'est parole d'orgueil.
On le sait bien, n'ai souci des menaces ;
Mais homme sage doit faire le message :
Si le roi veut, prêt suis pour vous le fasse. »

---

1. *Quand je le commande.*
2. *Bliaud* est le nom d'une sorte de tunique.
3. Le *vair* est une variété du *gris* (*gris clair*).

XXIV

Ganelon dit : « Pour moi tu n'iras mie.
Tu n'es mon homme, ni je ne suis ton sire.
Charles commande que fasse son service :
En Saragosse m'en irai vers Marsile ;
Mais y ferai, je crois, quelque folie,
Pour éclaircir cette mienne grande ire. »
L'entent Rolant, et commença à rire.

XXV

Quand Ganelon voit que s'en rit Roland,
Tel colère a, près il est d'éclater.
Bien peu s'en faut qu'il ne perde le sens,
Et dit au comte : « Je ne vous aime pas ;
Sur moi avez tourné le chois des Francs.
Droit empereur, vous me voyez présent,
Remplir je veus votre commandement. »

XXVI

« Beau Ganelon, dit Charles, entendez :
De mienne part à Marsile direz
Jointes ses mains qu'il soit mon commandé,
Et qu'il reçoive sainte chrétienté.
Demi-Espagne lui veus en fief donner ;
L'autre moitié aura Rolant le preus.
Si cet accord il ne veut octroyer,
Sous Saragosse le siège irai porter.

Par force bien sera pris et lié ;
À Aix mes bains sera tout droit mené,
Par jugement sera là-bas fini[1] ;
Là mourra-t-il à deuil, à déshonneur.
Tenez ce bref[2] que voici tout scellé,
Dans la main droite au païen le mettez. »

XXVII

L'empereur Charles lui tent son gant, le droit ;
Mais Ganelon là ne voudrait pas être.
Quand le dut prendre, le gant lui chut à terre.
Disent Français : « Dieu ! que pourra ce être ?
De ce message nous viendra grand malheur. »
Ganelon dit : « Vous en orrez[3] nouvelles. »

XXVIII

« Sire, dit-il, donnez-moi le congé.
Puisqu'aller dois, je n'ai plus à tarder. »
Ce dit le roi : « Pour Jésus et pour moi ! »
De sa main droite l'a absous et signé[4],
Puis lui livra le bâton et le bref.

1. *Condamné à mort.*
2. *Cette lettre.*
3. *Orrez, futur du verbe ouïr.*
4. *A fait sur lui le signe de la croix.*

DÉPART, VOYAGE ET TRAHISON DE GANELON

XXIX

Lors Ganelon s'en va à son hôtel [1],
Et de ses armes se prent à se vêtir,
De ses meilleures que il y put trouver.
Éperons d'or a en ses pieds fixé,
Ceinte Murglais son épée au côté ;
Sur Tachebrun son destrier est monté ;
L'étrier lui tint son oncle Guinemer.
Là eussiez vu moult chevaliers pleurer,
Qui tous lui disent : « C'est pour vous grand malheur !
En cour de roi moult vous avez été,
Noble vassal y êtes appelé.
Qui conseilla que vous dussiez aller,
Par Charlemagne ne sera protégé [2].
Roland le comte à vous n'eût dû penser,
Car êtes né de haute parenté. »
Après lui disent : « Seigneur, nous emmenez ! »
Répont le comte : « Ne plaise à Dame-Dieu !
Mieus est seul meure [3] que tant de bacheliers.
En douce France, seigneurs, vous en irez :
De mienne part ma femme saluez,
Et Pinabel mon ami et mon pair,

---

1. *À son logis*, c'est-à-dire, dans la circonstance, à sa tente.
2. C'est-à-dire : « Charlemagne lui-même ne saurait le protéger contre notre ressentiment. »
3. C'est-à-dire : « Il vaut mieus que je meure seul. »

Et Baudouin, mon fils, que vous savez ;
Aidez-le bien, pour seigneur le tenez. »
Entre[1] en sa voie, et s'est acheminé.

XXX

Ganelon va, sous de hauts oliviers ;
Réuni s'est aus païens messagers.
Mais Blanchandrin auprès de lui s'attarde.
Habilement parle l'un avec l'autre,
Dit Blanchandrin : « Merveilleus homme est Charles,
Qui conquit Pouille et toute la Calabre,
Constantinople avec Saxe la large.
Vers Angleterre passa la mer salée,
Et pour Saint-Pierre il en conquit la rente.
Que nous veut-il, çà en notre pays ? »
Ganelon dit : « Telle est sa volonté.
N'y a point d'homme qui contre lui résiste. »

XXXI

Dit Blanchandrin : « Francs sont moult nobles hommes ;
Moult grand mal font et ces ducs et ces comtes
À leur seigneur, qui tel conseil lui donnent.
Lui et bien d'autres ils mènent à leur perte. »
Ganelon dit : « N'en connais aucun tel,
Sinon Roland, qui n'en aura que honte.
Un jour seyait le roi Charles sous l'ombre ;
Vint son neveu, avait vêtu sa brogne :

1. *Il* entre.

Avait pillé auprès de Carcassonne,
En main tenait une vermeille pomme :
« Tenez, beau sire, dit Roland à son oncle,
De tous les rois vous offre les couronnes. »
Le sien orgueil l'aurait déjà dû perdre,
Car chaque jour à la mort il s'expose.
Qu'il soit occis, nous aurions tous la pais. »

XXXII

Dit Blanchandrin : « Moult est cruel Roland,
Qui toute gent veut mettre à sa merci,
Et toutes terres comme son bien réclame.
Et par quel gent croit-il y réussir ? »
Ganelon dit : « Par la française gent.
Ils l'aiment tant, ne lui failliront pas.
Or et argent tant leur donne en présent,
Muls et destriers, tapis et vêtements !
L'empereur Charles a tout à son désir.
Tout conquerra d'ici qu'en Orient. »

XXXIII

Le Sarrasin regarde Ganelon :
Corps a bien fait et regard de félon.
Le corps lui tremble du haut jusqu'au talon,
Et Blanchandrin ces paroles lui dit :
« Seigneur, dit-il, entendez mes raisons.
Voulez-vous prendre de Roland vengeaison ?
Par Mahomet, faites-en trahison.

Moult est courtois le roi Marsilion :
Tout son avoir aurez en abandon. »
Le comte entent, il baisse le menton.

XXXIV

Tant chevauchèrent le comte et Blanchandrin,
Que l'un à l'autre la sienne foi promit,
Qu'ils chercheraient que Roland fût occis.
Tant chevauchèrent et voïes et chemins,
Qu'en Saragosse descendent sous un if.
Un beau fauteuil est sous l'ombre d'un pin,
Enveloppé d'un tapis d'Orient.
Là fut le roi qui toute Espagne tint,
Tout autour lui vingt mille Sarrasins ;
N'y a celui qui sonne ou tinte un mot,
Pour les nouvelles qu'ils voudraient bien ouïr [1].
Alors voici le comte et Blanchandrin.

XXXV

Blanchandrin vint devant Marsilion :
Par le poing tint le comte Ganelon,
Et dit au roi : « Que vous sauvent Mahon [2]
Et Apollon, dont saintes lois tenons !
Votre message nous fîmes à Charlon ;
Or ses deus mains en leva vers le ciel,
Loua son Dieu, ne fit autre répons.

---

1. C'est-à-dire : « tant ils veulent entendre les nouvelles. »
2. *Mahon* = Mahomet.

Ci vous envoie un sien noble baron,
Qui est de France, il est moult puissant homme.
Par lui orrez [1] si aurez pais ou non. »
Répont Marsile : « Qu'il dise, nous l'orrons. »

XXXVI

Mais Ganelon avait bien réfléchi ;
Habilement il commence à parler,
Comme celui qui bien faire le sait,
Et dit au roi : « Sauvé de Dieu soyez,
Le glorieus, que devons adorer !
Ceci vous mande le baron Charlemagne,
Que receviez sainte chrétïenté.
Demi-Espagne vous veut en fief donner,
L'autre moitié aura Roland le preus ;
Moult orgueilleus compagnon y aurez [2].
Si cet accord octroyer ne voulez,
Sous Saragosse va le siège porter.
Pris et lié par force vous serez,
À Aix ses bains en serez amené,
Par jugement là-bas fini serez ;
Là mourrez-vous, à honte, à déshonneur. »
Le roi Marsile en fut moult courroucé.
Tint une flèche, qui d'or fut empennée [3],
Frapper l'en veut, mais en fut détourné.

1. *Orrez*, futur de *ouïr*.
2. *Vous aurez en lui.*
3. *Garnie de plumes d'or* ou *dorées*.

XXXVII

Le roi Marsile a de couleur changé,
Et de sa flèche a le bois agité.
Le vit le comte, mit la main à l'épée,
De quatre doigts l'a du fourreau tirée,
Et lui a dit : « Moult êtes belle et claire ;
Assez vous ai en cour de roi portée,
Pour que ne dise le roi Charles de France
Que seul je meure en pays étranger,
Mais vous auront les meilleurs achetée [1]. »
Disent païens : « Empêchons la mêlée. »

XXXVIII

Tant le prièrent les meilleurs Sarrasins,
Qu'en le fauteuil s'est Marsile rassis.
Dit le calife : « Mal nous avez servi [2],
Quand le Français pensâtes à férir ;
Vous l'eussiez dû écouter et ouïr. »
Ganelon dit : « Ne saurais le souffrir [3] ;
Ne laisserais, pour tout l'or que Dieu fit,
Pour tout l'avoir qui soit en ce pays,
Que ne lui dise, si j'en ai le loisir,
Ce que roi Charles, l'empereur tout puissant,
Par moi lui mande son mortel ennemi. »

---

1. C'est-à-dire : « Mais les meilleurs des Sarrasins mourront avec moi, et, pour vous conquérir, vous payerons de leur sang. »
2. Le sens est : « Vous nous avez mis en mauvais cas. »
3. *Je ne saurais souffrir qu'on m'empêche d'achever mon message.*

Sur lui avait manteau de zibeline,
Qui fut couvert de soie alexandrine [1] :
Le jète à terre, le reçoit Blanchandrin.
Mais de l'épée ne veut se dessaisir,
En son poing droit par le pommeau la prit.
Disent païens : « Noble baron voici ! »

XXXIX

Auprès du roi s'est le comte approché,
Et lui a dit : « A tort vous courroucez.
Car ce vous mande Charles, qui France tient,
Que receviez la loi des chrétïens.
Demi-Espagne vous donnera en fief,
L'autre moitié à son neveu Roland.
Moult orgueilleus compagnon y aurez.
Si cet accord ne voulez octroyer,
En Saragosse vous viendra assiéger ;
Pris et lié par force vous serez,
Mené serez tout droit au siège d'Aix [2].
Vous n'y aurez palefroi ni destrier,
Ni mul, ni mule, que puissiez chevaucher
Jeté serez sur un mauvais sommier [3] ;
Par jugement là-bas perdrez le chef.
Notre empereur vous envoië ce bref. »
En la main droite l'a remis au païen.

---

1. *De soie d'Alexandrie.*
2. *A Aix, siège de l'Empire.*
3. *Sommier = cheval de somme.*

XL

Marsile fut tout pâle de colère ;
Écolier fut de la loi sarrasine [1],
Brise le sceau, jeté en a la cire :
Regarde au bref, y vit la lettre écrite,
Pleure des yeus, sa blanche barbe tire,
En pieds se dresse, à haute vois s'écrie :
« Oyez, seigneurs, quelle grande folie !
Charles me mande, qui France a en baillie [2],
Que me souvienne de sa douleur et ire :
C'est de Basan et son frère Basile,
Dont pris les têtes [3] dans les monts d'Haltoïe.
Si de mon corps je veus sauver la vie,
Que lui envoie mon oncle, le calife,
Ou autrement ne m'aimera-t-il mie. »
N'y a païen qui un seul mot en dise.
Après parla son fils au roi Marsile,
Et lui a dit : « Le comte a dit folie.
Tant vous a dit, n'est plus juste que vive ;
Livrez-le-moi, j'en ferai la justice. »
L'entent le comte, l'épée en a brandie ;
Va s'appuyer sous le pin, à la tige.

1. C'est-à-dire : « Il avait reçu les leçons d'un maitre sarrasin, il savait lire. »
2. *Qui gouverne la France.*
3. C'est à-dire : « Dont je pris les têtes. »

XLI

En Saragosse mènent[1] moult grand fureur.
Là il y eut un noble combattant,
Qui puissant fut, fils à un aumaçour[2].
Moult sagement parla pour son seigneur :
« Beau sire roi, n'en conçois nulle peur ;
Vois le félon, com change de couleur. »

XLII

Dans le verger s'en est allé le roi,
Ses meilleurs hommes il emmène avec soi ;
Et Blanchandrin y vint, au chenu poil,
Et Jourfaleu, qu'est son fils et son hoir,
Et le calife, son oncle et son féal.
Dit Blanchandrin : « Appelez le Français.
Pour notre bien m'a engagé sa foi. »
Ce dit le roi : « Vous-même l'amenez ! »
Ganelon prit[3] par la main droite aus doigts,
Dans le verger l'emmène jusqu'au roi.
Là ils pourparlent[4] la trahison sans droit.

---

1. *Mènent*, c'est-à-dire : « Ils mènent, on mène, on manifeste. »
2. *Aumaçour* est le nom d'une dignité chez les Sarrasins.
3. C'est-à-dire : « Il prit Ganelon. »
4. Le verbe *pourparler* n'est resté dans la langue que comme substantif.

XLIII

« Beau seigneur comte, ce lui a dit Marsile,
Vous ai un peu légèrement traité,
Quand de frapper je vous ai menacé.
Gage vous donne par ces peaus zibelines :
Mieus en vaut l'or que ne font cinq cents livres [1].
Avant demain vous ferai belle amende [2]. »
Au cou du comte les pent le roi Marsile.
Ganelon dit : « Point je ne le refuse.
Dieu, si lui plaît, bien vous en récompense ! »

XLIV

Ce dit Marsile : « Comte, pour vrai croyez,
En désir ai que moult vous veuille aimer.
Notre conseil bien doit être celé :
De Charlemagne vous veus ouïr parler.
Il est moult vieus, et a son temps usé ;
Mien escient, deus cents ans a passé.
Par tant de terres a son corps démené,
Tant de coups pris [3] sur son écu bouclier,
Tant de grands rois conduits à mendier !
Quand sera-t-il lassé de guerroyer ?
À Aix en France devrait se reposer. »

---

1. *Elles valent en or plus de cinq cents livres.*
2. Le sens général de ce vers est : « La réparation qui vous est garantie par ces peaus de martre vous sera faite avant demain. »
3. *Reçu tant de coups.*

Ganelon dit : « Charles n'est mië tel.
Nul, qui le voit et connaître le sait,
Ne peut nier que l'empereur est preus.
Tant ne le sais ni priser ni louer,
Que plus n'y ait d'honneur et de bonté[1].
Sa grand valeur, qui la pourrait conter ?
De tel courage l'a Dieu illuminé,
Mourir mieus aime que quitter ses barons. »

XLV

Dit le païen : « Moult me puis merveiller
De Charlemagne, qui est chenu et vieus.
Mien escient, deus cents ans a et mieus.
Par tant de terres a son corps fatigué,
Tant de coups pris de lances et d'épiés,
Tant de grands rois contraints à mendier !
Quand sera-t-il lassé de guerroyer ?
— Ce ne sera tant que vit son neveu :
N'est tel vassal sous la chape du ciel.
Et moult est preus son ami Olivier ;
Les douze pairs, que Charles a si chers,
Font l'avant-garde à[2] vingt mil chevaliers ;
Tranquille est Charles, et nul homme ne craint. »

---

1. C'est-à-dire : « Il y a en lui plus d'honneur et plus de qualités
p que je ne puis dire. »
2. *Avec.*

XLVI

Dit le païen : « J'ai grand étonnement
De Charlemagne, qui est chenu et blanc.
Mien escient, plus a de deus cents ans.
Par tant de terres est allé conquérant !
A tant de coups pris des épiés tranchants,
Tant de grands rois morts et vaincus[1] en champ !
Quand sera-t-il de guerroyer lassé ?
— Ce ne sera tant que vivra Roland.
N'est tel vassal d'ici qu'en Orient.
Et moult est preus Olivier son ami ;
Les douze pairs, que Charles aime tant,
Font l'avant-garde à vingt milliers de Francs ;
Tranquille est Charles, ne craint homme vivant. »

XLVII

« Beau seigneur comte, dit Marsile le roi,
J'ai telle gent, plus belle ne verrez.
Quatre cent mille chevaliers puis avoir :
J'en puis combattre et Charle et les Français. »
Ganelon dit : « Non point pour cette fois !
De vos païens moult grand perte y aurez.
Laissez folie, sage conseil prenez !
À l'empereur tant envoyez d'avoir,
N'y ait Français qui n'en soit merveillé.
Grâce aus otages que vous lui enverrez,

---

1. *Il a tué et vaincu tant de rois.*

En douce France retournera le roi,
Sa rière-garde aura derrière soi :
Là son neveu Roland sera, je crois,
Et Olivier, le preus et le courtois ;
Morts sont les comtes si quelqu'un veut m'en croire.
Charles verra son grand orgueil déchoir,
N'aura désir que jamais vous guerroie. »

XLVIII

« Beau seigneur comte, ce dit le roi Marsile,
Par quel moyen pourrai Roland occire ? »
Ganelon dit : « Le vous saurai bien dire :
Le roi sera aus meilleurs ports[1] de Cize,
Sa rière-garde aura derrière mise ;
Là son neveu Roland sera, le riche[2],
Et Olivier, en qui tant il se fie ;
Vingt mille Francs ont en leur compagnie.
De vos païens leur envoyez cent mille ;
Une bataille que d'abord ils leur livrent !
La gent de France à mal y sera mise.
Point je ne dis que les vôtres n'y perdent.
Autre bataille leur livrerez de même,
De l'une ou l'autre Roland n'échappera.
Lors aurez faite gente chevalerie ;
N'aurez plus guerre en toute votre vie. »

---

1. *Ports = défilés.*
2. *Riche = puissant.*

XLIX

« Qui pourrait faire que Roland y fût mort,
Lors perdrait Charles le bras droit de son corps.
Disparaîtraient les merveilleuses osts,
N'assemblerait jamais si grandes forces ;
La grande terre[1] resterait en repos. »
L'entent Marsile, et l'a baisé au cou.
Puis, lui commence à ouvrir ses trésors.

L

Ce dit Marsile : « Pourquoi plus en parler ?
Conseil n'est bon, dont homme sûr n'est point[2] ;
La trahison jurerez s'il y est[3],
En rière-garde que je le trouverai.
Dessus ma loi[4] je vous assurerai,
Si je le trouve, que je m'y combattrai. »
Ce dit le comte : « Ainsi soit qu'il vous plaît. »
Sur les reliques de l'épée Murglais
La trahison jura : il s'est forfait[5] !

---

1. *La France.*
2. Le sens général est : « Un conseil n'est vraiment bon que s'il s'appuie sur des garanties. »
3. C'est-à-dire : « Vous me jurerez d'abandonner Roland, d'empêcher qu'on vienne à son aide, s'il est à l'arrière-garde. »
4. *Sur ma religion.*
5. *Se forfaire = se déshonorer.*

LI

Là un fauteuil y eut d'un olifant[1].
Sous une olive[2], dessur un écu blanc,
Devant lui fait porter Marsile un livre
De Mahomet et du dieu Tervagan.
Sur lui jura le païen espagnol :
« S'en rière-garde il peut trouver Roland,
Le combattra avec toute sa gent,
Et, si il peut, Roland y périra ;
Les douze pairs sont condamnés à mort. »
Ganelon dit : « Bien soit notre traité[3] ! »

LII

Alors y vint un païen, Valdabron,
Il fut parrain[4] du roi Marsilion ;
Clair, en riant, a dit à Ganelon :
« Tenez m'épée[5], meilleure n'a nul homme,
Dans le pommeau sont plus de mil mangons[6] :
Par amitié, beau seigneur, la vous donne,
Que nous aidiez vers Roland le baron,
Qu'en rière-garde trouver nous le puissions.

---

1. *Olifant = éléphant, ivoire*, d'où le sens ordinaire de « cor d'ivoire ».
2. *Sous un olivier*.
3. C'est-à-dire : « Que notre traité réussisse ! »
4. Il s'agit ici du baptême chevaleresque.
5. *M'épée = mon épée*.
6. Le mangon est une sorte de monnaie. Entendez : « Le pommeau seul vaut plus de mille mangons. »

Et vous promès que nous les combattrons,
Et je vous jure que nous les occirons.
— Bien sera fait, Ganelon lui répont.
Puis se baisèrent à la joue, au menton.

LIII

Après y vint un païen, Climborin.
Clair, en riant, à Ganelon a dit :
« Tenez mon heaume, onques meilleur ne vis,
Sur le nasal une escarboucle luit.
Et nous aidez vers Roland le marquis,
De tel façon que le puissions honnir.
— Bien sera fait, » Ganelon répondit.
Puis se baisèrent à la bouche et au front.

LIV

Alors y vint la reine Bramimonde.
« Vous aime moult, seigneur, dit-elle au comte,
Car moult vous prise mon sire et tous ses hommes.
A votre femme deus bracelets je donne :
Bien y a or, améthystes, jacinthes [1],
Et valent mieus que tout l'avoir de Rome ;
Votre empereur jamais n'en vit si beaus.
Jour ne sera que du mien ne vous donne [2].
Ganelon dit : « Et nous vous servirons. »
Il les a pris, en sa botte les serre.

---

1. *Jacinthes*, espèce de pierres précieuses.
2. *Chaque jour je vous ferai de nouveaus cadeaus.*

LV

Le roi appèle Mauduit son trésorier :
« L'avoir de Charles est-il tout préparé ? »
Et il répont : « Oui, seigneur, tout est prêt :
Sept cents chameaus d'or et d'argent chargés,
Et vingt otages des plus nobles sous ciel[1]. »
Tout près du comte s'est le roi approché,
Contre son sein doucement l'embrassa.
Puis, lui a dit : « Bien vous dois avoir cher ;
Jour ne sera, ne vous donne du mien.
Contre Roland le combattant m'aidez. »
Ganelon dit : « Il ne me faut tarder. »

LVI

Marsile tint Ganelon par l'épaule,
Et lui a dit : « Moult es vaillant et sage.
Par cette loi[2] que tenez pour meilleure,
Gardez-vous bien de nous abandonner !
De mon avoir vous veus donner grand masse,
Dis muls chargés du plus fin or arabe.
An ne sera, autant ne vous en fasse[3].
Tenez les clefs de cette cité large[4] ;
Le grand avoir présentez au roi Charles,

---

1. *Des plus nobles qu'il y ait sous le ciel.*
2. *Cette religion.*
3. C'est-à-dire : « Chaque année vous en aurez autant. »
4. *De cette grande cité, de Saragosse.*

De mienne part lui livrez vingt otages.
Puis, que Roland soit à l'arrière-garde.
Si je le puis trouver à un passage,
Lui livrerai une mortel bataille. »
Ganelon dit : « M'est avis que trop tarde. »
Puis est monté, il entre en son voyage.

ROLAND EST PLACÉ A L'ARRIÈRE-GARDE

LVII

L'empereur Charles approche de sa terre ;
Venu en est en la cité Valtierre :
Roland le comte l'avait prise et forcée,
Depuis ce jour en fut cent ans déserte.
De Ganelon attent le roi nouvelles,
Et le tribut d'Espagne la grand terre.
Enfin, à l'aube, comme le jour éclaire,
Au campement est arrivé le comte.

LVIII

Beau est le jour, et le soleil est clair.
L'empereur Charles est dès l'aube levé.
Messe et matines a le roi écouté ;
Sur l'herbe verte se tient devant sa tente.
Roland y fut, et Olivier le preus,
Naimes le duc et des autres beaucoup.
Ganelon vint, le félon parjuré,
Par trahison il commence à parler,

Et dit au roi : « Soyez de Dieu sauvé !
De Saragosse vous apporte [1] les clefs ;
Moult grand avoir vous en fais amener,
Et vingt otages : faites-les bien garder.
Aussi vous mande le roi Marsilion,
Pour le calife que point ne le blâmiez [2].
De mes yeux vis quatre cent mille armés,
Hauberts vêtus, heaumes d'acier coiffés,
Ceintes épées aus pommeaus niellés,
Qui l'ont conduit tout jusques à la mer.
Ainsi fuyaient la chrétïenne loi
Que ils ne veulent ni tenir ni garder [3].
Avant qu'ils eussent navigué quatre lieues,
Les accueillit la tempête et le vent :
Là sont noyés, plus ne les reverrez.
S'il était vif, je vous l'eusse amené.
Quant à Marsile, sire, pour vrai croyez
Que ne verrez ce premier mois passé,
Sans qu'il vous suive au royaume de France.
Il recevra la loi que vous tenez,
Jointes ses mains sera votre fieffé,
De vous tiendra Espagne le royaume. »
Ce dit le roi : « Dieu en soit gracié [4] !
Bien l'avez fait [5], moult grand bien en aurez. »
Parmi le camp font mil clairons sonner.

1. *Je vous apporte.*
2. *De ne point le blâmer parce qu'il ne vous envoie pas le calife.*
3. *Il faut entendre : « Ils émigraient pour ne pas se convertir. »*
4. *Dieu en soit remercié.*
5. *Vous avez bien rempli votre mission.*

Les Francs s'en vont, font leurs sommiers chargés ;
Vers douce France tous sont acheminés.

LIX

Charles le Magne l'Espagne a ravagée,
Les châteaus pris, les cités violées.
Ce dit le roi que sa guerre est finie,
Vers douce France le roi Charles chevauche ;
S'en va le jour, décline la vêprée.
Roland le comte son enseigne a plantée
En haut d'un tertre, contre le ciel levée ;
Les Français campent par toute la contrée.
Païens chevauchent par les grandes vallées,
Hauberts vêtus, et leurs brognes doublées,
Heaumes lacés et ceintes leurs épées,
Écus au cou et lances adoubées[1].
Dedans un bois au haut des puys restèrent,
Quatre cent mille y attendent le jour.
Dieu ! quel douleur que Français ne le savent !

LX

S'en va le jour, la nuit s'est assombrie,
Et Charles dort, l'empereur tout-puissant :
Songe qu'il est au large port de Cize,
Entre ses mains tient sa lance de frêne ;
Or Ganelon l'a dessus lui saisie,

1. *Lances prises en main (armés de leurs lances).*

En tel fureur l'a levée et brandie,
Qu'entre ses mains l'a rompue et brisée,
Et vers le ciel en volent les éclats.
Charles dormait, il ne s'éveille mie.

LXI

Après cela, un autre songe il eut :
En France était, à sa chapelle, à Aix ;
Un ours si fort au bras droit l'a mordu,
Que jusqu'à l'os lui a tranché la chair.
Devers Ardennes arrive un léopard,
Qui fièrement son corps a assailli.
Mais de la salle un lévrier sortit,
Qui vint à Charles par galops et par sauts.
L'oreille droite à l'ours d'abord trancha,
Avec fureur combat le léopard ;
Disent Français que grand bataille y a,
Mais point ne savent lequel d'eus la vaincra [1].
Charles dormait, miё ne s'éveilla.

LXII

S'en va la nuit, apparaît la claire aube.
L'empereur Charles moult fièrement chevauche ;
Parmi l'armée sonnent haut les trompettes.
« Seigneurs barons, a dit l'empereur Charles,
Voyez les ports [2] et les étroits passages :

1. *La gagnera.*
2. *Ports = défilés.*

Décidez qui fera l'arrière-garde. »
Ganelon dit: « Roland, ce mien beau-fils !
N'avez baron de si grande vaillance. »
L'entent le roi, fièrement le regarde,
Et lui a dit : « Vous êtes vif d'iable ;
Au corps vous est entréë mortel rage.
Et qui fera devant moi l'avant-garde ? »
Ganelon dit : « Ogier de Danemarke.
N'avez baron qui mieus que lui la fasse. »

LXIII

Roland le comte, quand s'entent désigner,
Lors a parlé comme bon chevalier :
« Sire beau-père, moult vous dois avoir cher !
L'arrière-garde vous me faites donner ;
N'y perdra Charles, le roi qui France tient,
Mien escient, palefroi ni destrier,
Ni mul ni mule qu'on doive chevaucher,
Ni ne perdra ni roussin, ni sommier,
Que aus épées ne soit avant payé[1]. »
Ganelon dit : « C'est vrai, je le sais bien. »

LXIV

Quand voit Roland qu'il est d'arrière-garde,
Avec fureur parla à son beau-père :
« Ah ! misérable ! né de méchante race,

---

1. *Qui ne soit auparavant payé à coups d'épée.*

Tu crus qu'aurais laissé tomber le gant,
Comme tu fis le bâton devant Charles [1] ! »

LXV

Roland le comte s'adresse à Charlemagne :
« Donnez-moi l'arc que vous tenez au poing.
Mien escient, ne sera reproché
Que il me tombe [2], com fit à Ganelon
Votre gant droit, quand reçut le bâton. »
L'empereur Charles tint la tête baissée :
Tira sa barbe et tordit sa moustache,
Et ne se put retenir de pleurer.

LXVI

Après cela, y est Naimes venu :
Blanche eut la barbe et tout le poil chenu,
N'est en la cour meilleur vassal que lui,
Et dit au roi : « Bien l'avez entendu ;
Roland le comte, il est moult irrité.
L'arrière-garde lui est attribuée,
N'avez baron qui s'en charge pour lui.
Donnez-lui l'arc que vous avez tendu,
Et lui trouvez qui puisse bien l'aider. »
Le roi lui donne [3], et Roland le reçut.

---

1. Voyez la laisse XXVII. D'après cette laisse, c'est le gant, et non le bâton, qui était tombé. C'est ainsi, d'ailleurs, que l'incident est présenté quelques vers plus loin.
2. *Qu'il me tombe des mains.*
3. « Lui donne l'arc. »

LXVII

L'empereur Charles s'adresse à son neveu :
« Mon beau neveu, sachez en vérité,
De mon armée vous donnerai moitié :
Acceptez-les, c'est pour votre salut. »
Ce dit le comte : « Je n'en veus faire rien.
Dieu me confonde, si je démens ma gloire !
Vingt mille Francs [1] retiendrai bien vaillants.
Passez les ports [2], sire, tranquillement !
A tort craindrez nul homme en mon vivant. »

LXVIII

Roland le comte est monté sur un mont.
Revêt sa brogne, meilleure ne vit-on,
Lace son heaume qui fut fait pour baron,
Ceint Durandal dont le pommeau est d'or,
Au cou se mit un écu peint à fleurs,
Ne veut monter sinon sur Veillantif [3].
Tient son épié, blanc est le gonfanon,
Les franges d'or lui battent au pommeau.
Or verra-t-on qui l'aimera ou non.
Disent Français : « Et nous vous y suivrons ! »

---

1. Entendez : « vingt mille Francs *seulement.* »
2. *Port* = *défilé.*
3. C'est-à-dire : « Il monte sur Veillantif, et il ne veut pas d'autre cheval. »

LXIX

Roland le comte est monté en destrier.
Près de lui vient son ami Olivier ;
Y vint Gérin et le comte Gérier,
Et y vint Othe, aussi vint Bérenger,
Et vint Samson et Anséïs le fier,
Ive et Ivoire, que le roi a tant chers.
Y vint Girard de Roussillon le vieus ;
Venu y est le gascon Engelier.
Dit l'archevêque : « Par ma tête, j'irai !
— Et moi aussi, dit le comte Gautier :
Suis à Roland, je ne le dois laisser. »
Entre eus élisent vingt mille chevaliers.

LXX

Roland le comte Gautier de l'Hum appèle :
« Prenez mil Francs de France notre terre,
Et occupez les détroits[1] et les tertres,
Que l'empereur aucun des siens n'y perde. »
Répont Gautier : « Pour vous le dois bien faire. »
Avec mil Francs de France la leur terre,
Gautier parcourt les détroits et les tertres.
N'en descendra pour mauvaises nouvelles[2],
Avant qu'en soient sept cents lames tirées.

---

1. *Les défilés.*
2. *Quelque mauvaises que soient les nouvelles.*

Roi Almaris, du règne[1] de Beauferne,
Dure bataille leur livra ce jour même.

LXXI

En Roncevaux est l'empereur entré.
A l'avant-garde fut le baron Ogier ;
De ce côté ne faut rien redouter.
Roland resta pour les autres garder,
Et Olivier et tous les douze pairs,
Des Francs de France vingt mille bacheliers.
Bataille auront, que les secoure Dieu !
Il le savait, le traître Ganelon ;
Mais l'a celé pour l'avoir qu'en reçut.

LXXII

Hauts sont les puys, et les vals ténébreus,
Les roches noires, les détroits merveilleus.
Lors y passèrent Français pour leur malheur :
De quinze lieues on entent la rumeur.
Lorsqu'ils arrivent à la Terre Majeur[2],
Virent Gascogne, la terre à leur seigneur.
Il leur souvient des fiefs et des honneurs,
Et des pucelles, et des nobles épouses.
Pas un n'y a ne pleure[3] de pitié.

---

1. *Règne* signifie ici *royaume*.
2. *Majeur* ne prenait pas d'*e* muet au féminin. La *Terre majeur*, c'est la grande terre, la France. — Entendez : « quand ils arrivent à la frontière de France. »
3. *Qui ne pleure.*

Plus que tous autres est Charles angoisseus;
Aus ports d'Espagne a laissé son neveu :
Pitié l'en prent, ne se tient de pleurer.

LXXIII

Les douze pairs sont restés en Espagne,
Vingt mille Francs ont en leur compagnie.
Ils n'ont pas peur, ni de mort nulle crainte.
L'empereur Charles s'en retourne vers France :
Pleure des yeus, tire sa barbe blanche ;
Sous son manteau cache sa contenance.
Auprès de lui chevauche le duc Naimes,
Et dit au roi : « De quoi avez souffrance ?
— Grand tort, dit Charles, me fait qui le demande.
Si grand deuil ai[1], ne me tiens de m'en plaindre ;
Par Ganelon sera détruite France !
L'ange de Dieu m'a en songe fait voir
Que me brisait entre les mains ma lance
Celui qui fit Roland arrière mettre.
Je l'ai laissé en pays étranger ;
Dieu ! Si le pers[2], plus n'aurai son pareil. »

---

1. *J'ai une si grande douleur que...*
2. *Si je le pers.*

PRÉPARATIFS DES SARRASINS

LXXIV

Charles le Magne ne se tient de pleurer.
Cent mille Francs pour lui ont grand pitié,
Et pour Roland merveilleuse frayeur.
Le félon comte en a fait trahison ;
Du roi païen en a eu de grands dons,
Or et argent, et étoffes de soie,
Muls et chevaus, et chameaus et lions.
Marsile mande d'Espagne les barons,
Comtes, vicomtes, et ducs et aumaçours [1],
Les amiraus et les fils aus comtours ;
Quatre cent mille réunit en trois jours.
En Saragosse fait sonner ses tambours,
Mahomet lèvent en la plus haute tour [2] :
N'y a païen ne le vienne adorer.
Puis, ils chevauchent à force d'éperons,
Par la Cerdagne [3] et les vaus et les monts.
De ceus de France virent les gonfanons,
L'arrière-garde des douze compagnons ;
Ne laisseront de leur livrer combat.

---

1. Nous avons déjà vu le mot *aumaçour*, qui est le nom d'une dignité chez les Musulmans, de même que *comtour* (dérivé de *comte*), au vers suivant.
2. C'est-à-dire : « ils élèvent la statue de Mahomet. »
3. C'est par erreur que le poète place la Cerdagne sur le chemin de Saragosse à Roncevaux.

LXXV

S'est le neveu de Marsile avancé,
Sur un mulet qu'il touche d'un bâton.
Dit à son oncle bellement en riant :
« Beau sire roi, je vous ai servi tant,
Tant en ai eu de peines et d'ahans,
Tant de batailles en campagne gagné,
En récompense veus le coup de Roland [1].
Je l'occirai de mon épié tranchant,
Si Mahomet me veut être garant [2].
Délivrerai d'Espagne la contrée,
Dès les ports d'Aspe jusques à Durestant.
Cédera Charles, et se rendront ses Francs :
N'aurez plus guerre en tout votre vivant. »
Le roi Marsile lui a donné le gant.

LXXVI

Tient le neveu de Marsile le gant.
Fières paroles à son oncle il adresse :
« Beau sire roi, fait m'avez un grand don.
Élisez-moi onze de vos barons,
Et combattrai les douze compagnons. »
Tout le premier lui répont Falsaron,
Il était frère au roi Marsilion :
« Mon beau neveu, moi et vous nous irons.

---

1 L'honneur de frapper Roland.
2. C'est-à-dire : « si Mahomet me protège. »

Cette bataille engager nous saurons;
L'arrière-garde de la grande ost des Francs,
Il est jugé¹ que nous les occirons. »

LXXVII

Roi Corsablin se tient de l'autre part ;
De Barbarie il est, et plein d'astuce.
Il a parlé comme fait bon vassal,
Pour l'or de Dieu ne veut être couard ² :
« Si vois Roland, saurai bien l'assaillir.
Je suis le tiers, or élisez le quart ³. »
Voici venir Malprimis de Brigal :
Plus court à pied que ne fait un cheval.
Devant Marsile il s'écrië moult haut :
« Je conduirai mon corps en Roncevaux ;
Si vois Roland, saurai bien le mater. »

LXXVIII

Un amiral y a de Balaguer;
Corps a moult gent, visage fier et clair.
Aussitôt qu'est sur son cheval monté,
Moult se fait fier de ses armes porter.
Pour son courage il est bien estimé ;
S'il fût chrétien, bon baron eût été.

---

1. C'est-à-dire : « il est décidé. »
2. *Lui donnât-on tout l'or du monde, il ne voudrait être couard.*
3. *Tiers* = troisième. — *Quart* = quatrième.

Devant Marsile il s'en est écrié :
« En Roncevaux irai mon corps guider.
Si vois Roland, à mort il sera mis,
Et Olivier et tous les douze pairs.
Français mourront, à deuil, à déshonneur.
Charles le Magne vieus est et radotant,
Lassé sera de sa guerre mener :
Nous restera Espagne en liberté. »
Le roi Marsile moult l'en a mercié.

LXXIX

Un aumaçour[1] y a de Maurienne,
N'est plus félon en la terre d'Espagne.
Devant Marsile a faite sa vantance :
« En Roncevaux je guiderai ma troupe :
Vingt mille sont à écus et à lances.
Si vois Roland, la mort je lui promès ;
Français mourront à deuil et à grand honte.
Ne sera jour que Charles ne s'en plaigne. »

LXXX

D'autre part est Turgis de Tortelose ;
Il en[2] est comte, et la cité est sienne.
De chrétiens veut faire grand désastre.
Devant Marsile aus autres il s'ajoute,

---

1. Voyez laisse LXXIV.
2. *En* = *de Tortelose* (Tortosa).

Et dit au roi : « Ne soyez en émoi !
Plus vaut Mahon[1] que saint Pierre de Rome ;
Si le servez, nous aurons la victoire.
En Roncevaux Roland irai rejoindre,
Nul ne pourra de mort le garantir.
Voyez m'épée[2], qui est et bonne et longue :
À Durendal je la mettrai encontre ;
Vous apprendrez quelle aura le dessus.
Français mourront si à nous ils se montrent.
Charles le vieus aura et deuil et honte ;
Plus sur la tête ne portera couronne. »

LXXXI

D'autre part est Escremis de Valtierre :
Sarrasin est, lui appartient la terre[3].
Devant Marsile il s'écrie en la presse :
« En Roncevaux irai l'orgueil combattre.
Si vois Roland, n'emportera sa tête,
Ni Olivier, qui les autres commande.
Les douze pairs sont jugés à périr ;
Français mourront, France en sera déserte[4],
De bons vassaus sera Charles privé. »

---

1. *Mahomet.*
2. *M'épée = mon épée.*
3. C'est-à-dire : « la terre de Valtierre. »
4. C'est-à-dire : « la mort de ces Français fera en France un grand vide. »

LXXXII

D'autre part est un païen, Estorgant ;
Estramaris y est, son compagnon.
Ils sont félons, traitres et imposteurs.
Ce dit Marsile : « Seigneurs, venez devant :
En Roncevaux irez aus défilés,
Et aiderez à conduire ma gent. »
Et ils répondent : « Sire, à votre plaisir.
Assaillirons Olivier et Roland.
Les douze pairs n'auront de mort garant [1],
Car nos épées sont bonnes et tranchants :
Nous les ferons vermeilles de chaud sang.
Français mourront, Charle en sera dolent,
Terre Majeure [2] à vos lois soumettrons.
Venez-y, roi, de vos yeus le verrez :
L'empereur Charles vous rendrons à merci. »

LXXXIII

Courant y vint Margaris de Séville :
Il tient la terre jusqu'au bord de la mer.
Pour sa beauté, dames lui sont amies ;
Voir ne le peuvent, leur front ne s'éclaircisse [3] :
Veuillent ou non, se prennent à sourire.
N'y a païen de telle vaillantise.

---

1. C'est-à-dire : « ne trouveront qui les garantisse de la mort. »
2. *Terre majeure = la grande Terre, la France.*
3. *Sans que leur front ne s'éclaircisse.*

Vint en la presse, plus que les autres crie,
Et dit au roi : « Ne vous émouvez mie !
En Roncevaux irai Roland occire,
Et Olivier y laissera la vie,
Les douze pairs sont restés au martyre[1].
Voyez m'épée[2] dont en or est la garde :
Me la transmit le grand émir de Primes ;
En vermeil sang, le jure, sera mise.
Français mourront, France en sera honnie.
Charles le vieus, à la barbe fleurie,
Ne sera jour qu'il n'en ait deuil et ire.
D'ici un an aurons France saisie,
Coucher pourrons au bourg de Saint-Denis. »
Le roi païen profondément s'incline.

LXXXIV

D'autre part est Chernuble de Valnoire.
Jusqu'à la terre ses cheveus lui balayent ;
Plus grand fais porte par jeu[3], quand il s'amuse,
Que sept mulets ne font quand ils travaillent.
Dans ce pays, dit-il, dont il arrive,
Soleil n'y luit, ni blé n'y peut pas croître,
N'y tombe pluie, et ne s'y voit rosée,
Pierre n'y a qui toute ne soit noire.
Disent aucuns que diables y demeurent.

---

1. *Au martyre = pour leur perte.*
2. *M'épée = mon épée.*
3. *Il porte en se jouant une plus forte charge...*

Ce dit Chernuble : « Ma bonne épée ai ceinte,
En Roncevaux je la teindrai vermeille.
Si vois Roland le preus en mon chemin,
Si ne l'assaille, je ne suis plus à croire [1].
Je conquerrai Durendal par la mienne [2].
Français mourront, France en sera réduite. »
À ces paroles les douze pairs [3] s'assemblent ;
Et tels cent mille païens avec eus mènent,
Qui pour bataille accourent et se hâtent.
Vont s'adouber dessous une sapaie [4].

ROLAND REFUSE DE SONNER DU COR

LXXXV

Païens s'adoubent de hauberts sarrasins,
Dont la plupart sont redoublés en trois.
Lacent leurs heaumes, moult bons saragossois [5],
Ceignent épées d'un acier viennois,
Écus ont beaus, épiés valentinois [6],
Et gonfanons blancs et bleus et vermeils.
Laissent les muls et tous les palefrois,
En destriers montent et chevauchent serrés.

---

1. *Qu'on ne me croie plus désormais.*
2. C'est-à-dire : « Avec mon épée, je conquerrai Durendal, l'épée de Roland. »
3. Les douze pairs des Sarrasins.
4. Une *sapaie* est un lieu planté de sapins, comme une *saulaie* est un lieu planté de saules.
5. *Fabriqués à Saragosse.*
6. *De Valence.*

Clair fut le jour, et beau fut le soleil ;
Ils n'ont armure qui toute ne flamboie.
Mil clairons sonnent pour que plus beau ce soit.
Grand fut le bruit, l'entendirent Français.
Dit Olivier : « Mon compagnon, je crois,
De Sarrasins pourrons bataille avoir. »
Répont Roland : « Que Dieu la nous octroie !
Bien devons ci tenir pour notre roi ;
Pour son seigneur doit-on souffrir détresse,
Et endurer et grands chauds et grands froids,
Et doit-on perdre et du cuir et du poil.
Que chacun songe à donner de grands coups,
Que contre nous chanson faite n'en soit !
Païens ont tort et chrétiens ont droit ;
Mauvais exemple point ne viendra de moi. »

LXXXVI

Olivier monte dessur un puy très haut,
Regarde à droite parmi un val herbeus,
Et voit venir cette païenne gent ;
En appela Roland son compagnon :
« Devers Espagne vois[1] venir masse brune,
Tant de hauberts, tant de heaumes luisants !
À nos Français causeront grand fureur.
La trahison a faite Ganelon,
Qui nous nomma[2] devant Charles le roi.

---

1. *Je vois.*
2. *Qui nous désigna.*

— Tais[1], Olivier, le preus Roland répont ;
Mon beau-père est : ne veus qu'en sonnes mot. »

LXXXVII

Olivier est dessur un puy monté.
Or voit-il bien d'Espagne la contrée,
Et Sarrasins qui tant sont assemblés.
Luisent les heaumes, qui à or sont gemmés[2],
Et les écus et les haubercs safrés[3],
Et les épiés, les gonfanons dressés.
Les bataillons ne peut[4] même compter :
Tant y en a que mesure n'en sait,
Et en lui-même en est moult égaré.
Tout aussitôt du puy est dévalé,
Vint aus Français, tout leur a raconté.

LXXXVIII

Dit Olivier : « Je ai les païens vus.
Jamais nul homme sur terre n'en vit plus.
Par devant sont bien cent mille, à écus,
Heaumes lacés et blancs haubercs vêtus,
Droites les lances, luisants les épiés bruns.
Bataille aurez, jamais telle ne fut.

---

1. *Tais-toi.*
2. C'est-à-dire : « qui sont garnis d'or. »
3. M. Gaston Paris traduit *safré* par « muni d'une panne ». Le mot est d'origine inconnue.
4. *Il (Olivier) ne peut..*

Seigneurs français, Dieu vous donne vertu[1] !
Et tenez bon, que ne soyons vaincus ! »
Disent Français : « Malheur à qui s'enfuit !
Devant la mort ne faillira pas un. »

LXXXIX

Dit Olivier : « Païens ont grandes forces ;
De nos Français m'y semble avoir moult peu.
Ami Roland, sonnez donc votre cor ;
L'entendra Charles, et retournera l'ost. »
Répont Roland : « J'agirais comme un fou,
En douce France en perdrais mon honneur.
Je vais férir de Durendal grands coups ;
Sanglant sera le fer jusques à l'or.
Pour leur malheur païens vinrent aus ports[2] :
Je vous le jure, tous sont jugés à mort. »

XC

« Ami Roland, faut l'olifant sonner.
L'entendra Charles, fera l'ost retourner ;
Nous secourra le roi et ses barons. »
Répont Roland : « Ne plaise à Dame-Dieu[3]
Que mes parents pour moi soient blâmés,
Ni France douce en tombe en déshonneur !
Mais frapperai de Durendal assez,

---

1. C'est-à-dire : « que Dieu vous donne le courage. »
2. *Ports = défilés.*
3. *Au Seigneur Dieu.*

Ma bonne épée que j'ai ceinte au côté ;
Tout en verrez le fer ensanglanté.
Pour leur malheur païens sont assemblés :
Je vous le jure, tous sont à mort livrés. »

XCI

« Ami Roland, sonnez votre olifant,
L'entendra Charles, qui est aus ports passant ;
Je vous promès que retourneront Francs.
— Ne plaise à Dieu, ce lui répont Roland,
Que ce soit dit par nul homme vivant,
Que pour païens jamais je sois cornant !
Point n'en auront reproche mes parents.
Quand je serai en la bataille grand,
Et frapperai et mil coups et sept cents,
De Durendal verrez l'acier sanglant.
Français sont bons, frapperont vaillamment,
Et ceus d'Espagne n'auront de mort garant [1]. »

XCII

Dit Olivier : « Point n'en auriez de blâme.
De là j'ai vu les Sarrasins d'Espagne :
Couverts en sont les vals et les montagnes,
Et les collines et les plaines entières.
Grands sont les osts de la gent étrangère,
Et nous avons petite compagnie. »

---

1. C'est-à-dire : « n'auront qui les garantisse de la mort. »

Répont Roland : « Mon ardeur s'en augmente.
Ne plaise à Dieu ni à ses très saints anges
Jamais par moi perde sa valeur France !
Mieus veus mourir que déshonneur m'atteigne.
Pour bien férir le roi Charles nous aime. »

XCIII

Roland est preus et Olivier est sage,
Avaient tous deus un merveilleus courage.
Dès lors qu'ils sont à cheval et en armes,
Pour nulle crainte n'esquiveront bataille.
Bons sont les comtes, et leurs paroles hautes.
Félons païens pleins de fureur chevauchent.
Dit Olivier : « Roland, voyez un peu !
Ceus-ci sont près, mais trop nous est loin Charles.
Votre olifant sonner vous ne daignâtes :
Viendrait le roi, nous n'y aurions dommage !
Ceus qui là sont n'en doivent avoir blâme.
Regardez çà, du côté des ports d'Aspe ;
Voir y pouvez dolente arrière-garde.
Ceus qui la font, jamais n'en feront d'autre. »
Répont Roland : « Ne dites tel outrage[1] !
Que maudit soit le cœur qui se couarde !
Nous resterons fermement en la place ;
De nous viendront les coups et la bataille. »

---

1. *Outrage* a ici le sens étymologique de : parole qui dépasse la mesure.

XCIV

Quand Roland voit que bataille y aura,
Plus fier n'est pas lion ni léopard.
Son compagnon Olivier appela :
« Seigneur, ami, ainsi ne parle pas !
L'empereur Charles, qui ses Francs nous laissa,
Tels vingt milliers pour nous en mit à part [1],
Parmi lesquels n'y eut pas un couard.
Pour son seigneur on doit souffrir grands maux,
Et endurer et forts froids et grands chauds,
Et doit-on perdre du sang et de la chair.
Va de ta lance [2], et moi de Durendal,
Ma bonne épée que le roi me donna :
Si suis occis, dire peut qui l'aura,
Que elle fut à un noble vassal. »

XCV

D'autre part est l'archevêque Turpin.
Son cheval pique, et monte sur un tertre ;
Français appelle, un sermon leur a dit :
« Seigneurs barons, Charles nous laissa ci ;
Pour notre roi devons-nous bien mourir.
Chrétienté aidez à soutenir !
Bataille aurez, vous en êtes tous sûrs,

---

[1]. C'est-à-dire : « mit à part pour nous aider les vingt mille que nous avons. »
[2]. Frappe de la lance.

Car à vos yeus voyez les Sarrasins.
Clamez vos coulpes [1], criez à Dieu merci.
Vous absoudrai pour vos âmes guérir.
Si vous mourez, vous serez saints martyrs,
Sièges aurez dans le grand paradis. »
Français descendent [2], à terre se sont mis,
Et l'archevêque par Dieu les a bénis.
Pour pénitence leur enjoint de frapper.

XCVI

Français se lèvent et se mettent sur pieds.
Bien sont absous, quittes de leurs péchés,
Et l'archevêque par Dieu les a signés [3].
Puis sont montés sur leurs courants destriers.
Adoubés sont comme bons chevaliers,
Pour la bataille sont tout appareillés.
Roland le comte en apèle Olivier :
« Mon compagnon, moult bien le disïez,
Que Ganelon nous a tous épiés [4] :
Reçu en a or, avoir et deniers.
L'empereur Charles nous devrait bien venger !
Le roi Marsile de nous a fait marché,
À coups d'épées nous le faudra payer. »

---

1. C'est-à-dire : « Proclamez vos fautes. »
2. *Descendent de cheval.*
3. C'est-à-dire : « a fait sur eus le signe de la crois au nom de Dieu, les a bénis. »
4. *Épier* a ici le sens de *trahir.*

XCVII

Aus ports d'Espagne passe le preus Roland,
Sur Veillantif, son bon cheval courant.
Porte ses armes, moult lui sont avenants[1].
Et son épié va le baron tenant[2],
Contre le ciel va la pointe tournant,
Lacé en haut un gonfanon tout blanc,
Les rubans d'or lui battent jusqu'aus mains.
Corps a moult gent, le front clair et riant.
Et son ami après le va suivant,
Et ceus de France le proclament garant[3].
Vers Sarrasins regarde fièrement,
Et vers Français et humble et doucement[4].
Il leur a dit un mot courtoisement :
« Seigneurs barons, allez au petit pas !
Ces païens vont grand martyre cherchant[5].
Ce jour aurons un butin bel et gent :
Nul roi de France n'en eut de tel valeur. »
À ces paroles, en bataille se rangent.

---

1. Les participes présents ne prenaient pas la marque du féminin.
2. Construisez : « le baron va tenant son épié. »
3. C'est-à-dire : « l'invoquent comme leur protecteur. »
4. C'est-à-dire : « humblement et doucement. »
5. C'est-à-dire : « vont à leur perte. »

LA BATAILLE DE RONCEVAUX

XCVIII

Dit Olivier : « N'ai souci de parler[1].
Votre olifant ne daignâtes sonner,
Et du roi Charles le secours point n'avez.
Il n'en sait mot, n'y a faute le preux[2] :
Ceux qui là sont ne sont mie à blâmer.
Donc chevauchez autant que vous pouvez !
Seigneurs barons, bien ferme vous tenez !
Pour Dieu vous prie que n'ayez en pensée
Que coups férir, recevoir et donner.
Le cri de Charles n'y devons oublier. »
À ces paroles ont les Français crié.
Qui eût ouï Monjoië retentir,
De grand courage eût pu se souvenir[3].
Puis ils chevauchent, Dieu ! avec quel fierté !
Ils éperonnent pour le plus tôt aller,
Et vont férir, qu'eussent-ils fait de mieux ?
Et Sarrasins ne les ont redoutés.
Francs et païens, les voici en bataille.

---

1. C'est une réponse à Roland, qui l'avait invité à ne plus parler de sonner du cor (laisse XCIV).
2. C'est-à-dire : « ce n'est pas sa faute. »
3. C'est-à-dire : « celui-là eût pu se souvenir (avoir l'idée) du courage. »

XCIX

Neveu Marsile (il a nom Aelroth)
Tout le premier chevauche devant l'ost ;
Armes eut bonnes, cheval courant et fort.
De nos Français va disant mauvais mots :
« Félons Français, avec nous combattrez.
Trahi vous a qui à garder vous eut[1] :
Fou est le roi qui vous laissa aus ports !
Ce jour, perdra France douce l'honneur,
Charles le Magne, le bras droit de son corps[2].
Les ports d'Espagne en seront en repos. »
L'entent Roland ; Dieu ! si grand deuil en eut !
Son cheval pique et lui lâche la bride,
Va le païen férir autant qu'il put,
L'écu lui brise, le haubert lui déclôt[3],
Tranche le sein, et lui casse les os,
Toute l'échine lui sépare du dos,
Avec l'épié l'âme lui jète hors,
Le pousse à fond, lui fait brandir le corps,
A pleine lance du cheval l'abat mort :
En deus moitiés lui a brisé le cou.
Ne laissera, dit-il, de lui parler :
« Va, misérable ! Charles n'est mië fou,
Et n'a jamais aimé la trahison.

---

1 C'est-à-dire : « qui aurait dû vous protéger. »
2. C'est-à-dire : « Et Charlemagne perdra son bras droit, Roland. »
3. *Déclore* = ouvrir.

Agit en preus, quand nous laissa aus ports,
Point n'en perdra France douce l'honneur.
Frappez-y, Francs ! nôtre est le premier coup.
Nous avons droit, mais ces gloutons ont tort. »

C

Un duc y est, il a nom Falsaron ;
Il était frère au roi Marsilion,
Tenait la terre Dathan et Abiron.
Sous ciel n'y a plus insolent félon.
Entre les yeus moult eut large le front,
Grand demi-pied mesurer y put-on.
Grand deuil il a, quand vit mort son neveu,
Sort de la presse, en avant s'est porté,
Et a poussé le cri des Sarrasins.
Contre Français il est moult irrité :
« Ce jour, perdra France douce l'honneur ! »
L'a Olivier ouï en grand fureur ;
Le cheval pique de ses éperons d'or,
Va le férir d'un vrai coup de baron.
L'écu lui brise, le haubert lui déront,
Au corps lui met les pans du gonfanon.
A pleine lance l'abat mort des arçons.
Regarde[1] à terre, voit gésir le glouton,
Et lui a dit ces moult fières paroles :
« De vos menaces, félon, je n'ai souci.
Frappez-y, Francs, car très bien les vaincrons. »
Monjoie il crie, c'est l'enseigne du roi.

1. *Il regarde.*

CI

Un roi y est, il a nom Corsablis ;
Il est ici venu de Barbarie.
Ainsi parla aus autres Sarrasins :
« Cette bataille, bien la pouvons tenir,
Car sont Français en nombre bien petit.
Ceus que voici devons tenir pour vils :
Pas un par Charles ne sera garanti.
Voici le jour que leur faudra mourir. »
Bien l'entendit l'archevêque Turpin ;
Sous ciel n'est homme que tant veuille haïr[1].
Son cheval pique[2] des éperons d'or fin,
Avec grand force il l'est allé férir,
L'écu lui brise, le haubert déconfit[3],
Son grand épié parmi le corps lui mit,
Tant il le pousse que moult le fait brandir,
A pleine lance l'abat sur le chemin.
Regarde à terre, voit le glouton gésir,
Ne laissera de lui parler, dit-il,
« Félon païen, vous y avez menti,
Mon seigneur Charles nous protège toujours,
Et nos Français point ne songent à fuir.
Vos compagnons ferons rester sur place,
Nouvelle mort il vous faudra souffrir.

---

1. Entendez : « il n'y a pas un homme que Turpin haïsse autant
p que Corsablis. »
2. *Il pique son cheval.*
3. *Déconfire = mettre en pièces.*

Frappez, Français, et que nul ne s'oublie!
Le premier coup est nôtre, Dieu merci! »
Monjoie il crie pour le champ retenir [1].

CII

Et Gérin frappe Malprimis de Brigal.
Son bon écu un denier ne lui vaut [2] :
Toute lui brise la boucle de cristal,
L'une moitié il en a jeté bas,
Et le haubert lui ront jusqu'à la chair,
Son bon épié dedans le corps lui met :
Le Sarrasin choit à terre d'un coup ;
L'âme de lui emporte Satanas [3].

CIII

Son compagnon [4], Gérier, l'amiral frappe :
L'écu lui brise, le haubert lui démaille,
Son bon épié lui met dans les entrailles,
Le pousse bien, par le corps le lui passe,
Et mort l'abat à terre, à pleine lance.
Dit Olivier : « Belle est notre bataille. »

---

1. « Pour le champ retenir », c'est-à-dire : « pour marquer qu'il est maître du champ de bataille. »
2. « Ne lui vaut un denier », c'est-à-dire : « ne lui sert de rien. »
3. *Satan emporte son âme.*
4. *Le compagnon de Gérin.*

CIV

Samson le duc va férir l'aumaçour [1],
L'écu lui brise, qu'est à or et à fleurs.
Le bon haubert point ne le garantit :
Le cœur lui tranche, le foie et le poumon,
Et mort l'abat, qui qu'en souffre ou qui non [2].
Dit l'archevêque : « Ce coup est de baron [3]. »

CV

Et Anséis son cheval a lancé,
Il va férir Turgis de Tortelose :
L'écu lui brise sous la doréë boucle,
De son haubert lui dérompit les doubles,
Du bon épié au corps lui met la pointe,
L'enfonce bien, tout le fer lui mit outre,
À pleine lance il le renverse mort.
Ce dit Roland : « C'est coup de vaillant homme. »

CVI

Et Engelier, Bordelais de Gascogne,
Son cheval pique et lui lâche la rêne.
Il va férir Escremis de Valtierre :
L'écu du cou lui brise et met en pièces,

---

1. *Aumaçour*, nom (déjà vu) d'une dignité sarrasine.
2. C'est-à-dire : « quel que soit celui qui en souffre ou qui n'en souffre pas. »
3. C'est-à-dire : « Ce coup est digne d'un baron. »

De son haubert lui rompit la ventaille[1] ;
Le frappe au sein entre les deus épaules,
À pleine lance l'abat mort de la selle.
Après lui dit : « Tous êtes condamnés ! »

CVII

Et Othon frappe un païen, Estorgant,
Sur son écu, dans le cuir par-devant ;
Tout lui en tranche le vermeil et le blanc,
De son haubert lui a rompu les pans,
Au corps lui met son bon épié tranchant,
Et mort l'abat de son cheval courant.
Après lui dit : « Plus n'y aurez garant[2] ! »

CVIII

Et Bérenger, il frappe Estramaris,
L'écu lui brise, le haubert déconfit[3],
Son fort épié parmi le corps lui mit,
Et mort l'abat entre mil Sarrasins.
Des douze pairs[4] les dis en sont occis ;
Pas plus de deus il n'en est resté vifs ;
Ce est Chernuble et comte Margaris.

---

1. *Ventaille*, partie du haubert qui recouvrait le menton.
2. C'est-à-dire : « Personne ne vous défendra plus de ce coup. »
3. *Déconfire = mettre en pièces*.
4. « Des douze pairs *païens*. »

CIX

Margaris est moult vaillant chevalier,
Et beau et fort, et rapide et léger.
Le cheval pique, va férir Olivier,
L'écu lui brise sous la boucle d'or pur,
Le long du flanc conduisit son épié.
Dieu le sauva, qu'au corps ne l'a touché ;
Sa lance brise, mais la chair n'a tranché.
Outre s'en va, car n'en est empêché ;
Sonne son cor pour les siens rallier.

CX

La bataille est merveilleuse et commune [1].
Roland le comte à l'abri ne se tient,
De l'épié frappe tant que le bois [2] lui dure :
Par quinze coups l'a brisé et perdu.
Prent Durendal sa bonne épéë nue,
Son cheval pique, et va férir Chernuble ;
Le heaume brise, où escarboucles luisent,
Tranche la coiffe avec la chevelure,
Et lui trancha les yeus et la figure,
Le blanc haubert dont la maille est menue,
Et tout le corps jusques à l'enfourchure,
Coupe la selle, qui est à or battue,
Dans le cheval a fait entrer l'épée,

---

1. *Commune*, c'est-à-dire *générale*.
2. *Le bois de l'épié*.

Tranche l'échine, sans y chercher jointure,
Tout l'abat mort au pré sur l'herbe drue.
Après lui dit : « A tort êtes venu !
De Mahomet vous n'aurez plus nulle aide.
Ne gagnera tel glouton la bataille. »

CXI

Roland le comte parmi le champ chevauche,
Tient Durendal, qui bien tranche et bien taille ;
Aus Sarrasins a fait moult grand dommage.
On l'aurait vu l'un jeter mort sur l'autre,
Le sang tout clair à travers champs couler !
Sanglant en a le haubert, la poitrine,
Son bon cheval le cou et les épaules [1].
Et Olivier y frappe et ne s'attarde ;
Les douze pairs non plus n'encourent blâme,
Et les Français y frappent et bataillent.
Les Sarrasins ou meurent ou se pâment.
Dit l'archevêque : « Bénis soient nos barons ! »
Monjoie il crie, c'est l'enseigne de Charles.

CXII

Et Olivier chevauche par le champ.
De son épié il n'a plus qu'un tronçon ;
Et va férir un païen, Malsaron.
L'écu lui brise, qu'est à or et à fleurs,

---

1. Entendez : « Le sang couvre aussi le cou et les épaules de son bon cheval. »

Hors de la tête lui jète les deus yeus,
Et la cervelle est à ses pieds tombée ;
Mort le renverse entre sept cents des leurs.
Puis a occis Turgin et Estorgous ;
Son bois de lance se brise jusqu'au poing.
Ce dit Roland : « Ami, que faites-vous ?
En tel bataille point ne faut de bâton,
Fer et acier y doit avoir valeur.
Où est l'épée qui Hauteclaire a nom ?
D'or est la garde, de cristal le pommeau. »
Olivier dit : « Je ne la puis tirer,
J'ai trop besoin sur païens de frapper ! »

CXIII

Comte Olivier tire sa bonne épée,
Que son ami lui a tant demandée,
Et la lui a en vrai baron montrée.
Frappe un païen, Justin de Val Ferrée ;
Toute la tête lui a en deus coupée,
Tranche le corps et la brogne safrée[1],
La bonne selle qui à or est gemmée,
Et au cheval a l'échine coupée :
Tout abat mort devant lui sur le pré.
Ce dit Roland : « Je vous reçois pour frère !
Pour de tels coups le roi Charles nous aime. »
De toutes parts Monjoie on a crié.

1. Sur safré, voyez laisse LXXXVII.

CXIV

Gérin le comte est monté sur Sorel,
Et son ami Gérier sur Passe-Cerf.
Lâchent les rênes, éperonnent tous deus,
Et vont férir un païen, Timozel,
L'un sur l'écu, l'autre sur le haubert.
Leurs deus épiés dans le corps ils lui brisent,
Mort le renversent au milieu d'un guéret.
N'ai ouï dire, et point je ne le sais,
Lequel des deus y fut le plus rapide.
Esperveris est là, le fils Borel :
L'occit bientôt Engelier de Bordeaux.
Et l'archevêque leur occit Siglorel,
Cet enchanteur, qui visita l'enfer :
Par art magique l'y mena Jupiter.
Ce dit Turpin : « Il nous avait fait tort ! »
Répont Roland : « Vaincu est le félon.
Olivier frère, de tels coups me sont beaus. »

CXV

Pendant ce temps est la bataille dure ;
Francs et païens merveilleus coups y rendent,
Frappent les uns, les autres se défendent.
Combien de lances en pièces et sanglantes,
De gonfanons rompus, combien d'enseignes !
Tant de Français y perdent leur jeunesse !
Ne reverront leurs mères ni leurs femmes,

Ni ceus de France qui aus ports [1] les attendent.
Charles le Magne en pleure et se lamente.
Mais à quoi bon? Ils n'en auront secours.
Mauvais service leur rendit Ganelon,
Qu'en Saragosse sa lignée alla vendre !
Puis en perdit et sa vie et ses membres,
En la cour d'Aix fut condamné à pendre,
Et avec lui trente de ses parents,
Qui pour mourir ne furent épargnés.

CXVI

Roi Almaris, avec sa compagnie,
Par un étroit et merveilleus passage,
Va à Gautier qui garde la montagne
Et les détroits [2] devers les ports d'Espagne :
« Ganelon, dit Gautier le capitaine,
De nous a fait moult douloureus échange [3] ! »

CXVII

Roi Almaris est sur le mont venu,
Et avec lui païens soissante mille.
À toute force ont Français attaqués,
En grand fureur tous ils les ont frappés,
Les ont tués, occis et massacrés.

1. *Ports = défilés.*
2. *Détroits = défilés.*
3. C'est-à-dire : « A causé notre perte en nous vendant. »

Plus que tous autres est Gautier en courrous,
Tire l'épée, embrasse[1] son écu,
Aus premiers rangs s'en vient au petit trot,
Païens rejoint, leur fit mauvais salut.

CXVIII

Lorsque Gautier se fut à eus mêlé,
Païens l'assaillent, et de tous les côtés.
Son fort écu est brisé et cassé,
Son blanc haubert rompu et mutilé,
Et est lui-même de quatre épiés blessé ;
N'y put tenir, quatre fois s'est pâmé.
Le veuille ou non, il a le champ quitté ;
Le mieus qu'il put, a le mont dévalé.
Roland appèle[2] : « Baron, me secourez ! »

CXIX

La bataille est merveilleuse et pesante,
Moult bien y frappe Olivier et Roland,
Et l'archevêque plus de mil coups y rent;
Les douze pairs en retard point ne sont,
Et les Français frappent d'un même effort.
Meurent païens par milliers et par cents.
Qui ne s'enfuit, mort ne peut éviter :
Le veuille ou non, toute y laisse sa vie.
Français y perdent leurs armes les meilleures,

---

1. *Serre contre lui.*
2. *Il appèle Roland.*

Leurs forts épiés et leurs lances tranchantes,
Et gonfanons bleus et vermeils et blancs.
De leurs épées se sont brisés les fers.
Perdu y ont tant de barons vaillants !
Ne reverront ni pères ni parents,
Ni Charlemagne qui aus ports les attent.
En France y a merveilleuse tourmente,
Orage y a de tonnerre et de vent,
Et pluie et grêle démesuréement.
Y tombent foudres et menu et souvent,
Et tremblement de terre y a vraiment,
De Saint-Michel du Péril à Xanten,
De Besançon jusqu'aus ports de Wissant.
Pas de maison dont n'éclatent les murs,
En plein midi ténèbres y a grandes,
N'y a clarté si le ciel ne se fent.
Nul ne le voit, qui moult ne s'épouvante.
Disent plusieurs : « C'est le définiment [1],
La fin du siècle qui nous est en présent [2]. »
Ils ne le savent, et point ne disent vrai :
C'est la douleur pour la mort de Roland.

CXX

Grands sont les signes, terribles les orages.
En France y eut prodiges évidents :
Depuis midi jusqu'à l'heure de vêpre,
La nuit y est obscure et les ténèbres ;

---

1. C'est-à-dire : « la fin du monde. »
2. C'est-à-dire : « du siècle présent. »

Soleil ni lune n'y rendent leur lumière.
Ceus qui le voient, la vie en pensent perdre.
En tel douleur or doivent-ils bien être,
Quand Roland meurt qui des autres est chef.
Meilleur que lui ne fut encor sur terre,
Pour païens vaincre, pour royaumes conquerre.

CXXI

La bataille est terrible et acharnée,
Français y frappent de leurs tranchants [1] épées :
N'y a celui [2] ne l'ait ensanglantée.
Ils crient Monjoie, l'enseigne [3] renommée.
Païens s'enfuient par toute la contrée,
Francs les poursuivent, qui la loi de Dieu tiennent
Or voient-ils bien que dure est la mêlée.

CXXII

Païenne gent, dolente et courroucée,
Laissent le champ et se tournent en fuite ;
Ceus les poursuivent qui de les prendre ont cure
En eussiez vu la plaine si vêtue [4],
Tant de païens tomber sur l'herbe drue,
Tant de hauberts, tant de brognes qui luisent,

---

1. Les participes présents ne prenaient pas la marque du féminin.
2. C'est-à-dire : « il n'y a aucun d'eus qui... »
3. Le cri de guerre « Monjoie » était le nom de l'enseigne de Charlemagne. D'ailleurs *enseigne* = aussi *cri de guerre*.
4. C'est-à-dire : « si couverte, si remplie. »

D'épiés brisés, tant d'enseignes rompues !
Cette bataille ont les Français vaincue ;
Dieu ! Quel grand peine leur est depuis venue !
Charle en perdra et sa joie et son aide ;
En grand douleur sera France tombée.

CXXIII

Francs ont frappé avec cœur et vigueur,
Païens sont morts en foule et par milliers :
De cent milliers ne s'en sauvèrent deus.
Dit l'archevêque : « Nos hommes sont moult preus,
Sous ciel n'est roi qui en ait de meilleurs.
Il est écrit en la geste des Francs :
Bien est-il juste, en la Terre Majeur [1],
Que bons vassaus soient à notre empereur. »
Vont par le champ, et recherchent les leurs ;
Pleurent des yeus, de deuil et de tendreur [2],
Pour leurs parents, de cœur et par amour.
Le roi Marsile et sa grande ost arrivent.

CXXIV

Roland le comte est baron renommé,
Et Olivier et tous les douze pairs,
Et les Français, qui bien sont à louer ;
Par leur valeur ont Sarrasins tués.

---

1. *Majeur* ne prenait pas d'*e* muet au féminin. — *La Terre Majeur*, c'est « la grande Terre, la France ».
2. *Tendreur* est formé sur *tendre*, comme *pâleur* sur *pâle*.

De cent milliers n'en est qu'un échappé,
C'est Margaris, s'est en fuite tourné.
Si il s'enfuit, ne le doit-on blâmer :
De son courage grand preuve peut montrer,
Car bien il est de quatre épiés blessé.
Devers Espagne il s'en est retourné,
Au roi Marsile a tous les faits conté.

CXXV

Roi Margaris seul s'en est retourné,
Lance brisée et son écu percé,
Dessous la boucle n'eut plus que demi-pied[1] ;
De son épée sanglant en a l'acier,
Est son haubert rompu et démaillé :
Il vient du champ où les coups furent fiers.
Dieu ! quel baron, s'il était chrétien !
Au roi Marsile il a tout raconté,
Aus pieds du roi il s'est précipité,
Et lui a dit : « Sire, tôt chevauchez !
Les Francs de France trouverez fatigués
De coups férir et les nôtres tuer.
Perdu y ont et lances et épiés,
Et de leur gent une grande moitié ;
Ceus qui sont vifs[2] y sont moult affaiblis,
Pour la plupart blessés, ensanglantés,
Et n'ont plus armes dont se puissent aider.

---

1. *Sous la boucle il ne reste plus qu'un demi-pied de l'écu.*
2. *Vivants.*

Facilement les nôtres vengerez ;
Bons sont à vaincre, sire, bien le sachez. »
Français réclament Roland et Olivier :
« Les douze pairs, à notre aide venez ! »
Et l'archevêque leur répont tout premier :
« Hommes de Dieu, faites-vous gais et fiers !
Vous recevrez couronnes sur vos têtes,
Saint paradis vous sera octroyé. »
Entre eus y eut et douleur et pitié,
L'un pleure l'autre par moult grande amitié.
Par charité se sont entrebaisés.
Roland s'écrie : « Il nous faut chevaucher !
Marsile vient et cent mille païens. »

CXXVI

Marsile vient parmi une vallée,
Avec son ost qu'il avait assemblée,
Où vingt colonnes a le roi dénombrées.
Luisent les heaumes aus pierres d'or gemmées,
Et les épiés, les enseignes dressées,
Et les écus, et les brognes safrées [1].
Mille clairons y sonnent la menée [2],
Grand est le bruit par toute la contrée.
Ce dit Roland : « Olivier, ami, frère,
Le félon comte a notre mort jurée.
La trahison ne peut être celée,

---

1. Sur *safré*, voyez laisse LXXXVII.
2. *Y sonnent l'attaque, la charge.*

Moult grand vengeance en prendra le roi Charles.
Bataille aurons et forte et acharnée ;
Jamais nul homme ne vit telle mêlée.
J'y frapperai de Durendal m'épée [1] ;
Vous, compagnon, frappez de Hauteclaire.
En tant de terres nous les avons portées,
Tant de batailles en avons achevées,
Chanson mauvaise n'en doit être chantée [2]. »

CXXVII

Quand Français voient que païens y a tant,
De touzes parts en sont couverts les champs,
Souvent réclament Olivier et Roland,
Les douze pairs, pour qu'ils leur soient aidants.
Et l'archevêque leur dit son sentiment :
« Seigneurs barons, n'ayez folle pensée !
Pour Dieu vous prie que ne soyez fuyants,
Que nul prud'homme mauvaisement n'en chante [3] ;
Beaucoup est mieus que mourions combattant.
Promis nous est que mourrons aujourd'hui,
Après ce jour ne serons plus vivants,
Mais d'une chose vous suis-je bien garant :
Saint Paradis vous sera accordé,
Vous assoirez avec les innocents. »
À ces paroles se réjouissent Francs,

---

1. *Mon épée.*
2. Suppléez la conjonction *que* au commencement de ce vers.
3. *Prud'homme = homme sage et preus.* — Entendez : « pour qu'on ne chante pas sur vous de mauvaise chanson. »

Piquent avant sur leurs destriers courants,
Pas un n'y a qui ne crië Monjoie.

CXXVIII

Le roi Marsile moult était mauvais roi ;
Dit aus païens : « Seigneurs, écoutez-moi.
Tant est Roland de merveilleus pouvoir,
Qui le veut vaincre y prendre peine doit.
Par deus batailles il ne sera vaincu ;
Si l'agréez, nous en livrerons trois :
Dis des colonnes combattront les Français,
Les autres dis resteront avec moi.
Ce jour, perdra Charles de son pouvoir,
En grande honte verra la France choir. »
Tent à Grandoigne une enseigne d'orfroi[1],
Pour ses colonnes guider contre Français,
Il lui octroie commandement de roi.

CXXIX

Le roi Marsile est resté sur un mont :
S'en va Grandoigne parmi un val dessous,
Par trois clous d'or fixé son gonfanon.
Hautement crie : « Éperonnez, barons. »
Mil clairons sonnent, moult en sont clairs les sons.
Disent Français : « Dieu père, que ferons ?
Pour notre mal connûmes Ganelon !

---

1. C'est-à-dire : « il donne à Grandoigne une enseigne brodée b d'orfroi. »

Vendu nous a par male trahison[1].
Secourez-nous, les douze compagnons ! »
Et l'archevêque tout le premier répont :
« Bons chevaliers, vous serez à l'honneur,
Dieu vous promet et couronnes et fleurs
En paradis, entre les glorieus.
Mais les couards mië n'y entreront. »
Français répondent : « Tous ensemble frappons !
Crainte de mort ne nous rendra félons. »
En avant piquent des éperons dorés,
Ils vont férir les perfides félons.

CXXX

Le roi Marsile a sa gent répartie :
Dis des colonnes a voulu retenir,
Et les dis autres chevauchent pour férir.
Disent Français : « Dieu ! quel perte aurons ci !
Les douze pairs que pourront devenir ? »
Premier répont l'archevêque Turpin :
« Bons chevaliers, de Dieu êtes amis,
Ce jour serez couronnés et fleuris,
En saintes fleurs couchés au paradis.
Mais les couards jamais n'y seront mis. »
Français répondent : « Nous n'y devons faillir.
Si à Dieu plaît, n'en sera contredit[2].
Nous combattrons contre nos ennemis :
Peu de gens sommes, mais bien sommes hardis. »

1. *Male* est le vieil adjectif « mal, male », qui signifie *mauvais*.
2. *Il n'y aura pas de contradiction, nul n'y contredira.*

Piquent avant pour païens envahir ;
Alors se mêlent Français et Sarrasins.

CXXXI

Un Sarrasin y eut de Saragosse :
De la cité une moitié est sienne.
C'est Climborin, ne fuit devant personne.
Reçut promesse de Ganelon le comte [1],
Par amitié l'en baisa sur la bouche,
Et lui donna son heaume à l'escarboucle.
« Il couvrira, dit-il, France de honte,
A l'empereur il prendra la couronne. »
Monte un cheval qu'il nomme Barbemouche :
Plus est léger qu'épervier ni aronde [2].
Le pique bien, le frein lui abandonne,
Et va férir Engelier de Gascogne.
Ne l'a sauvé son écu ni sa brogne :
De son épié au corps lui met la pointe,
L'enfonce bien, tout le fer lui mit outre,
À pleine lance il le renverse mort.
Après, s'écrie : « Francs sont bons à détruire ;
Frappez, païens, pour en rompre les rangs ! »
Disent Français : « Dieu ! Quel baron perdons ! »

CXXXII

Roland le comte en appèle Olivier :
« Mon compagnon, voici mort Engelier !

1. Voyez la laisse LIII.
2. *Aronde* = *hirondelle*.

Nous n'avions pas plus vaillant chevalier. »
Répont le comte : « Puissé-je le venger ! »
Son cheval pique des éperons d'or pur,
Tient Hauteclaire, sanglant en est l'acier ;
À toute force va férir le païen,
Tranche le corps, a tué le destrier,
Brandit son coup, et le Sarrasin tombe :
L'âme de lui emportent les démons.
Puis, a occis le duc Alphaïen,
À Escabi a la tête tranché,
Et sept Arabes y a désarçonné :
Ne vaudront plus jamais pour guerroyer.
Ce dit Roland : « Le comte est irrité.
À nul autre homme ne veus le comparer,
Près de moi même il est moult à priser.
Pour de tels coups nous a Charles plus chers. »
Hautement crie : « Frappez-y, chevaliers ! »

CXXXIII

D'autre part est un païen, Valdabron :
Il fut parrain [1] du roi Marsilion.
Il est seigneur de quatre cents vaisseaus ;
N'y a marin, de lui ne se réclame.
Jérusalem il prit par trahison,
Et viola le temple Salomon,
Le patriarche occit devant les fonts [2].
Reçut promesse du comte Ganelon,

1. Voyez la laisse LII.
2. C'est-à-dire : « devant les fonts baptismaus. »

Et lui donna s'épée et mil mangons[1].
Monte un cheval qu'il nomme Gramimont :
Plus est léger que n'est pas un faucon.
Le pique bien des aigus éperons,
Et va férir le riche duc Samson.
L'écu lui brise, le haubert lui déront,
Au corps lui met les pans du gonfanon,
À pleine lance l'abat mort des arçons.
Hautement crie : « Tous y mourrez, gloutons !
Frappez, païens, car très bien les vaincrons. »
Disent Français : « Dieu ! quel deuil de baron[2] ! »

CXXXIV

Roland le comte, quand il voit Samson mort,
Pouvez savoir que moult grand deuil en eut.
Son cheval pique, sur le païen s'élance ;
Tient Durendal, qui plus vaut que fin or ;
Il va férir le païen tant qu'il put
Dessus son heaume, qui gemmé fut à or,
Tranche la tête et la brogne et le corps,
La bonne selle qui est gemmée à or,
Et au cheval profondément le dos ;
Tous deus occit, qui l'en blâme ou l'en loue.
Disent païens : « Ce coup nous est moult fort. »
Répont Roland : « Je ne vous puis aimer !
Par devers vous est l'orgueil et le tort. »

1. Voyez la laisse LII.
2. C'est-à-dire : « Quelle perte ! Quel baron nous perdons ! »

CXXXV

D'Afrique y a un Africain venu :
C'est Malcuidant, le fils au roi Malcut.
Ses armes sont toutes en or battu,
Plus que les autres en face du ciel luit.
Monte un cheval qu'il nomme Saut-Perdu ;
Bête n'est pas qui dépasser le puisse.
Le pique bien des éperons aigus,
Il va férir Anséis sur l'écu,
Tout lui trancha le vermeil et l'azur,
De son haubert lui a les pans rompus,
Au corps lui met et le fer et le bois.
Mort est le comte, il a son temps fini.
Disent Français : « Baron[1], quel grand malheur! »

CXXXVI

Par le champ va Turpin leur archevêque.
Tel tonsuré ne chanta onques messe,
Qui de son corps ait fait tant de prouesses.
Dit au païen : Dieu tous les maus t'envoie!
Tel as occis que mon cœur trop regrette. »
Son bon cheval a fait au galop mettre,
Et l'a frappé[2] sur l'écu de Tolède,
Si bien que mort l'abat sur l'herbe verte.
Disent Français : « Bien frappe l'archevêque. »

---

1. Ils s'adressent à Anséis mort.
2. *A frappé Malcuidant.*

CXXXVII

De l'autre part est un païen, Grandoigne,
Fils Capuel, le roi de Cappadoce.
Monte un cheval qu'il appèle Marmoire :
Plus est léger que n'est oiseau qui vole.
Lâche la rêne, des éperons le pique,
Et va férir Gérin à toute force,
L'écu vermeil brise, du cou l'enlève,
Toute sa brogne lui a sur lui déclose [1],
Au corps lui met toute l'enseigne bleue,
Et mort l'abat près d'une haute roche.
Son compagnon Gérier occit [2] encore,
Et Bérenger et Gui de Saint Antoine ;
Puis, va férir un riche duc, Austoire,
Qui tint Valence et son fief sur le Rhône.
Il l'abat mort ; païens en ont grand joie.
Disent Français : « Comme tombent les nôtres ! »

CXXXVIII

Roland le comte tint s'épéë [3] sanglante,
De toutes parts la lève et la présente.
Bien a ouï que Français se lamentent,
Si grand deuil a que son cœur va se fendre ;
Dit au païen : « Puisse Dieu te maudire !
Tel as occis que moult cher te veus vendre. »

1. *Ouverte, déchirée.*
2. *Il occit Gérier, compagnon de Gérin.*
3. *Son épée.*

Son cheval pique, qui pour courir s'élance.
Qui payera[1] ? Toujours sont ils aus prises.

CXXXIX

Grandoigne fut homme sage et vaillant,
Et courageus et vassal combattant.
Parmi sa voie a rencontré Roland ;
Ne l'avait vu[2], mais le connut vraiment
Au fier visage et au corps qu'il eut gent,
Et au regard et à la contenance.
De Durendal il voit l'acier sanglant,
Ne se peut faire qu'il n'en soit effrayé.
Fuïr s'en veut, mais de rien ne lui sert ;
Roland le frappe si vigoureusement,
Jusqu'au nasal tout le heaume lui fent,
Tranche le nez et la bouche et les dents,
Et tout le corps et le haubert maillé,
La selle d'or aus deus auves d'argent[3],
Et au cheval le dos profondément :
Tous deus occit sans nul recouvrement[4],
Et ceus d'Espagne s'en claiment tous dolents[5].
Disent Français : « Bien va notre garant[6] ! »

1. C'est-à-dire : « Qui sera vaincu ? »
2. *Il ne l'avait jamais vu.*
3. Les *auves* sont les parties relevées de la selle, en avant et en arrière.
4. C'est-à-dire : « sans guérison possible. »
5. C'est-à-dire : « les païens en poussent des cris de douleur. »
6. Entendez : « Notre défenseur frappe bien ! »

CXL

La bataille est merveilleuse et rapide,
Français y frappent avec vigueur et ire,
Tranchent les poings, les côtés, les échines,
Les vêtements jusques à la chair vive.
Dieu ! tant de têtes y eut en deus coupées,
Tant de hauberts et de brognes brisées !
Sur l'herbe verte le sang en filets coule.
Disent païens : « Nous ne pouvons tenir.
Terre Majeure[1], Mahomet te maudisse !
Plus que tout autre est ton peuple hardi. »
Pas un n'y a qui ne crië : « Marsile !
Chevauche, roi, besoin nous avons d'aide. »

CXLI

La bataille est et merveilleuse et grand,
Français y frappent des épiés brunissants.
Là eussiez vu si grand douleur de gent,
Tant d'hommes morts et blessés et sanglants !
L'un gît sur l'autre, sur la face et envers[2].
Tant de chevaus par le champ vont fuyant,
De leur poitrail leurs rênes détirant !
Tenir ne peuvent Sarrasins plus longtemps ;
Veuillent ou non, abandonnent le champ.
Par vive force les pourchassèrent Francs ;
Jusqu'à Marsile ils courent, les tuant.

1. *Terre de France.* Voyez laisse LXXII.
2. *Envers,* c'est-à-dire : « à l'envers, sur le dos. »

CXLII

Roland y frappe comme chevalier fort.
La sienne gent n'eut trêve ni repos,
Et les Français ont pressé leurs chevaus,
Païens poursuivent [1] au trot et au galop.
En sang vermeil ils sont jusques au corps [2].
Leurs brants d'acier ils y brisent et tordent.
Armes n'ont plus pour défendre leurs corps,
Quand leur souvient des clairons et des cors :
N'y a pas un ne s'en trouve plus fort [3].
Païens s'écrient : « A tort vînmes aus ports [4].
Le grand dommage en est tourné sur nous. »
Laissent le champ, tournent le dos aus nôtres.
Français y frappent grands coups de leurs épées,
Jusqu'à Marsile en va le train des morts [5].

CXLIII

Marsile voit de sa gent le martyre,
Il fait sonner ses cors et ses trompettes ;
Puis il chevauche avec sa grande armée.
Devant chevauche un Sarrasin, Abîme,
Nul plus félon n'a en sa compagnie :

---

1. C'est-à-dire : « ils poursuivent les païens. »
2. Entendez : « jusques au corps proprement dit, au-dessus des jambes. »
3. Par la pensée que les clairons et les cors peuvent leur servir d'armes.
4. *Port* = *défilé*.
5. *Le train*, c'est-à-dire *la traînée*.

Vices il a et moult grands félonies,
Ne croit en Dieu, le fils Sainte Marie ;
Est aussi noir que de la pois fondue,
Et plus il aime trahison et massacre,
Qu'il ne ferait tout l'or de la Galice.
Nul ne l'a vu jamais jouer ni rire.
Grand courage a et grande hardiesse,
Pour ce est cher au félon roi Marsile,
Son dragon porte, où ses gens se rallient[1].
Notre archevêque ne saurait l'aimer mie ;
Dès qu'il le vit, à frapper le désire,
Tanquillement il le dit à soi-même :
« Ce Sarrasin me paraît hérétique,
Mieus veus mourir que je ne l'aille occire ;
Jamais n'aimai couard ni couardise. »

CXLIV

A l'archevêque commencé la bataille.
Monte un cheval qu'il a pris à Grossaille :
C'était un roi qu'occit en Danemarke.
Le destrier est et courant et rapide,
Pieds a taillés[2] et les jambes a plates,
Courte la cuisse et la croupe bien large,
Longs les côtés et l'échine a bien haute,
Bien fait le cou jusqu'au bas de la gorge,
Blanche la queue et la crinière jaune,
Petite oreille, la tête toute fauve :

---

1. *Le dragon qui est son enseigne.*
2. *Bien taillés.*

Point n'est de bête qui auprès de lui[1] vaille.
Et l'archevêque pique avec grand courage ;
Le frein doré, toutes les rênes lâche[2].
Ne laissera qu'Abîme tôt n'assaille,
Va le férir sur l'écu admirable :
Pierres y a, améthystes, topazes,
Cristaus luisants, escarboucles qui brillent.
Le lui transmit un amiral, Galafre ;
En Val-Metas l'avait reçu d'un diable.
Turpin y frappe, et de rien ne l'épargne :
Après son coup, ne crois qu'un denier vaille[3].
Le corps lui tranche de l'un côté à l'autre,
Et mort l'abat à l'instant sur la place.
Monjoie il crie, c'est l'enseigne de Charles.
Disent Français : « Voici grande prouesse,
Sait l'archevêque sa crosse bien défendre.
Que Dieu en donne beaucoup de tels à Charles ! »

CXLV

Roland le comte en appèle Olivier :
« Mon compagnon, si croire me voulez,
Cet archevêque est moult bon chevalier,
N'y a meilleur en terre, dessous ciel.
Bien sait férir et de lance et d'épié. »
Répont le comte : « Allons donc lui aider ! »

---

1. *Comparativement à lui.*
2. C'est-à-dire : « Il lui lâche le frein et les rênes. »
3. C'est-à-dire : « Je ne crois pas que l'écu vaille un denier, après avoir reçu ce coup. »

À ces paroles, ont Francs recommencé.
Durs sont les coups et rude le combat ;
Moult grand douleur y a de chrétïens.

CXLVI

Les Francs de France ont leurs armes perdues,
Mais encore ont trois cents épéës nues.
Frappent et battent sur les heaumes qui luisent.
Dieu! Tant de têtes y eut en deus fendues,
Tant de hauberts, tant de brognes rompues !
Tranchent les pieds, les poings et le visage.
Disent païens : « Français nous défigurent.
Qui ne se garde, de sa vië n'a cure. »
Droit vers Marsile ont leur route tenue ;
Hautement crient : « Noble roi, secours-nous ! »
Et dit Marsile (a sa gent entendue)[1] :
« Terre Majeure [2], Mahomet te détruise !
La tienne gent la mienne a confondue [3],
Tant de cités m'a prises et ravies,
Que Charles tient, qui la barbe a chenue !
Rome conquit, Calabre a retenue,
Constantinople et Saxe la puissante.
Mieus veus mourir que pour Français [4] m'en fuie.
Frappez, païens, que nul ne se ménage !
Si Roland meurt, Charles perdra son aide,
Et, si il vit, la nôtre avons perdue. »

1. *Il a entendu l'appel de ses gens.*
2. *Terre de France.* Voyez plus haut, laisse LXXXII.
3. C'est-à-dire : « Ta gent a triomphé de la mienne. »
4. *Pour Français*, c'est-à-dire : « à cause des Français. »

CXLVII

Félons païens y frappent de leurs lances
Sur les écus et les heaumes qui flambent [1] ;
Fer et acier au loin en retentit,
Contre le ciel en vole feu et flamme.
Sang et cervelle on eût pu voir répandre !
Roland le comte en a deuil et pesance [2],
Quand voit mourir tant de bons capitaines.
Or lui souvient de la terre de France,
Et de son oncle, le bon roi Charlemagne :
Ne peut se faire que tout n'en soit troublé [3].

CXLVIII

Roland le comte est entré en la presse,
Et de férir ne finit ni ne cesse.
Tient Durendal son épée en son poing,
Ront les hauberts et démaille [4] les heaumes,
Tranche les corps et les poings et les têtes.
Tels cent païens a jetés morts à terre,
Qui tous pensaient être vaillants barons.

---

1. *Flamber* a ici le sens de *flamboyer*.
2. *Pesance* = *douleur pesante*.
3. C'est une préparation à la détermination qu'il va prendre de sonner du cor.
4. *Démailler* signifie ici *briser*, par extension. Les heaumes n'étaient point en mailles.

CXLIX

Olivier est tourné de l'autre part,
De bien férir en mesure s'est mis ;
Tient Hauteclaire, que fortement aima :
Sous ciel n'y a meilleur [1], hors Durendal.
Le preus la tient et fortement combat,
Le sang vermeil en vole jusqu'aus bras.
« Dieu ! dit Roland, comme il est bon vassal !
Eh ! noble comte, si preus et si loyal,
Notre amitié en ce jour finira,
En grand douleur séparéë sera,
Et l'empereur plus ne nous reverra.
En douce France jamais tel deuil n'aura [2],
N'y a Français pour nous ne priëra,
Dans les moutiers oraison on fera,
En paradis notre âme place aura. »
L'entent le comte, et son cheval piqua ;
En la grand presse, de Roland s'approcha ;
Dit l'un à l'autre : « Compagnon, venez çà ;
Point l'un sans l'autre, si Dieu plaît, n'y mourra. »

CL

On eût pu voir Roland et Olivier
De leurs épées et férir et frapper !
Et l'archevêque y frappe de l'épié.

---

1. *Meilleur* ne prenait pas d'e muet au féminin.
2. « N'aura », c'est-à-dire : « il n'y aura. »

Ceus qu'ils occirent bien peut-on estimer :
Il est écrit en chartes et en brefs,
Ce dit la geste ¹, plus de quatre milliers.
Dans quatre assauts leur est advenu bien ² ;
Mais l'autre après leur est pesant et dur.
Tous sont occis ces Français chevaliers,
Hormis soissante, que Dieu a épargnés.
Avant qu'ils meurent, ils se vendront moult cher.

LE COR DE ROLAND

CLI

Roland le comte des siens y voit grand perte ;
Son compagnon Olivier en appèle :
« Beau cher ami, pour Dieu (qu'il vous bénisse !)
Tant de barons voyez gésir par terre,
Plaindre pouvons France douce, la belle,
De tels vassaus qui va demeurer veuve.
Eh ! roi ami, pourquoi ici vous n'êtes ?
Olivier frère, comment pourrons-nous faire ?
De quel façon lui manderons nouvelles ? »
Dit Olivier : « Point n'en sais le moyen.
Mieus veus mourir que honte nous en vienne. »

---

3. *La geste* = *l'histoire*.
4. Entendez : « Ils se sont bien tirés des quatre premiers chocs. »

CLII

Ce dit Roland : « Cornerai l'olifant,
L'entendra Charles, qui est aus ports passant.
Je vous promès que retourneront Francs. »
Dit Olivier : « Vergogne serait grand,
Et grand reproche pour vous et vos parents,
Et cette honte durerait leur vivant.
Quand vous l'ai dit, n'en voulûtes rien faire,
Ne le ferez par mon assentiment.
Si vous cornez, ce ne sera vaillance,
Et vous avez les deus bras tout sanglants [1]. »
Répont le comte : « J'ai donné de beaus coups ! »

CLIII

Ce dit Roland : « Forte est notre bataille.
Je cornerai, l'entendra le roi Charles. »
Dit Olivier : « Ce ne serait courage.
Quand vous l'ait dit, ami, vous ne daignâtes.
Si y fût Charles, n'y eussions eu dommage !
Ceus qui là sont n'en doivent avoir blâme. »
Dit Olivier : « Par cette mienne barbe !
Si je puis voir ma sœur Aude la gente,
Ne coucherez jamais entre ses bras. »

---

1. Entendez : « Vous êtes trop las pour sonner avec vigueur. »

CLIV

Ce dit Roland : « Pourquoi mal me voulez ? »
Et il répont : « Compagnon, vous le fîtes[1] ;
Car le courage sensé n'est pas folie.
Mieus vaut mesure que ne fait trop d'audace ;
Français sont morts, c'est par votre imprudence,
Charles jamais de nous n'aura service.
Si m'eussiez cru, venu y fût messire[2],
Cette bataille nous eussions bien finie ;
Ou pris ou mort y fût le roi Marsile.
Votre prouesse, Roland, nous fut mauvaise !
Charles le Magne de vous n'aura plus aide,
N'y aura tel jusqu'à la fin du monde ;
Vous y mourrez, France en sera honnie.
Notre amitié loyale va finir :
Avant le soir séparés nous serons. »
Et l'un pour l'autre en pleure et en soupire.

CLV

Or l'archevêque les entent disputer ;
Le cheval pique des éperons d'or pur,
Vint jusqu'à eus, les prit à gourmander :
« Sire Roland, et vous, sire Olivier,
Pour Dieu vous prie que ne vous courrouciez.
Voyez Français, tous sont à mort jugés.

---

1. *C'est votre faute.*
2. *Messire*, c'est-à-dire *monseigneur*, *l'empereur*.

Sonner du cor plus ne vous servirait :
Loin nous est Charles, tard sera au retour [1].
Mais cependant il sera beaucoup mieus
Que le roi vienne ; il nous pourra venger,
Et ceus d'Espagne ne s'en iront joyeus.
Les nôtres Francs y [2] descendront à pied,
Trouveront nous et morts et démembrés,
Recueilleront nos bustes et nos têtes,
Lèveront nous en bières sur sommiers,
Nous pleureront de deuil et de pitié,
Enfouiront en parvis de moutiers :
N'en [3] mangeront ni loups, ni porcs, ni chiens. »
Répont Roland : « Seigneur, moult dites bien. »

CLVI

« Sire Roland, il faut sonner le cor ;
Charle entendra, qui est passant aus ports,
Retourneront les merveilleuses osts,
Trouveront nous et démembrés et morts,
Et ceus de France pourront venger les nôtres,
Que ceus d'Espagne en bataille auront morts [4],
Et avec eus emporteront nos corps :
N'en mangeront ni chiens, ni loups, ni porcs. »
Répont Roland : « Noblement vous parlez. »

---

1. C'est-à-dire : « il tardera trop à revenir. »
2. *Sur le champ de bataille.*
3. *En = de nous, de nos corps.*
4. C'est-à-dire : « auront tués. »

CLVII

Roland a mis l'olifant à sa bouche,
L'enfonce bien, à grand force le sonne.
Hauts sont les puys et la vois[1] est moult longue :
De trente lieues l'ouïrent-ils répondre[2].
Charles l'ouït, et toute son armée ;
Ce dit le roi : « Bataille font nos hommes. »
Et Ganelon lui répondit encontre :
« Si l'eût dit autre[3], semblerait grand mensonge. »

CLVIII

Roland le comte, avec peine et ahan,
À grand douleur, sonne son olifant ;
Parmi la bouche en jaillit le clair sang,
De son cerveau la tempe est se rompant.
Du cor qu'il tient l'ouïe en est moult grand[4] ;
Charles l'entent, qui est aus ports passant,
Naimes l'ouït, et l'écoutent les Francs.
Ce dit le roi : « C'est le cor de Roland ;
Ne l'eût sonné, s'il n'était combattant. »
Ganelon dit : « Point n'y a de bataille.

---

1. *La vois du cor.*
2. C'est-à-dire : « On entendit l'écho du cor à trente grandes lieues. »
3. *Si un autre que vous l'eût dit.*
4. L'*ouïe*, c'est-à-dire ici *le son*. Le mot *ouïe*, dans l'ancienne langue, n'exprimait pas seulement, comme aujourd'hui, le sens de l'audition, mais encore le fait d'entendre. « Vue » a conservé les deus valeurs analogues.

Vous êtes vieus, tout fleuri et tout blanc,
Par tels paroles vous ressemblez enfant.
Assez savez l'orgueil de ce Roland,
Le fort, le preus, le merveilleus, le grand.
Ce est merveille que Dieu le souffre tant.
Il a pris Nobles sans votre volonté ;
Hors en sortirent Sarrasins assiégés,
Qui combattirent le bon vassal Roland :
Il les occit de Durendal, son brant ;
Puis avec l'eau lava les prés du sang,
Ainsi le fit pour que rien ne parût.
Pour un seul lièvre va tout le jour cornant !
Devant ses pairs il s'amuse sans doute.
Nul sous le ciel n'oserait l'attaquer.
Chevauchez donc ! Pourquoi vous arrêtez ?
La grande Terre moult est loin çà devant. »

CLIX

Roland le comte a la bouche sanglante.
De son cerveau rompue en est la tempe ;
L'olifant sonne avec douleur et peine.
Charles l'ouït, et ses Français l'entendent.
Ce dit le roi : « Ce cor a longue haleine ! »
Répont duc Naimes : « Roland doit avoir peine ;
Bataille y a, j'en ai ferme croyance.
Il l'a trahi, celui qui vous détourne [1].
Adoubez-vous, et poussez votre cri [2],

---

[1]. *Qui vous détourne de revenir sur vos pas.*
[2]. *Votre cri de guerre*

Et secourez votre famille gente !
Assez oyez que Roland se lamente. »

CLX

L'empereur Charles a fait sonner ses cors,
Français descendent[1] et adoubent leurs corps
De hauberts, heaumes, et d'épées à or.
Écus ont beaus et épiés grands et forts,
Et gonfanons blancs et vermeils et bleus.
En destriers montent tous les barons de l'ost,
Et éperonnent tant que durent les ports[2].
N'y a celui qui n'ait à l'autre dit :
« Si nous trouvions Roland avant sa mort,
Tous avec lui y donnerions grands coups ! »
Mais à quoi sert ? Se sont trop attardés.

CLXI

S'est éclaircie la nuit, et vient le jour ;
Au soleil sont les armes reluisantes,
Hauberts et heaumes y jètent grand lueur,
Et les écus qui bien sont peints à fleurs,
Et les épiés, les dorés gonfanons.
L'empereur Charles chevauche avec fureur,
Et les Français dolents et soucieus.
N'y a celui qui durement ne pleure,

1. *Descendent des montures de voyage.*
2. *Ports = défilés.*

Et pour Roland sont en moult grande peur.
Le roi fait prendre le comte Ganelon,
Le confia aus queus[1] de sa maison ;
Le maître-queus il appèle, Bégon :
« Bien le me garde, dit-il, comme un félon,
De ma famille qui a fait trahison. »
Il le reçoit, y met cent compagnons[2]
De la cuisine, des pires et des mieus.
Ils lui épilent la barbe et les moustaches,
Chacun le frappe quatre coups de son poing,
Bien le battirent à verges, à bâtons ;
Puis ils lui mettent au cou un gros chaînon[3],
Et ils l'enchaînent comme on ferait un ours.
Sur un sommier l'ont mis honteusement ;
Ainsi le gardent pour le rendre à Charlon.

CLXII

Hauts sont les puys et ténébreus et grands,
Les vals profonds et courantes les eaus.
Sonnent clairons et derrière et devant,
Et tous répondent aus sons de l'olifant.
L'empereur Charles y chevauche en courrous,
Et les Français soucieus et dolents.
N'y a celui ne pleure et se lamente,

---

1. *Queus* (cuisinier) n'est plus usité que dans l'expression « maître-queus ».
2. C'est-à-dire : « Bégon prent Ganelon et met après lui cent compagnons. »
3. *Chaînon* = *grosse chaîne.*

Et priënt Dieu que protège Roland,
Tant qu'ils le puissent rejoindre sur le champ[1] ;
Tous avec lui alors y frapperont.
Mais à quoi bon ? Rien ne leur peut servir :
Ils tardent trop, n'y peuvent être à temps.

CLXIII

En grand courrous chevauche Charlemagne ;
Dessus sa brogne s'étent sa barbe blanche.
Lors éperonnent tous les barons de France ;
N'y a celui ne démène colère,
Que ils ne sont avec Roland le comte,
Qui se combat aus Sarrasins d'Espagne.
S'il est blessé, ne crois qu'un seul survive.
Dieu ! quels soissante a en sa compagnie !
Onques meilleurs n'en eut ni roi ni comte.

CLXIV

Charles chevauche tant comme les ports durent
Et il démène tel deuil et telle angoisse !
Ce dit le roi : « Sainte Marie, à l'aide !
Par Ganelon grand peine m'est venue.
En vieille geste[2] est mis en écriture
Que ses ancêtres traîtres et félons furent,
Et félonie eurent tous en coutume.

---

1. *Sur le champ de bataille.*
2. *Geste = histoire.*

Au Capitole, à Rome, en firent une :
Le vieus César ils occirent par meurtre.
Puis, eurent-ils mauvaise sépulture,
Qu'en feu ardent et angoisseus moururent.
Ce traître est bien de leur même nature,
Roland il tue, ma gent il a détruite,
Et m'a du chef la couronne arrachée.
Plus ne sera la France défendue ! »
Pleure des yeus, tire sa barbe blanche.
Disent Français : « Malheureus que nous sommes ! »
Piquent avant, tant comme les ports durent,
N'y a celui la rêne ait retenue [1].
Avant que ceus de France soient venus,
Aura Roland la bataille vaincue,
Le roi Marsile et sa gent mis en fuite.

DERNIERS EXPLOITS

CLXV

Roland regarde sur les monts et les landes,
De ceus de France voit tant de morts couchés !
Et il les pleure en noble chevalier :
« Seigneurs barons, de vous ait Dieu merci !
Toutes vos âmes il mette en paradis !
En saintes fleurs les fasse reposer !
Meilleurs vassaus que vous onques ne vis.

---

1. C'est-à-dire : « Aucun d'eus ne retient les rênes. »

Si longuement tout temps m'avez servi,
Pour le roi Charles si grands pays conquis[1] !
Pour votre perte à la cour du roi fûtes !
Terre de France, moult êtes dous pays,
Vous êtes veuve par si cruel malheur !
Barons français, pour moi vous vois mourir,
Je ne vous puis sauver ni garantir.
Que Dieu vous aide, qui onques ne mentit !
Olivier, frère, je ne vous dois quitter ;
De deuil mourrai, si je n'y suis occis.
Mon compagnon, allons encor frapper ! »

CLXVI

Roland regarde sur monts et en vallées ;
De païens voit si très grande assemblée[2],
À Olivier a dit belle parole :
« Ici mourrai avec vous, ami frère. »
Tous deus au champ[3] par amour[4] retournèrent.
Roland le comte de couleur a changé,
Par quatre fois a Monjoië crié,
Tint l'olifant et sonna la menée[5].
Des éperons a Veillantif piqué,
Et va frapper de sa tranchante épée.

---

1. Entendez : « vous avez conquis. »
2. C'est-à-dire : « une telle foule de païens. »
3. *Au champ de bataille.*
4. *Avec des sentiments d'amitié l'un pour l'autre.* — *Par*, ici, a le sens de *avec*.
5. *La menée = l'attaque, la charge.*

CLXVII

Roland le comte au champ est retourné.
Tient Durendal, en bon vassal y frappe :
Faldron du Puy il a en deus tranché,
Et vingt et quatre, de tous les mieus prisés ;
Nul ne désire plus que lui se venger.
Comme le cerf s'en va devant les chiens,
Devant Roland s'enfuiënt les païens.
Dit l'archevêque : « Vous combattez moult bien !
Telle valeur doit avoir chevalier [1],
Qui armes porte et sur bon cheval siét ;
En la bataille doit être fort et fier,
Ou autrement ne vaut quatre deniers,
Moine doit être en un de nos moutiers,
Où tous les jours prîra pour nos péchés. »
Répont Roland : « Frappez, point n'épargnez ! »
A ces paroles ont Francs recommencé.
Moult grand dommage y eut de chrétïens.

CLXVIII

L'homme qui sait qu'il n'aura de quartier,
En tel bataille fait moult belle défense ;
Aussi Français sont fiers comme lions.
Voici Marsile, bien a l'air de baron ;
Monte un cheval qu'il appèle Gaignon :

---

1. *Un chevalier doit avoir cette valeur.*

Plus est rapide que n'est pas un faucon.
Le pique bien, et va férir Beuvon :
Il était sire de Beaune et de Dijon.
L'écu lui brise, le haubert lui déront,
Et mort l'abat sans lui faire autre mal.
Puis a occis Ivoirë et Ivon,
Et avec eus Girard de Roussillon.
Roland le comte point n'était guère loin ;
Dit au païen : « Dieu tous les maus te donne !
A si grand tort m'occis mes compagnons,
Coups en auras avant que nous partions ;
De mon épée, ce jour, sauras le nom. »
Va le férir d'un vrai coup de baron,
Tranché lui a Roland le dextre poing[1].
Puis prent la tête de Jourfaleu le blond :
Il était fils au roi Marsilion.
Païens s'écrient : « Aide-nous, Mahomet !
Les nôtres dieux, vengez-nous de Charlon !
En cette terre nous a mis tels félons,
Pour nulle crainte le champ ne laisseront. »
Dit l'un à l'autre : « Et donc, nous enfuyons ! »
A ces paroles lors cent mille s'en vont :
Qu'on les rappèle, point ne retourneront.

CLXIX

Le roi Marsile le poing droit a perdu.
Contre la terre il jète son écu,

---

1. *Le poing droit.*

Son cheval pique des éperons aigus,
Lâche la rêne, vers Espagne s'enfuit.
Et tels vingt mille s'en vont derrière lui,
Dont pas un n'est qui le corps n'ait blessé.
Dit l'un à l'autre : « Roland nous a vaincus ! »

CLXX

Mais à quoi sert ? Si s'est enfui Marsile,
Resté y est son oncle le calife,
Qui tint Carthage, Auferne, Garmalie,
Et Éthiopie, une terre maudite :
La noire gent en a en sa baillie [1],
Grands ont les nez, et larges les oreilles,
Et sont ensemble plus de cinquante mille.
Ceus-là chevauchent fièrement et pleins d'ire ;
Puis ont poussé leur cri païen de guerre.
Ce dit Roland : « Là recevrons martyre,
Maintenant sais que n'avons guère à vivre,
Mais félon soit qui cher ne s'y vendra !
Frappez, seigneurs, des épéës fourbies,
Et disputez et vos morts et vos vies,
Que douce France par vous ne soit honnie !
Quand en ce champ viendra Charles messire [2],
De Sarrasins verra un tel massacre :
Contre un des nôtres en trouvera morts quinze.
Ne laissera que bénir ne nous veuille. »

---

1. C'est-à-dire : « Il en a sous sa puissance les noirs habitants ».

2 *Messire*, c'est-à-dire *mon seigneur*. — *Mes* est le cas sujet de *mon*, et *sire* celui de *seigneur*.

CLXXI

Quand Roland voit cette maudite gent,
Qui plus sont noirs que l'encre ne peut être,
Ni n'ont de blanc que seulement les dents,
Ce dit le comte : « Bien sais-je maintenant
Que dans ce jour mourrons certainement.
Frappez, Français, je vous le recommande. »
Dit Olivier : « Maudits soient les plus lents ! »
À ces paroles, Français se précipitent.

MORT D'OLIVIER

CLXXII

Quand païens voient que Français y a peu,
Entre eus en ont et orgueil et confort.
Dit l'un à l'autre : « L'empereur Charle a tort. »
Siét le calife sur un grand cheval saur [1],
Le pique bien des éperons à or,
Frappe Olivier derrière emmi le dos,
Le blanc haubert lui ouvre sur le corps,
Parmi [2] le sein son épié lui mit hors.
Et dit après : « Bon coup avez reçu !
Pour votre perte Charle ici vous laissa.
Tort nous a fait, n'est juste qu'il s'en loue ;
Car sur vous seul j'ai bien vengé nos morts. »

1. *Saur* = *desséché*, mais aussi *rous*.
2. *Parmi* a ici le sens de *à travers*.

CLXXIII

Olivier sent qu'il est à mort frappé,
De se venger il ne veut plus tarder.
Tient Hauteclaire, dont l'acier était brun :
A du calife le heaume aigu frappé,
Et fleurs et pierres à terre en fait voler,
Tranche la tête du haut jusques aus dents,
Brandit son coup, et l'a mort abattu.
Après, lui dit : « Païen, maudit sois-tu !
Je ne dis pas Charles n'y ait perdu ;
Mais à ta femme, ni à nulle autre dame,
En ton pays ne pourras te vanter
Que tu m'aîs pris la valeur d'un denier,
Ni fait dommage à moi ni à autrui. »
Après il crie à Roland qu'il lui aide.

CLXXIV

Olivier sent qu'il est à mort blessé.
Jamais assez ne pourra se venger ;
De Hauteclaire leur va grands coups donner,
Dans la grand presse il y frappe en baron,
Tranche les lances et les écus boucliers [1],
Et pieds et poings, épaules et côtés.
Qui lui eût vu Sarrasins démembrer,
Un mort sur l'autre à la terre jeter,

---

1. *Bouclier* (de deus syllabes) était à l'origine un adjectif qui signifiait *à boucle*.

D'un bon vassal eût pu avoir l'idée.
Le cri de Charles il n'y veut oublier,
Monjoie il crie et hautement et clair.
Roland appèle[1], son ami et son pair :
« Mon compagnon, près de moi vous placez ;
À grand douleur serons tôt séparés. »
Et l'un pour l'autre commencent à pleurer.

CLXXV

Roland regarde Olivier au visage :
Livide fut, décoloré et pâle,
Le sang tout clair le long du corps lui coule,
Contre la terre les gouttes en jaillissent.
« Dieu ! dit le comte, or ne sais-je que fasse.
Mal fut payé, ami, votre courage !
N'y aura homme qui auprès de vous vaille.
Eh ! France douce, comme vas rester vide
De bons vassaus, confondue et déchue !
L'empereur Charles en aura grand dommage. »
À ces paroles, sur son cheval se pâme.

CLXXVI

Voici Roland sur son cheval pâmé,
Et Olivier qui est à mort blessé :
Tant a saigné, les yeus lui sont troublés,
Ni loin ni près ne peut plus voir si clair
Que reconnaisse aucun homme mortel.

---

1. *Il appèle Roland.*

Son compagnon, comme il l'a rencontré,
Il l'a frappé sur le heaume gemmé ;
Tout le lui tranche du haut jusqu'au nasal,
Mais en la tête ne l'a mië touché.
À ce coup-là Roland l'a regardé,
Et lui demande d'une vois douce et tendre :
« Mon compagnon, l'avez-vous fait de gré ?
Je suis Roland, qui tant vous sait aimer.
Point, que je sache, ne m'avez défié. »
Dit Olivier : « Je vous entens parler,
Mais ne vous vois : que le Seigneur vous voie !
Frappé vous ai, le veuillez pardonner. »
Roland répont : « Je n'ai point eu de mal.
Le vous pardonne ici et devant Dieu. »
À ces paroles s'inclinent l'un vers l'autre ;
Par tel amour [1] les voici séparés.

CLXXVII

Olivier sent que la mort moult l'angoisse :
Tous deus les yeus en la tête lui tournent,
L'ouïe il pert, aussi la vuë toute.
Descent à pied, sur la terre se couche,
D'heures en autres il a clamé sa coulpe [2],
Et vers le ciel ses deus mains il a joint ;
Il prië Dieu que paradis lui donne,

---

1. *Par* équivaut ici à *avec*.
2. « D'heures en autres », c'est-à-dire : *de temps en temps* — « Clamer *ou* réclamer sa coulpe », c'est crier, avouer ses fautes, faire son *meâ culpâ*.

Et que bénisse Charles et France douce,
Son compagnon Roland dessus tous hommes.
Le cœur lui manque, le heaume lui incline [1],
Et tout son corps sur la terre retombe.
Mort est le comte, au monde plus ne reste.
Le preus Roland le pleure et se désole ;
Jamais sur terre n'orrez [2] plus dolent homme.

CLXXVIII

Roland le comte, quand mort vit son ami,
La face à terre, vers l'orient son front,
Moult doucement à regretter le prit [3] :
« Pour ton malheur, ami, tu fus hardi !
Ensemble avons été et ans et jours !
Ne m'as fait mal, et tort je ne te fis.
Quand tu es mort, c'est pitié que je vive ! »
À ces paroles se pâme le marquis
Sur son cheval qu'on nomme Veillantif.
Mais est tenu par ses étriers d'or fin :
Quel part qu'il aille, il ne peut pas tomber.

---

1. Entendez : « son heaume (sa tête) s'incline. »
2. *Orrez*, futur de *ouïr*.
3. *Se prit à le regretter*.

MORT DE GAUTIER ET DE L'ARCHEVÊQUE TURPIN

CLXXIX

Roland à peine ses sens a-t-il repris,
De pâmoison à peine est revenu,
Le grand dommage clair lui est apparu :
Morts sont Français, tous les y a perdus,
Sauf l'archevêque et sauf Gautier de l'Hum.
De la montagne en bas est revenu [1];
Païens d'Espagne moult y a combattu,
Morts sont ses hommes, les ont païens vaincu.
Le veuille ou non, vers les vallons s'enfuit,
Et de Roland réclame aide et secours :
« Eh! noble comte, vaillant homme, où es-tu ?
Onques je n'eus frayeur là où tu fus.
C'est moi, Gautier, qui vainquis Maëlgut,
Neveu de Dreu, le vieus et le chenu ;
Par mon courage j'étais ton favori.
Aus Sarrasins me suis tant combattu,
Plus n'ai de lance, percé est mon écu,
Et mon haubert démaillé et rompu ;
Parmi le corps d'épiés suis traversé,
Bientôt mourrai, mais cher me suis vendu ! »
À ces paroles l'a Roland entendu ;
Le cheval pique, vient en hâte vers lui.

---

1. *Gautier est descendu de sa montagne.*

CLXXX

« Sire Gautier, ce dit le preus Roland,
Eûtes bataille avec païenne gent,
Vous savez être vassal et combattant[1].
Mil chevaliers emmenâtes vaillants :
Étaient à moi, je vous les redemande.
Rendez-les moi, car besoin en ai grand. »
Répont Gautier : « N'en verrez un vivant ;
Laissé les ai en ce douloureus champ.
De Sarrasins nous y trouvâmes tant,
Turcs et Ermines[2], Chananéens, géants,
Ceus de Balise, des meilleurs combattants,
Sur leurs chevaus arabes et courants !
Une bataille avons faite si grand,
N'y a païen qui vers les siens s'en vante ;
Soissante mille y en a morts gisants,
Vengés nous sommes à grands coups de nos brants.
Avons là-bas laissé morts tous nos Francs ;
De mon haubert en sont rompus les pans,
J'ai mortels plaies aus côtés et aus flans,
De toutes parts en jaillit le clair sang,
Et tous le corps m'en va s'affaiblissant :
Bientôt mourrai, par le mien escient.
Je suis votre homme et vous tiens pour garant ;
Ne me blâmez si je m'en vais fuyant.
— Ne le ferai, ce dit le preus Roland ;

---

1. *Bon et vaillant vassal.*
2. *Ermine = Arménien.*

Mais aidez-moi pendant votre vivant¹. »
D'ire et de deuil en a sué Roland.
De son bliaud a tranché les deus pans,
De Gautier bande les côtés et les flancs.

CLXXXI

Roland a deuil, et fut moult courroucé.
En la grand presse il commence à frapper ;
De ceus d'Espagne en a jeté morts vingt,
Et Gautier sis et l'archevêque cinq.
Disent païens : « Que voilà trois félons !
Gardez, seigneurs, ne s'en aillent vivants !
Tant nous ont fait, ne doivent être pris,
Doivent tous être démembrés et occis.
Félon soit qui ne les va envahir,
Et lâche qui les laissera guérir ² !
Lors recommencent et les hus ³ et les cris,
De toutes parts les revont envahir.
Que Dieu les aide, qui onques ne mentit !

CLXXXII

Roland le comte fut moult noble guerrier,
Gautier de l'Hum est bien bon chevalier,
Et l'archevêque est prud'homme éprouvé ⁴.

---

1. C'est-à-dire : « pendant le reste de votre vie. »
2. *Guérir* = *se sauver*.
3. *Hu*, substantif verbal de *huer*.
4. *Prud'homme* a le sens de *homme preus et sage*.

Point ne se veulent l'un l'autre abandonner,
En la grand presse frappent sur les païens.
Mil Sarrassins y descendent à pied,
Et à cheval sont quarante milliers;
Mon escient, n'osent les approcher,
Mais ils leurs lancent et lances et épiés,
Vigres et dards, muserats aiguisés[1].
Aus premiers coups ils ont occis Gautier,
Et à Turpin tout son écu percé,
Cassé son heaume, en tête l'ont blessé,
Et son haubert rompu et démaillé,
Lui ont le corps blessé de quatre épiés,
Et dessous lui ont tué son destrier.
Or est grand deuil quand l'archevêque tombe.
Que Dieu les aide, le glorieus du ciel !

CLXXXIII

Turpin de Reims, quand se sent abattu,
De quatre épiés parmi le corps blessé,
Rapidement s'est le baron dressé ;
Roland regarde[2], puis vers lui est couru,
Et dit un mot : « Je ne suis pas vaincu !
Jamais vassal[3] ne se rendra vivant. »
Il tire Aumace, l'épéë d'acier brun,
En la grand presse mil coups y frappe et plus.

---

1. *Vigres* et *muserats*, mots d'origine incertaine, désignent sans doute des espèces de javelots.
2. *Il regarde Roland.*
3. *Bon vassal*, sens fréquent du mot *vassal*.

Plus tard dit Charles que point n'en épargna ;
Car quatre cents trouva autour de lui,
Les uns blessés, d'autres en deus fendus,
D'autres avaient tête et crâne perdu.
Le dit la geste[1] et celui qui là fut,
Le preus saint Gilles, pour qui Dieu fait miracles ;
Il l'écrivit dans le moutier de Laon.
Qui ne le sait n'en est pas bien instruit.

CLXXXIV

Roland le comte moult bellement combat,
Mais le corps a en sueur et bouillant ;
En la tête a et douleur et grand mal,
D'avoir corné a la tempe rompue.
Mais savoir veut si Charles y viendra :
Prent l'olifant, faiblement en sonna.
L'empereur Charles s'arrête et l'écouta :
« Seigneurs, dit-il, moult malement nous va[2] !
Car mon neveu, ce jour, nous manquera ;
J'entens au son que guères ne vivra.
Qui veut y être, chevauche vitement !
Sonnez clairons, tant que l'armée en a[3] ! »
Soissante mille lors ont corné si haut,
Sonnent les monts et répondent les vals.
Païens l'entendent, ne s'en firent un jeu ;
Dit l'un à l'autre : « Nous allons avoir Charles ! »

---

1. *Geste = histoire.*
2. C'est-à-dire : « cela va bien mal pour nous. »
3. C'est-à-dire : « tant qu'il y en a dans cette armée. »

CLXXXV

Disent païens : « Le roi Charles retourne ;
De ceus de France entendons les trompettes.
Si Charles vient, de nous y aura perte ;
Si Roland vit, la guerre recommence,
Perdu avons Espagne notre terre. »
Lors quatre cents s'en assemblent, à heaumes,
Et des meilleurs qui soient pour la bataille :
À Roland livrent un assaut fort et raide.
A maintenant le comte moult à faire.

CLXXXVI

Roland le comte, quand il les voit venir,
Tant se fait fort et fier pour le combat,
Ne se rendra tant qu'il sera vivant.
Le cheval monte qu'on nomme Veillantif :
Le pique bien des éperons d'or fin,
En la grand presse les va tous envahir,
Et avec lui l'archevêque Turpin.
Dit l'un à l'autre : « Sauvons-nous par ici !
De ceus de France les cors avons ouï :
Charles retourne, l'empereur tout puissant. »

CLXXXVII

Roland le comte onques n'aima couard,
Ni orgueilleus, ni nul homme mauvais,
Ni chevalier s'il n'était bon vassal.

Et l'archevêque Turpin en appela [1] :
« Sire, à pied êtes, et je suis à cheval ;
Pour votre amour ici m'arrêterai,
Ensemble aurons et le bien et le mal,
Pour rien au monde je ne vous laisserai.
Nous allons rendre aus païens cet assaut ;
Les meilleurs coups sont ceus de Durendal ! »
Dit l'archevêque : « Félon soit qui ne frappe !
Charles revient qui bien nous vengera. »

CLXXXVIII

Disent païens : « Malheureus que nous sommes !
Cruel pour nous ce jour d'hui s'est levé !
Perdu avons nos seigneurs et nos pairs.
Charles retourne avec son ost, le preus ;
De ceus de France entendons les clairons ;
Grand est le bruit que fait le cri Monjoie.
Roland le comte est de si grand fierté,
Ne le vaincra jamais homme charnel ;
Tirons sur lui de loin, puis le laissons ! »
Firent ainsi, dards et vigres lancèrent,
Épiés et lances, muserats empennés [2] ;
Au preus Roland ont son écu troué,
Et son haubert rompu et mutilé,
Mais dans le corps ne l'ont mië touché.
Veillantif ont en trente lieus blessé,
Dessous le comte ils l'ont mort renversé.

1. *Il appela l'archevêque Turpin.*
2. Sur *vigre* et *muserat*, voyez ci-dessus, laisse CLXXXII.

Païens s'enfuient et en pais l'ont laissé,
Roland le comte à pied y est resté.

CLXXXIX

Pleins de terreur, païens se sont enfuis ;
Dit l'un à l'autre : « Vaincus nous a Roland !
L'empereur Charles sur nous revient vraiment :
Oyez clairons de la française gent !
Sûr est de mort ici qui les attent,
Tant de grands rois a mis à sa merci !
Jamais Marsile ne nous pourra sauver.
Perdu avons Espagne qui tant vaut,
Si l'amiral pour nous ne la défent. »

CXC

Païens s'enfuient, courroucés et pleins d'ire,
Terre d'Espagne s'efforcent de gagner.
Roland le comte ne les a poursuivis,
Car a perdu Veillantif son destrier ;
Le veuille ou non, resté y est à pied.
À l'archevêque Turpin alla aider,
Son heaume d'or lui délaça du chef,
Lui enleva le blanc haubert léger,
Et son bliaud lui a tout détranché,
Et des morceaus garni lui a ses plaies.
Contre son sein puis il l'a embrassé,
Sur l'herbe verte mollement l'a couché.
Moult doucement lui a Roland parlé :

« Eh! gentilhomme, donnez m'en le congé :
Nos compagnons, que nous avions si chers,
Ici sont morts, ne les devons laisser ;
Les veus aller quérir et rechercher,
Et devant vous déposer et ranger. »
Dit l'archevêque : « Allez et revenez.
Le champ est vôtre, Dieu merci, vôtre et mien[1]. »

CXCI

Roland s'en tourne, par le champ va tout seul,
Parcourt les monts et parcourt les vallons ;
Là il trouva Ivoirë et Ivon,
Trouva Gérin, Gérier son compagnon,
Aussi trouva Engelier le gascon,
Aussi trouva Bérenger et Othon ;
Il y trouva Anséïs et Samson,
Trouva Girard le vieus de Roussillon.
Par un et un y a pris les barons,
Vers l'archevêque il est venu avec,
Les mit en rang par devant ses genous.
Et l'archevêque ne se tient d'en pleurer,
Lève sa main, par Dieu les a bénis.
Après, a dit : « Bien malheureus vous fûtes !
Toutes vos âmes ait Dieu le glorieus !
En paradis les mette en saintes fleurs !
La mienne mort me rent si angoisseus,
Plus ne verrai le puissant empereur ! »

---

1. Entendez : « le champ de bataille est à nous. »

CXCII

Roland s'en tourne, va de nouveau chercher.
Dessous un pin, auprès d'un églantier,
Son compagnon a trouvé, Olivier ;
Contre son sein étroitement l'embrasse,
Et, comme il peut, revient à l'archevêque.
Sur un écu près des autres le couche,
Et l'archevêque l'a absous et signé [1].
Alors augmente le deuil et la pitié ;
Ce dit Roland : « Bel ami Olivier,
Vous étiez fils du bon comte Renier,
Qui tint la marche jusqu'au val de Riviers.
Pour lances rompre et pour écus briser,
Pour orgueilleus vaincre et épouvanter,
Et les barons sagement conseiller,
En nulle terre n'y eut tel chevalier ! »

CXCIII

Roland le comte, quand il voit morts ses pairs
Et Olivier qu'aimait tant qu'il pouvait,
Tendreur en eut, commença à pleurer.
En son visage fut moult décoloré,
Si grand deuil eut que tenir ne se put :
Le veuille ou non, tombe à terre pâmé.
Dit l'archevêque : « Quel grand malheur, baron ! »

---

1. « Signer quelqu'un », c'est faire le signe de la croix sur lui. Nous disons encore dans ce sens : « se signer. »

CXCIV

Quand l'archevêque vit se pâmer Roland,
En eut tel deuil, onques n'en eut si grand.
Tendit sa main, et a pris l'olifant :
En Roncevaux est un ruisseau courant ;
Aller y veut, pour donner à Roland.
Tant s'efforça qu'il se remit debout ;
À petit pas il s'en va chancelant,
Il est si faible qu'il ne peut avancer ;
N'a plus de force, trop a perdu de sang.
Avant d'aller un seul arpent de champ,
Le cœur lui manque, est tombé en avant ;
La sienne mort le va moult angoissant.

CXCV

Roland le comte revient de pâmoison,
Sur pieds se dresse, mais il a grand douleur.
Regarde aval, aussi regarde amont ;
Sur l'herbe verte, de là ses compagnons,
Voit étendu le valeureus baron :
C'est l'archevêque, que Dieu mit en son nom [1].
Clame sa coulpe [2], lève les yeus en haut,
Et vers le ciel toutes deus ses mains joint ;
Il prië Dieu que paradis lui donne.
Mort est Turpin au service du roi.

---

1. C'est-à-dire : « dont Dieu avait fait son représentant. »
2. *L'archevêque clame sa coulpe.* — « Clamer sa coulpe », c'est « faire son *meâ culpâ* ».

Par grands batailles et par moult beaus sermons,
Contre païens fut tout temps champion.
Dieu lui octroie sa sainte bénisson [1]!

CXCVI

Quand Roland voit que l'archevêque est mort,
Pour Olivier n'éprouva si grand deuil,
Et dit un mot qui vous brise le cœur :
« Charles de France, comme tu peus chevauche !
En Roncevaux dommage y a des nôtres,
Mais ses armées Marsile y a perdu :
Contre un des nôtres ont bien quarante morts. »

CXCVII

Roland le comte voit l'archevêque à terre,
Dehors son corps voit gésir ses entrailles ;
Dessous le front la cervelle lui bout.
Sur sa poitrine, entre les deus épaules,
Croisé il a ses blanches mains, les belles.
Très fort le plaint comme bon chrétïen :
« Eh ! gentilhomme, chevalier de parage [2],
Te recommande au Glorieus céleste.
Nul ne sera jamais qui mieus le serve ;
Dès les apôtres [3] on ne vit tel prophète
Pour attirer à sainte loi les hommes [4].

---

1. *Bénisson*, forme populaire de *bénédiction*.
2. *De haut parage.*
3. C'est-à-dire : « depuis les apôtres. »
4. C'est-à-dire : « pour attirer les hommes à la religion chrétienne. »

Puisse votre âme n'avoir deuil ni souffrance !
De paradis lui soit la porte ouverte ! »

MORT DE ROLAND

CXCVIII

Ce sent Roland que la mort lui est proche ;
Par les oreilles hors lui sort la cervelle.
Pour ses pairs prie à Dieu[1] qu'il les appèle,
Et puis pour lui à l'ange Gabriel.
Prit l'olifant, pour que n'en ait reproche,
De l'autre main Durendal son épée ;
Plus loin que porte un carreau d'arbalète,
Devers l'Espagne s'en va dans un guéret.
Au haut d'un tertre, dessous deus arbres beaus,
Quatre rochers y a de marbre faits ;
Sur l'herbe verte est tombé à l'envers,
Il s'est pâmé, car la mort lui est proche.

CXCIX

Hauts sont les puys, et moult hauts sont les arbres.
Quatre rochers y a luisants de marbre ;
Sur l'herbe verte comte Roland se pâme.
Un Sarrasin cependant le regarde ;
Il se feint mort, et gît parmi les autres :
De sang souilla son corps et son visage.

---

1. On disait : *prier à.*

Se met sur pieds, et de courir se hâte.
Beau fut et fort et de très grand courage ;
Par son orgueil se met en mortel rage,
Saisit Roland et son corps et ses armes,
Et dit : « Vaincu est le neveu de Charles !
Je porterai cette épée en Espagne. »
La prent en main, tire à Roland la barbe ;
Comme il tirait, ses sens reprent le comte.

CC

Roland sent bien qu'il lui prent son épée,
Ouvrit les yeus, et lui a dit un mot :
« Bien il me semble que tu n'es point des nôtres ! »
Tient l'olifant, que perdre ne voulait :
L'en a frappé sur le heaume gemmé,
Brise l'acier et la tête et les os,
Tous deus les yeus lui mit hors de la tête,
Et à ses pieds il l'a renversé mort.
Après lui dit : « Comment osas, glouton,
Saisir mon corps à tort ou à raison ?
Qui l'apprendra, bien te tiendra pour fou.
De mon cor est fendu le pavillon,
Tombé en est tout le cristal et l'or. »

CCI

Ce sent Roland que la vue a perdue,
Se met sur pieds, tant qu'il peut s'évertue ;
En son visage sa couleur a perdue.

Tient Durendal, s'épéë[1], toute nue :
Par devant lui est une pierre brune,
Dis coups y frappe par deuil et par colère;
Grince l'acier, ne se ront ni s'ébrèche.
Et dit le comte : « Sainte Marie, à l'aide!
Eh! Durendal, bonne, mal vous en vint!
Vous vais quitter, plus n'ai besoin de vous.
Tant de batailles grâce à vous j'ai vaincues,
Et tant de terres larges par vous conquises,
Que Charles tient, qui la barbe a chenue!
Nul ne vous ait qui devant autre fuie!
De mon vivant ne me serez ravie.
Moult bon vassal vous a longtemps tenue,
Jamais en France un meilleur ne sera. »

CCII

Roland frappa au rocher de sardoine :
Grince l'acier, ne se ront ni s'ébrèche.
Quand bien il vit que ne la put briser,
Lors en soi-même la commença à plaindre :
« Eh! Durendal, comme es et claire et blanche!
Vers le soleil tu reluis et reflambes!
Charles était en val de Maurienne,
Quand Dieu du ciel lui manda par son ange
Qu'il te donnât à un bon capitaine :
Me la ceignit le noble roi, le Magne.
Lui en conquis et Anjou et Bretagne,

---

[1]. *S'épée = son épée.*

Lui en conquis et Poitou et le Maine,
Lui en conquis Normandië la franche,
Aussi conquis Provence et Aquitaine,
Et Lombardie et toute la Romagne,
Lui en conquis Bavière et toute Flandre,
Et Bulgarie et toute la Pologne,
Constantinople, dont il reçut l'hommage,
Et dans la Saxe il fait ce qui lui plaît.
Lui en conquis Galles, Écosse, Irlande,
Et Angleterre, qu'il tient pour son domaine.
Conquis en ai pays et tant de terres,
Que Charles tient, qui a la barbe blanche !
Pour cette épée j'ai douleur et souffrance :
Parmi païens ne veus qu'elle demeure ;
Dieu ne permette que France en ait la honte ! »

CCIII

Roland frappa sur une pierre bise [1],
Plus en abat que je ne vous sais dire :
Grince l'épée, ne se ront, ni se brise,
Mais vers le ciel en haut a rebondi.
Quand voit le comte ne la brisera mie,
Moult doucement la plaignit en soi-même :
« Eh ! Durendal, comme es belle et très sainte !
Dans ton pommeau y a bien des reliques :
Dent de saint Pierre et sang de saint Basile,
Et des cheveus du seigneur saint Denis,

---

1. *Sur une pierre d'un gris noir.*

Du vêtement de la Vierge Marie.
Juste n'est pas que païens te possèdent,
Par chrétïens devez être servie.
Ne vous ait homme qui fasse couardise !
Moultes batailles par vous j'aurai gagnées,
Moult larges terres par vous j'aurai conquises,
Que Charles tient, qui la barbe a fleurie,
Et l'empereur en est baron et riche.
Dieu, ne permès que France en soit honnie ! »

CCIV

Ce sent Roland que la mort l'entreprent :
De vers la tête sur le cœur lui descent.
Dessous un pin il est allé courant,
En l'herbe verte sur la face s'étent ;
Dessous lui met l'épée et l'olifant.
Tourna sa tête vers la païenne gent ;
Ainsi l'a fait parce qu'il veut vraiment
Que Charles dise et toute l'ost des Francs,
Le noble comte, qu'il est mort conquérant [1].
Clame sa coulpe [2] et menu et souvent,
Pour ses péchés à Dieu offrit le gant :
Anges de Dieu le prirent à l'instant.

---

1. *Qu'il est mort en conquérant.*
2. « Clamer sa coulpe », c'est, comme nous l'avons déjà vu, « faire son *meâ culpâ* ». — *Menu* est pris adverbialement, dans le sens de *souvent*.

CCV

Ce sent Roland que son temps est fini.
Devers l'Espagne gît sur un puy aigu,
De l'une main il a son sein battu :
« Dieu ! mienne coulpe vers les tiennes vertus [1],
Pour mes péchés, les grands et les menus,
Que j'ai commis depuis l'heure où naquis,
Jusqu'à ce jour où suis à mort frappé ! »
Son dextre gant [2] en a vers Dieu tendu :
Anges du ciel y descendent à lui.

CCVI

Roland le comte gisait dessous un pin,
Devers l'Espagne il a tourné ses yeux.
De plusieurs choses à souvenir se prit :
De tant de terres que le preus a conquis,
De douce France, des hommes de son sang,
De son seigneur, Charles, qui l'éleva,
Et des Français en qui tant se fiait ;
Point ne se peut tenir d'en soupirer.
Mais il ne veut lui-même s'oublier,
Clame sa coulpe, demande à Dieu merci :
« Notre vrai père, qui onques ne mentis,
Saint Lazaron de mort ressuscitas,

---

1. C'est-à-dire : « *Meâ culpâ*, je t'en demande pardon, j'en demande pardon à ta puissance. »
2. *Son gant droit.*

Et Daniel des lions préservas,
Sauve de moi l'âme de tous périls
Pour les péchés que je fis en ma vie! »
Son dextre gant à Dieu il en offrit,
Saint Gabriel de sa main lui a pris.
Dessus son bras sa tête avait penchée,
Jointes ses mains est allé à sa fin.
Dieu envoya son ange chérubin,
Et avec lui saint Michel du Péril ;
Et avec eus saint Gabriel y vint :
L'âme du comte portent en paradis.

CHARLEMAGNE A RONCEVAUX. POURSUITE DES SARRASINS

CCVII

Mort est Roland, Dieu en a l'âme aus cieus.
L'empereur Charles en Roncevaux parvient :
Il n'y a plus ni route ni sentier,
Ni vide terre, ni aune, ni plein pied [1],
Que il n'y ait ou Français ou païen.
Charles s'écrie : « Où es-tu, beau neveu?
Où l'archevêque et le comte Olivier ?
Où est Gérin et son ami Gérier?
Où est Othon et le preus Bérenger,
Ive et Ivoire que je tenais si chers ?
Qu'est devenu le gascon Engelier,

1. C'est-à-dire: « il n'y a pas un espace de terre. »

Samson le duc et Anséïs le fier ?
Où est Girard de Roussillon le vieus,
Les douze pairs qu'ici j'avais laissés ? »
Mais à quoi sert ? puisque nul ne répont.
« Dieu ! dit le roi, bien me puis désoler
Que je ne fus au combat commencer[1] ! »
Tire sa barbe, comme homme courroucé.
Pleurent des yeus ses barons chevaliers,
Et contre terre se pâment vingt milliers ;
Naimes le duc en a moult grand pitié.

CCVIII

En Roncevaux moult grande est la douleur :
Il n'y a là chevalier ni baron,
Qui de pitié ne pleure durement.
Pleurent leurs fils, leurs frères, leurs neveus,
Et leurs amis et leurs liges seigneurs.
Contre la terre se pâment la plupart.
Naimes le duc bien s'est conduit en preus ;
Tout le premier a dit à l'empereur :
« Regardez là, devant nous, à deus lieues ;
Voir vous pouvez les grands chemins poudreus,
Assez y a de la gent des païens.
Chevauchez donc, vengez cette douleur !
— Eh ! Dieu, dit Charles, ils sont déjà si loin !
Accordez-moi et le droit et l'honneur[2] !

---

1. Entendez : « de n'avoir pas été là quand le combat a commencé. »
2. Charlemagne demande à Dieu qu'il lui permette de rétablir son droit et de venger son honneur.

De France douce m'ont ravië la fleur. »
Le roi commande Gébouin et Othon,
Thibaut de Reims et le comte Milon :
« Gardez le champ et les vals et les monts,
Laissez les morts tout ainsi comme ils sont,
Que n'y approche ni bête ni lion,
Ni n'y approche écuyer ni garçon ;
Je vous défens que n'y touche personne,
Jusque [1] Dieu veuille qu'en ce champ revenions. »
Et ils répondent doucement, par amour :
« Droit empereur, cher sire, ainsi ferons. »
Mil chevaliers ils ont gardé des leurs [2].

CCIX

L'empereur Charles fait ses clairons sonner ;
Puis, il chevauche avec sa grande armée.
De ceus d'Espagne ont les traces trouvé,
Font la poursuite, tous avec même ardeur.
Quand voit le roi la clarté décliner,
Sur l'herbe verte descent emmi un pré,
Se couche à terre, et prië Dame-Dieu [3]
Que le soleil pour lui fasse arrêter,
La nuit tarder et le jour demeurer.
Voici un ange, qui avec lui parlait ;
Rapidement il lui a commandé :
« Charles, chevauche ! ne manquera clarté.

---

1. *Jusque* équivaut ici à *jusqu'à ce que.*
2. Entendez : « ils gardent avec eus mille de leurs chevaliers. »
3. *Dame-Dieu* = *le Seigneur Dieu.*

La fleur de France as perdu, Dieu le sait :
Venger te peus de la gent criminel[1]. »
À ces paroles l'empereur est monté[2].

CCX

Pour Charlemagne Dieu fit moult grand miracle,
Car le soleil immobile est resté.
Païens s'enfuient, bien les poursuivent Francs ;
Au Val-Ténèbres, là les vont atteignant ;
Vers Saragosse ils les poussent frappant.
À coups pléniers[3] ils vont les massacrant,
Leur ont coupé les chemins et les routes,
Et l'eau de l'Èbre devant eus se présente :
Moult est profonde, merveilleuse et courante,
Il n'y a barque, ni dromon ni chaland.
Païens invoquent un leur dieu Tervagan,
Et Apollon, pour qu'ils leur soient aidants.
Sautent dans l'eau, mais n'y trouvent salut,
Les mieus armés en sont les plus pesants.
Jusques au fond en sont coulés beaucoup,
Et à vau-l'eau les autres vont flottant ;
Les plus heureus ont tant bu de cette eau,
Tous sont noyés en cruelles souffrances.
Français s'écrient : « Bien est vengé Roland ! »

---

1. *Criminel* ne prenait pas d'*e* muet au féminin.
2. *Est monté à cheval.*
3 *À grands coups.*

CCXI

Quand Charles voit que païens sont tous morts,
Beaucoup occis et la plupart noyés,
(Moult grand butin en ont ses chevaliers),
Le noble roi est descendu à pied,
Se couche à terre, a Dieu remercié.
Quand il se lève, le soleil est couché.
Dit l'empereur : « C'est le temps de camper ;
En Roncevaux ne pouvons retourner,
Car nos chevaus sont las et fatigués.
Otez les selles, les freins leur enlevez,
Et par ces prés les laissez rafraîchir. »
Répondent Francs : « Sire, vous dites bien. »

CCXII

L'empereur Charles a pris son campement ;
Français descendent[1] entre l'Èbre et Valterne.
À leurs chevaus ils ont ôté les selles,
Les freins dorés leur mettent bas des têtes,
Les prés leur livrent, assez y a fraîche herbe ;
Ne peuvent plus autre soin prendre d'eus.
Qui moult est las, s'endort contre la terre ;
Cette nuit-là ils n'ont point fait le guet.

1. *Descendent de cheval.*

CCXIII

L'empereur Charles s'est couché dans un pré.
Son grand épié il a mis à sa tête;
Cette nuit-là ne se veut désarmer.
Il a vêtu[1] son blanc haubert safré[2],
Lacé son heaume, qui est à or gemmé,
Ceinte Joyeuse, qui jamais n'eut d'égale :
Chaque jour, change trente fois de reflet.
Assez ouîmes de la lance parler
Dont le Seigneur fut sur la crois percé :
Charles en a la pointe, grâce à Dieu !
Dans le pommeau il l'a fait enchâsser.
Pour cet honneur et cette qualité,
Le nom Joyeuse à l'épée est donné.
Barons français ne doivent l'oublier,
Tiré en ont leur beau cri de Monjoie :
Aussi nul peuple ne leur peut résister.

CCXIV

Claire est la nuit et la lune luisant[3].
Charle est couché, mais deuil a de Roland,
Et d'Olivier lui pèse fortement,
Des douze pairs, de la française gent,
Qu'en Roncevaux a laissés morts sanglants.

---

1. Il ne revêt pas à ce moment, *il est vêtu de...*
2. Sur *safré*, voyez laisse LXXXVII.
3. Les participes présents ne prenaient pas la marque du féminin.

Ne se tient pas n'en pleure et se lamente,
Et prie à Dieu[1] que leurs âmes il garde.
Las est le roi, car la peine est moult grand ;
Endormi est, car plus il n'en pouvait.
Par tous les prés sont endormis les Francs ;
N'y a cheval qui se tienne debout :
Qui herbe veut, il la prent en gisant.
Moult a appris qui bien connaît l'ahan.

CCXV

L'empereur dort comme un homme lassé.
Saint Gabriel lui a Dieu envoyé,
Lui a donné l'empereur à garder.
L'ange demeure toute nuit à son chef ;
En vision il lui a annoncé
Une bataille qui contre lui sera.
Lui en montra les signes effrayants :
Charles regarde tout en haut vers le ciel,
Voit les tonnerres et les vents et les gels,
Et les tempêtes, les merveilleus orages ;
Et feu et flamme y est appareillé,
Qui tout à coup sur toute sa gent tombe :
Brûlent les lances de frêne et de pommier,
Et les écus jusqu'aus boucles d'or pur,
Les bois se brisent des menaçants épiés,
Haubert se rompent et les heaumes d'acier.
En grand douleur y voit[2] ses chevaliers.

1. On disait : *prier à*.
2. *Charlemagne voit*.

Puis léopards et ours manger les veulent,
Serpents et guivres et dragons et démons,
Griffons y a plus de trente milliers,
Tous à l'envi se jètent sur Français.
Et Français crient : « Roi Charles, nous aidez ! »
Le roi en a et douleur et pitié,
Aller y veut, mais en est empêché ;
Devers un bois un grand lion lui vient,
Moult était rude et orgueilleus et fier,
Le roi lui-même il assaille et combat.
À bras se prennent tous deus pour y lutter ;
Mais il ne sait lequel d'eus abat l'autre.
L'empereur Charles ne s'est mie éveillé.

CCXVI

Après, lui vient une autre vision :
Il est en France, à Aix, sur un perron,
En double chaîne il tenait un brohon [1].
Devers Ardennes il voit venir trente ours ;
Chacun parlait tout aussi bien qu'un homme,
Et lui disaient : « Sire, rendez-le nous !
Il n'est pas juste qu'il demeure avec vous ;
À nos parents devons aide et secours. »
De son palais accourt un lévrier,
Parmi les autres assaillit le plus grand,
Sur l'herbe verte, de là ses compagnons.
Là vit le roi moult merveilleus combat ;

1. *Brohon*, nom d'un animal sauvage qu'il est difficile de déterminer.

Mais il ne sait lequel est le vainqueur.
L'ange de Dieu cet assaut lui montra,
Et Charles dort jusques au clair matin.

CCXVII

Le roi Marsile s'enfuit à Saragosse.
Descent à l'ombre, dessous un olivier,
Rent son épée et son heaume et sa brogne,
Sur l'herbe verte moult laidement se couche.
Il a perdu toute sa droite main,
Du sang qu'en sort il se pâme et angoisse.
Par devant lui sa femme Bramimonde
Et pleure et crie, fortement se lamente,
Et avec elle plus de trente mille hommes,
Qui tous maudissent Charles et France douce.
Vers Apollon courent dans une grotte,
Ils l'injurient, laidement le maltraitent :
« Eh ! mauvais dieu, pourquoi nous fais tel honte ?
Pourquoi Marsile as-tu laissé confondre ?
Qui moult te sert, mauvais loyer lui donnes [1]. »
Puis, ils lui ôtent son sceptre et sa couronne,
Par mains liées le pendent à colonne,
Entre leurs pieds à terre le renversent,
À [2] grands bâtons le battent et le brisent.
À Tervagan ôtent son escarboucle,
Et Mahomet dedans un fossé boutent,

---

1. Entendez : « tu récompenses mal ceus qui te servent. »
2. *À coups de...*

Où porcs et chiens le mordent et le foulent :
Jamais ne furent dieus à pareille honte.

CCXVIII

De pâmoison est revenu Marsile,
Se fait porter en sa chambre voûtée :
Belle couleur y a peinte et écrite [1].
Et Bramimonde se désole, la reine,
Ses cheveus tire, et se clame chétive,
Se plaint des dieus et hautement s'écrie :
« Eh ! Saragosse, te voilà dégarnie [2]
Du noble roi qui t'avait en baillie [3] !
Les nôtres dieus y ont fait félonie,
Qui en bataille ce matin lui faillirent.
Et l'amiral y fera couardise,
S'il ne s'attaque à cette gent hardie,
Qui sont si fiers qu'ils n'épargnent leurs vies.
L'empereur Charles à la barbe fleurie
Grand courage a et moult grande folie :
S'il a bataille, il ne s'enfuira mie.
C'est grand douleur qu'on ne le puisse occire. »

---

1. C'est-à-dire : « la chambre était ornée de peintures et d'inscriptions en couleur. »
2. *Dégarnie de* = *privée du secours de.*
3. *Qui l'avait sous sa puissance.*

ARRIVÉE DE BALIGANT, AMIRAL DE BABYLONE [1]

CCXIX

L'empereur Charles, par sa grande puissance,
Sept ans tout pleins a en Espagne été ;
Y prent châteaus et nombreuses cités.
Le roi Marsile beaucoup s'est tourmenté ;
Le premier an il fit ses brefs sceller [2],
En Babylone Baligant a mandé,
(C'est l'amiral, le vieus d'antiquité,
Qui survécut à Virgile et Homère),
Pour qu'il le vienne à Saragosse aider :
S'il ne le fait, il [3] quittera ses dieus,
Et ses idoles, qu'il a tant adorées,
Il recevra sainte chrétïenté,
À Charlemagne se voudra accorder.
L'émir [4] est loin, il a beaucoup tardé.
Mande sa gent de quarante royaumes ;
Ses grands dromons [5] il a fait apprêter,
Esquifs et barques et galères et nefs.
Alexandrie est un port près de mer,
Toute sa flotte y a fait apprêter.
C'était en mai, au premier jour d'été,
Toutes ses osts il a lancé sur mer.

---

1. *Babylone d'Egypte*, c'est-à-dire : Le Caire.
2. *Dès la première année il écrivit* (à Baligant). *Brefs = lettre.*
3. Le premier *il* se rapporte à Baligant, et le second à Marsile.
4. *Émir* ou *amiral*, deus formes d'un même mot.
5. *Dromon*, espèce d'embarcation, navire de guerre.

CCXX

Grands sont les osts de cette gent païenne,
Cinglent à force, naviguent et gouvernent.
Au haut des mâts et sur les hautes vergues,
Beaucoup y a escarboucles, lanternes,
Et de là-haut projètent tel lumière
Que par la nuit la mer en est plus belle,
Et, quand arrivent en Espagne la terre,
Tout le pays en reluit et s'éclaire.
Jusqu'à Marsile en parvont les nouvelles,
Que Baligant est entré en sa terre,
Telle ost amène, n'en peut-on voir plus belle,
Dis et sept rois, près de lui, la commandent.
Dieu garde Charles et la bonté céleste [1] !
Bataille aura douloureuse et cruelle.

CCXXI

Point n'ont voulu les païens s'attarder,
Sortent de mer et viennent aus eaus douces ;
Laissent Marbrise, aussi laissent Marbrouse,
Par Èbre amont toute leur flotte tourne.
Au haut des mâts et sur les vergues longues,
Beaucoup y a lanternes, escarboucles ;
Toute la nuit moult grand clarté leur donnent.
Sont arrivés ce jour à Saragosse.

1.. C'est-à-dire : « que Dieu et la bonté céleste gardent Charles ! »

CCXXII

Clair est le jour, et le soleil luisant.
Or l'amiral est sorti du chaland :
Espanelis à droite va marchant,
Dis et sept rois après le vont suivant ;
Comtes et ducs y a ne sais combien.
Sous un laurier, qui est emmi un champ,
Sur l'herbe verte jètent un tapis blanc.
Un beau fauteuil y ont mis d'olifant [1] ;
Dessus s'assiét le païen Baligant,
Et tous les autres sont demeurés debout.
Leur seigneur a tout le premier parlé :
« Or m'écoutez, francs chevaliers vaillants !
Charles le roi, cet empereur des Francs,
Ne doit manger si je ne lui commande.
Par toute Espagne m'a fait guerre moult grand ;
En France douce le veus aller quérir,
Et ne le veus quitter, de mon vivant,
Qu'il ne soit mort ou merci demandant. »
Son genou frappe [2] avec son dextre gant.

CCXXIII

Puisqu'il l'a dit, moult s'en est entêté,
Ne laissera, pour tout l'or dessous ciel,
Qu'il n'aille à Aix, où Charles tient ses plaids.

---

1. On sait qu'*olifant* signifie proprement *ivoire*.
2. *Il frappe*.

Sa gent l'entent, a son projet loué.
Puis, appela deus de ses chevaliers,
L'un Clarifan et l'autre Clarien :
« Vous êtes fils au roi Maltraïen,
Qui les messages faisait moult volontiers.
Je vous commande qu'en Saragosse alliez,
Et à Marsile de ma part annonciez
Que contre Francs lui suis venu aider ;
Si je les trouve, moult grand bataille auront.
Lui en donnez ce gant tout d'or brodé,
Et le lui faites à la main droite mettre.
Aussi portez ce bâtonnet d'or pur,
Et qu'à moi vienne reconnaître son fief[1].
En France irai pour Charles guerroyer ;
En ma merci s'il ne tombe à mes pieds,
Et n'abandonne la loi des chrétïens,
Lui ôterai la couronne du chef. »
Païens répondent : « Sire, moult dites bien. »

CCXXIV

Dit Baligant : « Or chevauchez, barons !
L'un ait le gant et l'autre le bâton. »
Et ils répondent : « Cher sire, ainsi ferons. »
Tant chevauchèrent qu'en Saragosse sont.
Passent dis portes, traversent quatre ponts,
Toutes les rues où restent les bourgeois.
Comme ils approchent de la cité amont,
Vers le palais ouïrent grand rumeur :

---

[1]. C'est-à-dire : « me rendre l'hommage féodal. »

Beaucoup y a de la gent des païens,
Pleurent et crient, démènent grand douleur,
Des dieux se plaignent Tervagan et Mahon[1],
Et d'Apollon, dont ils n'obtiennent rien.
Dit l'un à l'autre : « Chétifs, que deviendrons ?
Dessus nous est triste confusion,
Perdu avons le roi Marsilion,
Hier lui trancha Roland le dextre poing,
Et prit la vie de Jourfaleu le Blond.
Toute l'Espagne est en leur abandon. »
Les messagers descendent au perron.

CCXXV

Leurs chevaus laissent dessous un olivier,
Deus Sarrasins par les rênes les prirent.
Les messagers par les manteaus se tinrent,
Puis sont montés dans le haut du palais.
Comme ils entrèrent en la chambre voûtée,
Par belle amour mauvais salut y firent[2] :
« Ce Mahomet qui nous a en baillie[3],
Et Tervagan, Apollon notre sire,
Sauvent le roi et protègent la reine ! »
Dit Bramimonde : « J'entens moult grand folie !
Ces nôtres dieux à merci se rendirent,
En Roncevaux triste besogne firent,

---

1. *Mahomet.*
2. Le salut est appelé ici *mauvais* parce qu'il est fait au nom des faus dieux.
3. *Qui nous a sous sa puissance.*

Nos chevaliers ils ont laissé occire.
À mon seigneur en bataille ils faillirent :
Le dextre poing a perdu, plus n'en a,
Le lui trancha Roland, le puissant comte.
Charles aura toute Espagne en baillie ;
Que deviendrai, douloureuse, chétive ?
Lasse ! Que n'ai-je un homme qui me tue ! »

CCXXVI

Dit Clarien : « Dame, ne parlez tant !
Messagers sommes du païen Baligant ;
Au roi Marsile promet d'être garant[1],
Lui en envoie son bâton et son gant.
En Èbre avons quatre mille chalands,
Esquifs et barques et galères courants[2] ;
Dromons[3] y a ne sais dire combien.
Notre amiral est moult riche et puissant,
En France ira Charlemagne chercher,
Rendre le pense ou mort ou à merci. »
Dit Bramimonde : « Les choses iront mal !
Plus près d'ici pourrez trouver les Francs ;
En cette terre ils ont été sept ans.
L'empereur Charles est brave et combattant,
Mieus veut mourir que de céder le champ[4] ;

---

1. *Il s'engage à défendre le roi Marsile.*
2. Les participes présents, même employés adjectivement, ne prenaient pas la marque du féminin.
3. Sur *dromon*, voyez laisse CCXIX.
4. *Le champ de bataille.*

Sous ciel n'est roi qui lui vaille un enfant[1],
Charles ne craint homme qui soit vivant. »

CCXXVII

« Laissez cela, » dit Marsile le roi.
Dit aus païens : « Seigneurs, parlez à moi.
Bien voyez-vous que suis à mort réduit,
Et point je n'ai fils, ni fille, ni hoir ;
Un j'en avais, il fut occis hier soir.
À mon seigneur dites me vienne voir.
L'amiral a en Espagne tout droit,
La lui remès, si il la veut avoir :
Qu'il la défende encontre les Français.
Contre le roi lui dirai bon conseil ;
Conquis l'aura[2] de ce jour en un mois.
De Saragosse les clefs lui porterez,
Puis dites-lui qu'il reste[3], s'il me croit. »
Et ils répondent : « Sire, vous dites vrai. »

CCXXVIII

Ce dit Marsile : « Le grand empereur Charles
Mort m'a[4] mes hommes, ma terre dévastée,
Et mes cités prises et violées.
Auprès de l'Èbre a sa gent assemblée :
Je ai compté que n'y a que sept lieues ;

1. *Qui pour lui vaille plus qu'un enfant.*
2. *Il aura vaincu ce roi, Charlemagne.*
3. *Qu'il reste en Espagne.*
4. « Il a mort » équivalait à « il a tué ».

À l'émir dites qu'amène son armée,
Trouver les peut en la nôtre contrée.
Par moi lui dites que bataille il engage,
Par les Français ne sera refusée. »
De Saragosse les clefs leur a livrées.
Les messagers tous deus le saluèrent;
Prennent congé, à ce mot s'en tournèrent.

CCXXIX

Les messagers à cheval sont montés;
Rapidement sortent de la cité,
Vers l'amiral s'en vont tout effrayés,
De Saragosse lui présentent les clefs.
Dit Baligant : « Que avez-vous trouvé ?
Où est Marsile, que j'avais demandé ? »
Dit Clarien : « Il est à mort blessé.
Hier l'empereur voulut les ports passer,
Il s'en voulait en douce France aller;
Moult bien se fit en arrière garder :
Roland le comte, son neveu, y resta,
Et Olivier et tous les douze pairs,
De ceus de France vingt mille chevaliers.
Le roi Marsile y combattit, le preus;
Lui et Roland fort assaut se livrèrent,
De Durendal lui donna un coup tel
Que le poing droit lui a du corps coupé.
Il a tué son fils que tant aimait,
Et les barons qu'il avait amenés.
S'enfuit Marsile, plus il n'y put tenir,

L'empereur Charles longtemps l'a poursuivi.
Le roi vous mande que vous le secouriez,
Céder vous veut d'Espagne le pays. »
Et Baligant commença à penser ;
Si grand deuil a, presque en perdit le sens.

CCXXX

« Sire amiral, lui a dit Clarien,
En Roncevaux grand bataille y eut hier.
Mort est Roland et le comte Olivier,
Les douze pairs que Charle avait si chers ;
De leurs Français y a morts vingt milliers.
Le roi Marsile le poing droit y perdit,
Et l'empereur longtemps l'a poursuivi.
En cette terre n'est resté chevalier
Ne soit occis ou dans l'Èbre noyé[1].
Dessus la rive sont les Français campés ;
En ce pays se sont tant avancés,
Dur, si voulez, leur sera le retour. »
Et Baligant le regard en a fier,
Joyeus et gai dans son cœur il en est.
De son fauteuil il se redresse en pieds,
Puis il s'écrie : « Barons, point ne tardez,
Sortez des nefs, montez et chevauchez !
Si ne s'enfuit Charlemagne le vieus,
Le roi Marsile, ce jour, sera vengé :
Pour son poing droit, de Charle aura la tête. »

1. Suppléez *qui* au commencement de ce vers.

CCXXXI

Païens arabes des nefs se sont sortis;
Puis sont montés sur chevaus et sur muls,
Et chevauchèrent, que feraient-ils de plus ?
Or l'amiral, qui en route les mit,
En appela Gémalfin, son ami :
« Je te commande, toute ma gent conduis ! »
Puis est monté sur un sien destrier brun,
Et avec lui emmène quatre ducs.
Tant chevaucha qu'en Saragosse fut,
Près d'un perron de marbre est descendu,
Et quatre comtes l'étrier lui ont tenu.
Par les degrés monte en haut du palais,
Et Bramimonde vient courant devant lui
Et lui a dit : « Que malheureuse suis !
Si tristement mon seigneur j'ai perdu ! »
Lui tombe aus pieds, l'amiral la reçut,
Puis sont montés dans la chambre de deuil.

CCXXXII

Le roi Marsile, dès qu'il voit Baligant,
Lors appela deus païens Espagnols :
« Prenez mes bras, me dressez en séant ! »
En sa main gauche a pris un de ses gants,
Puis il a dit : « Sire roi amiral,
Ma terre toute ici quitte vous rens,
Et Saragosse et le fief qu'en dépent.
Je suis perdu et j'ai perdu ma gent. »

Et il répont : « Combien j'en suis dolent !
Avec vous point ne puis rester longtemps,
Car je sais trop que Charles ne m'attent.
Et cependant, de vous je prens le gant. »
Du deuil qu'il a s'en est tourné pleurant.
Par les degrés, du palais il descent,
Monte à cheval, pique et vient à sa gent.
Tant chevaucha qu'arrive au premier rang ;
D'heures à autres il se va écriant [1] :
« Venez, païens, car s'enfuiënt les Francs. »

CHARLEMAGNE RETOURNE A RONCEVAUX

CCXXXIII

Au matinet, quand d'abord paraît l'aube,
Éveillé s'est le grand empereur Charles.
Saint Gabriel, qui de par Dieu le garde,
Lève sa main, sur lui fait son signacle [2].
Le roi se dresse, il a rendu ses armes [3],
Et se désarment par tout le camp les autres.
Puis, sont montés, et à force chevauchent
Par routes longues et par chemins moult larges :
Ils vont revoir le merveilleus dommage,
En Roncevaux, là où fut la bataille.

---

1. *Il s'écrie de temps à autre.*
2. *Signacle*, dérivé de *signe*, = *signe de crois.*
3. Il faut se souvenir que Charlemagne, cette nuit-là, n'avait pas quitté ses armes.

CCXXXIV

En Roncevaux le roi Charle est entré ;
Des morts qu'il trouve il commence à pleurer.
Dit aus Français : « Seigneurs, au pas allez ;
Car il me faut moi-même m'avancer,
Pour mon neveu que je voudrais trouver.
À Aix j'étais, à fête solennelle :
Là se vantèrent mes vaillants bacheliers
De grands batailles, de forts combats en champ ;
J'ouïs Roland hautement déclarer
Qu'il ne mourrait en pays étranger
Sans qu'il ne fût en avant de ses pairs ;
Vers le pays [1] aurait le chef tourné,
En conquérant finirait le baron. »
Plus [2] qu'on ne peut un bâtonnet jeter,
Devant les autres est sur un puy monté [3].

CCXXXV

Quand l'empereur va quérir son neveu,
Tant d'herbes a trouvé et tant de fleurs,
Qui sont vermeilles du sang de nos barons,
Pitié en a, ne se tient d'en pleurer.
Dessous deus arbres parvenu est amont ;
Les coups du preus connut sur trois rochers.

---

1. *Le pays étranger.*
2. C'est-à-dire : « Plus loin que... »
3. C'est Charlemagne qui est le sujet de *est*.

Sur l'herbe verte voir gésir son neveu ;
N'est pas merveille si Charle a grand douleur.
Descent à pied, allé y est courant,
Il prent le comte, entre ses mains le presse,
Sur lui se pâme, tant il est angoisseus.

CCXXXVI

L'empereur Charles de pâmoison revint.
Naimes le duc et le comte Acelin,
Geoffroi d'Anjou et son frère Thierry,
Prennent le roi, le dressent sous un pin.
Regarde à terre, voit son neveu gésir;
Tant doucement à regretter le prit[1] :
« Ami Roland, de toi ait Dieu merci !
Onques nul homme tel chevalier ne vit,
Pour grands batailles engager et gagner.
La mienne honneur[2] est tournée en déclin ! »
Charles se pâme, ne s'en put retenir.

CCXXXVII

Charles le roi revint de pâmoison ;
Par mains le tiennent quatre de ses barons.
Regarde à terre, voit gésir son neveu :
Corps a gaillard, perdue a sa couleur,
Tournés ses yeus, moult lui sont ténébreus.
Charles le plaint par foi et par amour :

1. C'est-à-dire : « se prit à le regretter. »
2. *Honneur* était féminin dans l'ancienne langue.

« Ami Roland, Dieu mette en fleurs ton âme,
En paradis, entre les glorieus!
Pour ton malheur en Espagne tu vins!
Ne sera jour, où ta perte ne pleure [1].
Bien vont tomber et ma force et ma joie!
Je n'aurai plus qui garde mon honneur;
Sous ciel ne pense avoir ami un seul.
Si j'ai parents, n'y en a nul si preus. »
Ses cheveus tire à pleines ses deus mains,
Sur lui se pâme tant il est angoisseus.
Cent mille Francs en ont si grand douleur,
N'y a celui qui durement ne pleure.

CCXXXVIII

« Ami Roland, je m'en irai en France.
Quand je serai à Laon, dans mon domaine,
De plusieurs terres viendront les étrangers;
Demanderont où est le capitaine :
Je leur dirai qu'il est mort en Espagne.
En grand douleur gouvernerai ma terre,
Ne sera jour ne pleure et me lamente. »

CCXXXIX

« Ami Roland, vaillant, jeunesse belle,
Quand je serai à Aix, en ma chapelle,
Viendront les hommes, demanderont nouvelles;

1. *Il n'y aura pas de jour où je ne pleure la perte.*

Les leur dirai étranges et cruelles :
Mort est Roland, qui fit tant de conquêtes !
Vont contre moi se révolter Saxons,
Hongrois, Bulgares, et tant de gens adverses,
Romains, Pouillains, et tous ceus de Palerme,
Et ceus d'Afrique, et ceus de Califerne.
Lors s'accroîtront mes peines, mes souffrances ;
Qui guidera mes osts comme celui
Qui tous les jours était à notre tête ?
Eh ! France douce, comme tu restes veuve !
Si grand deuil ai que je ne voudrais être[1]. »
Sa barbe blanche il commence à tirer,
Et à deus mains les cheveus de sa tête.
Cent mille Francs s'en pâment contre terre.

CCXL

« Ami Roland, que Dieu t'en récompense !
L'âme de toi en paradis soit mise !
Qui t'a tué, France douce a honnie.
Si grand deuil ai que je ne voudrais vivre,
Quand ma maison pour moi reçoit la mort.
Me donne Dieu, le fils sainte Marie,
Avant que vienne[2] aus maîtres ports de Cize,
Que de mon corps l'âme fût séparée,
Entre les leurs fût appelée et mise,
Et ma chair fût auprès d'eus enfouie. »

---

1. C'est-à-dire : « que je voudrais ne pas être. »
2. *Avant que je vienne.*

Pleure des yeus, sa blanche barbe tire.
Et dit duc Naimes : « Or a Charles grande ire[1]. »

CCXLI

« Sire empereur, ce dit Geoffroi d'Anjou,
Cette douleur ne démenez si fort !
Par tout le champ faites chercher nos gens,
Que ceus d'Espagne en bataille ont occis ;
En un charnier commandez qu'ils soient mis. »
Ce dit le roi : « Sonnez-en votre cor. »

CCXLII

Geoffroi d'Anjou a son clairon sonné ;
Français descendent[2], Charles l'a commandé.
Tous leurs amis, qu'ils y ont morts trouvés,
Dans un charnier sitôt les ont portés.
Beaucoup y a d'évêques et d'abbés,
Moines, chanoines et prêtres tonsurés :
Les ont absous et bénis de par Dieu,
Myrrhe et encens y firent allumer,
Et bellement tous les ont encensés ;
En grand honneur, puis, les ont enterrés.
Les ont laissés ; qu'en feraient-ils de plus ?

---

1. *Ire* (latin *ira*) = *colère* et *désolation*.
2. *Descendent de cheval.*

CCXLIII

L'empereur Charles a fait Roland garder,
Et Olivier, et l'évêque Turpin.
Par devant soi les a fait tous[1] ouvrir,
Et dans la soie tous les cœurs recueillir :
En blancs cercueils de marbre les ont mis.
Et puis les corps des barons ils ont pris,
En cuirs de cerf les trois seigneurs ont mis ;
Bien sont lavés de piment et de vin.
Le roi commande Thibaud et Gébouin,
Milon le comte et Othon le marquis :
« En trois charrettes avec nous les menez ! »
Bien sont couverts d'un tapis de Glaza.

NOUVELLE BATAILLE : CHARLEMAGNE ET BALIGANT

CCXLIV

Quand il eut fait enterrer ses barons,
Hors ceus qu'il veut porter jusques à Blaye,
Venir s'en veut le grand empereur Charles,
Quand de païens se montre l'avant-garde.
A l'empereur vinrent deus messagers,
De l'amiral annoncent la bataille :
« Roi orgueilleus, ne convient que t'en ailles.
Vois Baligant, qui après toi chevauche :

---

1. *Tous les trois.*

Grands sont les osts qu'il mène d'Arabie ;
Ce jour, verrons si tu as bon courage ! »
Charles le roi en a prise sa barbe,
Il lui souvient du deuil et du dommage
Qu'en Roncevaux reçut en la bataille.
Moult fièrement toute sa gent regarde ;
Puis, il s'écrie de sa vois grande et haute :
« Barons français, à cheval et aus armes ! »

CCXLV

L'empereur Charles tout le premier s'adoube,
Rapidement a revêtu sa brogne,
Lacé son heaume, et a ceinte Joyeuse,
Qui de clarté lutte avec le soleil ;
Pent à son cou un écu de Girone,
Tient son épié, qui fut fait à Blandonne.
Sur Tencendeur son bon cheval il monte :
L'avait conquis aus gués dessous Marsonne,
En jeta mort Maupalin de Narbonne.
Lâche la rêne, moult souvent l'éperonne,
Fait son élan[1] par-devant cent mille hommes.
Invoque Dieu et l'apôtre de Rome ;
Après ce mot[2], n'a peur de succomber.
Les Français disent : « Tel doit porter couronne[3] ! »

---

1. *Fait un galop d'essai.*
2. C'est-à-dire : « après sa prière à Dieu et à saint Pierre. » —
3. C'est-à-dire : « Celui-ci est digne de porter couronne. »

CCXLVI

Par tout le champ ceus de France descendent[1].
Plus de cent mille s'en adoubent ensemble ;
Armures ont qui bellement leur siéent,
Chevaus courants et les armes moult gentes ;
Puis, sont montés[2], y sont moult bien appris ;
S'ils trouvent où, bataille livrer pensent.
Les gonfanons sur leurs heaumes leur pendent.
Quand Charles voit si belles contenances,
En appela Jusserand de Provence,
Naimes le duc, Anthelme de Mayence :
« En tels vassaus on doit avoir fiance,
Et bien est fou qui près d'eus désespère.
Si les Arabes à venir ne renoncent,
La mort Roland leur crois chèrement vendre. »
Répont duc Naimes : « Que Dieu le nous accorde ! »

CCXLVII

Charles appèle Rabel et Guineman ;
Ce dit le roi : « Seigneurs, je vous le dis,
Tenez la place d'Olivier et Roland ;
L'un ait l'épée et l'autre l'olifant.
Puis chevauchez au premier rang, devant,
Et avec vous quinze milliers de Francs,
De bacheliers, de nos meilleurs vaillants.

---

1. *Descendent de leurs montures de voyage.*
2. *Sont montés sur leurs destriers.*

Après ceus-là y en aura autant :
Les guideront Gébouin et Laurent. »
Naimes le duc et le preus Jusserand
Ces deus échelles[1] en bataille ont rangé.
S'ils trouvent où, grand combat y aura,
Y frapperont des épéës tranchants.

CCXLVIII

De Français sont les premières échelles[2].
Après ces deus, établissent la tierce :
Y sont placés les vassaus de Bavière,
À vingt milliers les peut-on estimer.
Ce ne sont eus qui laisseront bataille ;
Sous ciel n'est gent que Charles ait plus chère,
Hors ceus de France, qui royaumes conquièrent.
Le brave Ogier le Danois, le guerrier,
Les guidera, car la troupe est moult fière.

CCXLIX

Ces trois échelles a prêtes le roi Charles.
Naimes le duc a établi la quarte[3],
Y met barons qui sont pleins de courage :

---

1. Échelle, dans cette laisse et dans les suivantes, a le sens de
« corps d'armée ».
2. Dans l'énumération des échelles (corps d'armée) de Charlemagne et de Baligant, nous sommes obligé, pour conserver la mesure, d'employer les vieilles formes d'adjectifs ordinaus : tiers, quart, quint, sixte, septme, huitme, neufme, dîme.
3. La quatrième échelle.

Ils sont venus des marches d'Allemagne ;
Vingt mille sont, ce disent tous les autres.
Bien sont munis et de chevaus et d'armes,
Pour nulle crainte ne laisseront bataille.
Les guidera Herman, le duc de Thrace :
Plutôt mourra que couardise y fasse.

CCL

Naimes le duc et le preus Jusserand
La quinte échelle ont faite de Normands :
Vingt mille sont, ce disent tous les Francs.
Armes ont belles et bons chevaus courants,
Ne se rendront par crainte de la mort ;
Sous ciel n'est gent qui plus vaillent en guerre.
Richard le vieus les conduit au combat,
Y frappera de son épié tranchant.

CCLI

La sixte échelle ont faite de Bretons :
Quarante mille chevaliers ils y sont ;
Bien ils chevauchent comme de vrais barons,
Droites leurs lances, dressés leurs gonfanons.
Le seigneur d'eus on appelait Eudon,
Il a mandé le comte Nivelon,
Thibaud de Reims et le marquis Othon :
« Guidez ma gent, je vous en fais le don. »
Les trois répondent : « Votre ordre nous ferons. »

CCLII

L'empereur Charles a sis échelles faites.
Naimes le duc, puis, établit la septme
De Poitevins et des barons d'Auvergne.
Quarante mille chevaliers peuvent être,
Chevaus ont bons et les armes moult belles ;
À part se tiennent dans un val sous un tertre,
Les a bénis Charles de sa main droite.
Les guider ont Jusserand et Gaucelme.

CCLIII

Et l'huitme échelle a Naimes établie :
De Flamands est, et des barons de Frise.
Chevaliers ont plus de quarante mille ;
Point ne sera par eus le champ quitté.
Ce dit le roi : « Ils feront mon service.
Le preus Raimbaud et Hamon de Galice
Les guideront comme bons chevaliers. »

CCLIV

Naimes le duc et Jusserand le comte
La neufme échelle ont faite d'hommes preus,
C'est de Lorrains et de ceus de Bourgogne :
Cinquante mille chevaliers bien ils comptent,
Heaumes lacés et vêtuës leurs brognes,
Ceintes épées, à leurs cous targes doubles ;

Épiés ont forts, dont les bois sont très courts.
Si les Arabes à venir ne renoncent,
Les frapperont, si le combat engagent.
Les guidera Thierry, le duc d'Argonne.

CCLV

La dîme échelle est des barons de France :
Cent mille sont, nos meilleurs capitaines.
Corps ont gaillards, et fières contenances,
Les chefs fleuris et les barbes ont blanches,
Haubers vêtus et leurs brognes doublées,
Ceintes épées françaises et d'Espagne ;
Leurs beaus écus par signes se connaissent ;
Épiés ont forts, et vigoureuses lances,
Et jusqu'aus ongles ils sont armés de mailles.
À cheval montent, la bataille demandent,
Monjoie ils crient, près d'eus est Charlemagne.
Geoffroi d'Anjou y porte l'oriflamme ;
Fut à saint Pierre et avait nom Romaine[1],
Mais de Monjoie là prit le nouveau nom.

CCLVI

L'empereur Charles de son cheval descent,
Sur l'herbe verte se couche sur la face,
Tourne ses yeus vers le soleil levant,
Invoque Dieu du profond de son cœur :

---

1. Entendez : « elle s'appelait d'abord Romaine, parce qu'elle avait appartenu à saint Pierre. »

« O Dieu, vrai père, en ce jour me défens,
Comme il est vrai que tu sauvas Jonas
De la baleine qui en son corps l'avait,
Et épargnas de Ninive le roi,
Et Daniel du merveilleus tourment
Dedans la fosse des lions menaçants,
Les trois enfants tout en un feu ardent [1],
Que ton amour, ce jour, me soit présent !
Par ta merci, Dieu, s'il te plaît, consens
Que mon neveu puisse venger Roland [2]. »
Quand a prié, il se dresse debout,
Et sur son front fait le signe puissant [3].
Monte le roi sur son cheval courant [4],
L'étrier lui tinrent Naimes et Jusserand.
Prent son écu et son épié tranchant;
Gent a le corps, gaillard et bien séant,
Clair le visage et bonne contenance.
Puis il chevauche, assis moult fermement.
Sonnent clairons et derrière et devant;
Sur tous les autres a bondi l'olifant [5],
Pleurent Français pour pitié de Roland.

---

[1]. Entendez : « Tu as sauvé (épargné) Daniel de la dent des lions et les trois enfants du feu de la fournaise. »
[2]. Entendez : « que je puisse venger mon neveu Roland. »
[3]. *Le signe de la crois.*
[4]. *Courant* est une épithète de nature.
[5]. Entendez que « le son de l'olifant domine tous les autres. »

CCLVII

Moult gentement[1] le roi Charles chevauche :
Dessus sa brogne hors a mise sa barbe ;
Pour son amour autant en font les autres,
Cent mille Francs à ce signe on connaît.
Passent les puys, les roches les plus hautes,
Les vals profonds, les étroits défilés ;
Sortent des ports et de la terre en friche,
Et vers l'Espagne sont allés dans la Marche[2] ;
Emmi la plaine ils ont fait une halte.
Vers Baligant revient son avant-garde :
Un Syrien lui a dit son message :
« Nous avons vu cet orgueilleus roi Charles ;
Fiers sont ses hommes, point ne lui feront faute.
Adoubez-vous, bientôt aurez bataille. »
Dit Baligant : « J'entens belle nonvelle.
Sonnez clairons, que mes païens le sachent. »

CCLVIII

Par toute l'ost font leurs tambours sonner,
Et les trompettes et les clairons perçants.
Païens descendent[3] pour leurs corps adouber,
Et l'amiral ne se veut attarder :

---

1. *Gentement* est formé avec l'adjectif *gent* (= *noble*), que nous avons vu si souvent.
2. *Dans la province frontière de l'Espagne.*
3. *Descendent des montures de voyage.*

Vêt une brogne dont les pans sont dorés,
Lace son heaume, qui à or est gemmé ;
Puis, ceint l'épée au senestre côté ¹.
Dans son orgueil lui ² a un nom trouvé :
Ayant ouï de Joyeuse ³ parler,
La sienne fit Précieuse appeler ;
C'était son cri sur le champ de bataille,
Il le faisait par ses hommes crier.
Pent à son cou un sien grand large écu :
D'or est la boucle, est de cristal bordé,
La guige ⁴ en est d'un beau satin à fleurs.
Tient son épié, qu'il appèle Malté ;
En était gros le bois comme un tinel ⁵,
Du fer tout seul serait un mul chargé ⁶.
Sur son destrier Baligant est monté,
L'étrier lui tint Marcule d'outre-mer.
Son enfourchure a grande le baron,
Grêles les flancs et larges les côtés,
Grosse poitrine, bellement est moulée,
Larges épaules et le regard a clair,
Fier le visage et les cheveus bouclés;
Il était blanc comme fleur en été.
Fut son courage bien souvent éprouvé ;
Dieu! quel vassal, s'il était chrétïen !
Son cheval pique, le sang en sort tout clair,

1. *Senestre = gauche.*
2. *Lui, c'est-à-dire à son épée.*
3. *De l'épée de Charlemagne.*
4. La *guige* est l'attache du bouclier.
5. Un *tinel* est une massue de bois.
6. C'est-à-dire : « le fer seul suffirait à charger un mulet. »

Fait son élan[1], et saute un grand fossé,
Cinquante pieds y peut-on mesurer[2].
Païens s'écrient: « L'Espagne il doit sauver.
N'y a Français, si à lui vient jouter,
Le veuille ou non, qui n'y perde la vie.
Charles est fou, que ne s'en est allé. »

CCLIX

L'émir païen bien ressemble baron;
Blanche a la barbe tout autant comme fleur,
Et dans sa loi[3] moult sage homme il était;
Dans la bataille est fier et orgueilleus.
Son fils Malprime moult est chevalereus,
Grand est, et fort, de ses ancêtres tient.
Dit à son père: « Sire, avant chevauchons!
Je me demande si nous verrons Charlon[4]. »
Dit Baligant: « Oui, car moult il est preus,
En plusieurs gestes on en parle à honneur[5];
Mais il n'a plus Roland son bon neveu:
N'aura la force de tenir contre nous. »

CCLX

« Beau fils Malprime, lui a dit Baligant,
Hier fut occis le bon vassal Roland,

1. *Son galop d'essai.*
2. C'est-à-dire: « le fossé a cinquante pieds de largeur. »
3. C'est-à-dire: « dans sa religion. »
4. *Charlon*, voy. p. 1, note 1.
5. Entendez: « on parle de lui avec honneur dans plusieurs histoires. »

Et Olivier le preus et le vaillant,
Les douze pairs, que Charles aimait tant,
De ceus de France vingt mille combattants.
Pour tous les autres, je ne les prise un gant[1].
L'empereur Charles vers nous revient vraiment :
Mon messager Syrien m'a conté
Que dis échelles[2] il a formé moult grandes.
Celui est preus qui sonne l'olifant,
De la trompette répont son compagnon,
Et ils chevauchent au premier rang, devant.
Sont avec eus quinze milliers de Francs,
De bacheliers que Charle appèle enfants ;
Après ceus-là en est encore autant.
Ils frapperont moult orgueilleusement. »
Ce dit Malprime : « J'en demande le coup[3]. »

CCLXI

« Beau fils Malprime, Baligant lui a dit,
Je vous octroie ce que m'avez requis.
Contre Français bientôt irez férir ;
Y mènerez Torleu, le roi persan,
Et Dapamort, des Wilzes autre roi.
Leur grand orgueil[4] si vous pouvez mater,

---

1. Entendez : « les autres n'ont pas pour moi la valeur d'un gant, je n'en fais aucun cas. »
2. *Echelle = corps d'armée.*
3. C'est-à-dire : « Je vous demande l'honneur du premier coup à frapper. »
4. C'est-à-dire : « le grand orgueil des Français. »

Que l'olifant n'ait plus ni son ni cri,
Vous donnerai un pan de mon pays,
De Cheriant jusques au Val-Marquis. »
Répont Malprime : « Sire, vous dis merci ! »
Lors il s'avance, le don en recueillit [1] :
C'est de la terre qui fut au roi Fleuri ;
En ce moment, plus jamais ne la vit [2],
Ni il n'en fut investi ni saisi.

CCLXII

À travers l'ost chevauche l'amiral,
Son fils le suit, qui moult a grand le corps.
Le roi Torleu et le roi Dapamort
Ont tôt formé trente fortes échelles [3] :
Chevaliers ont en nombre merveilleus,
Car en la moindre cinquante mille y eut.
La première est de ceus de Butentrot,
Dont Judas fut, qui Dieu trahit pour or.
Dans l'autre sont Misnes aus grosses têtes :
Sur les échines qu'ils ont emmi les dos,
Ils sont poilus tout autant que des porcs.
Et la tierce [4] est de Nubiens et de Blos,
Et la quarte est de Bruns et d'Esclavons,
Et la quinte est de Sorbres et de Sors,

---

1. C'est une donation symbolique. Baligant remet le pays à Malprime sous la forme d'un peu de terre.
2. Entendez : « il vit cette terre à ce moment-là, et ne la revit plus. »
3. *Echelle* = *corps d'armée*.
4. Sur *tierce*, *quarte*, etc., voyez ci-dessus, laisse CCXLVIII.

Et la sixte est d'Arméniens et Mores,
Et la septme est de ceus de Jéricho;
L'huitme est de Nègres et la neufme de Gros,
Et la dîme est de Balide-la-Forte :
C'est une gent qui le bien n'aime point.
Lors a juré l'amiral, tant qu'il put,
Par Mahomet, sa puissance et son corps [1] :
« Charles de France chevauche comme un fou :
Bataille aura, si avant ne s'enfuit ;
Plus sur la tête n'aura couronne d'or. »

CCLXIII

Dis grands échelles établissent après.
En la première Chananéens, les laids :
De Val-Fuï sont venus par travers.
L'autre est de Turcs, et la tierce de Perses,
Et la quarte est de Pincenois et Perses,
Et la quinte est de Soltras et d'Avares,
Et la sixte est d'Ormalois et d'Euglès,
Et la septme est de la gent Samuel ;
L'huitme est de Prusse, la neufme d'Esclavons,
Et la dîme est d'Occiant la déserte :
C'est une gent qui Dame-Dieu [2] ne sert,
De plus félons n'orrez [3] parler jamais ;
Dur ont le cuir tout autant que du fer,

---

1. C'est-à-dire : « par la puissance et le corps de Mahomet. »
2. *Le Seigneur Dieu.*
3. *Orrez*, futur de *ouïr*.

Pas n'ont besoin de heaume, de haubert;
En la bataille sont félons et cruels.

CCLXIV

L'émir encor dis échelles ajoute :
La première est des géants de Malprouse,
L'autre est de Huns, et la tierce de Hongres,
Et la quarte est de Baldise la longue,
Et la quinte est de ceus de Val-Peineuse,
Et la sixte est de Joi et de Mareuse,
Et la septme est de Leus et d'Astrimoines,
L'huitme est d'Argoille, la neufme de Clairbonne,
Et la dîme est des barbus de Val-Fonde :
C'est une gent qui Dieu n'a aimé onques.
Ces trente échelles la geste nous dénombre.
Grande est l'armée, les trompettes y sonnent;
Païens chevauchent, bien ont vaillante mine.

CCLXV

L'amiral est homme riche et puissant,
Par devant soi fait porter son Dragon,
Et l'étendard Tervagan et Mahon [1],
Et une image d'Apollon le félon.
Dis des païens chevauchent environ,
Moult hautement ils criënt un sermon :
« Qui par nos dieux veut être protégé,

1. *L'étendard de Tervagan et de Mahomet.*

Les prie et serve en grande humilité ! »
Païens y baissent la tête et le menton,
Leurs heaumes clairs ils inclinent moult bas.
Disent Français : « Bientôt mourrez, gloutons ;
Que sur vous tombe honte et confusion !
Et notre Dieu garantisse Charlon !
Que la victoire se décide en son nom ! »

CCLXVI

L'amiral est homme de grand savoir,
Il en appèle son fils et les deus rois :
« Seigneurs barons, devant chevaucherez,
Et mes échelles toutes vous guiderez.
Mais des meilleures je veus retenir trois,
L'une est de Turcs, et l'autre d'Ormalois,
Et la tierce est des géants de Malprois.
Ceus d'Occiant seront auprès de moi,
Ils combattront Charles et les Français.
L'empereur Charles, s'il se bat avec moi,
Dessus le tronc la tête perdre en doit :
Qu'il en soit sûr, point il n'a d'autre droit. »

CCLXVII

Grands sont les osts et les échelles belles.
Entre eus n'y a ni puy, ni val, ni tertre,
Forêt ni bois ; embûche n'y peut être ;
Bien s'entrevoient emmi la vaste plaine.
Dit Baligant : « Vaillants barons païens,

Tôt chevauchez pour quérir la bataille! »
L'enseigne porte Amboire d'Oloferne[1];
Païens la crient[2], Précieuse l'appèlent.
Disent Français : « Ce jour soit votre perte! »
Moult hautement par Monjoie ils répondent.
L'empereur Charles fait sonner ses trompettes,
Et l'olifant qui toutes les éclaire[3].
Disent païens : « La gent de Charle est belle!
Bataille aurons et pénible et cruelle. »

CCLXVIII

Grande est la plaine et large la contrée,
Grande est l'armée qui y est assemblée;
Luisent les heaumes aus pierres d'or gemmées,
Et les écus, et les brognes safrées[4],
Et les épiés, les enseignes dressées.
Sonnent trompettes, les vois en sont moult claires;
De l'olifant hautes sont les menées[5].
Or l'amiral en appèle son frère,
C'est Canabeu, le roi de Florédée :
Tenait la terre jusques en Val-Sevrée.
Les dis échelles du roi lui a montrées :

---

1. C'est-à-dire : « Amboire d'Oloferne porte l'enseigne. »
2. C'est-à-dire : « crient le nom de l'enseigne. » C'est le cri de guerre.
3. C'est-à-dire sans doute : « dont le son clair les domine toutes. »
4. Sur *safré*, voyez laisse LXXXVII.
5. La *menée* est une sonnerie particulière des trompettes et des cors. « Sonner la menée », c'est donner le signal de l'attaque.

« Voyez l'orgueil de France la louée !
Moult fièrement chevauche le roi Charles ;
Il est derrière, avec ces gens barbus ;
Dessus leurs brognes leurs barbes ont jetées,
Sont aussi blanches que neige sur gelée.
Ils frapperont de lances et d'épées,
Bataille aurons et forte et acharnée :
Nul ne verra jamais telle mêlée. »
Plus[1] qu'on ne lance une verge pelée,
Baligant a ses troupes dépassées ;
Cette parole il leur a adressée :
« Venez, païens, je vous montre la route ! »
De son épié le bois il a brandi,
Vers l'empereur la pointe en a tourné.

CCLXIX

Charles le Magne, quand il vit l'amiral,
Et le Dragon, l'enseigne et l'étendard
(De ces Arabes si grand force y avait,
Que la contrée ils ont toute occupée,
Sauf le terrain que l'empereur en a),
Le roi de France s'est écrié moult haut :
« Barons Français, vous êtes bons vassaus,
Tant de batailles avez déjà livré !
Voyez païens, félons sont et couards,
Toute leur loi[2] un denier ne leur vaut.

---

1. C'est-à-dire : « plus loin que... »
2. C'est-à-dire : « toute leur religion. »

S'ils ont grand gent¹, qu'importe-t-il, seigneurs ?
Qui marcher veut, tôt avec moi s'en vienne !
Ne laisserai que je ne les assaille. »
Des éperons il pique son cheval,
Et Tencendeur lui a fait quatre sauts.
Disent Français : « Ce roi est bon vassal.
Chevauchez, sire, nul ne vous faillira. »

CCLXX

Clair fut le jour et le soleil luisant,
Les osts sont belles, et les bataillons grands,
Rangéës sont les échelles devant.
Rabel le comte et le preus Guineman
Lâchent les rênes à leurs chevaus courants,
Ils éperonnent, et se lancent les Francs ;
Ils vont férir de leurs épiés tranchants.

CCLXXI

Rabel le comte est chevalier hardi.
Son cheval pique des éperons d'or fin,
Il va férir Torleu, le roi persan :
Écu ni brogne ne put son coup parer,
L'épié doré lui a dans le corps mis,
Et mort l'abat sur un buisson petit.
Disent Français : « Que Dame-Dieu nous aide !
Charle a le droit ; ne lui devons faillir. »

1. *S'ils ont une nombreuse armée.*

CCLXXII

Et Guineman combat le roi des Wilzes,
Toute lui brise la targe peinte à fleurs ;
Après, lui a la brogne déconfite[1],
Toute l'enseigne lui a dans le corps mise,
Et mort l'abat, qui qu'en pleure ou qui rie.
Après ce coup, ceus de France s'écrient :
« Frappez, barons, ne vous attardez mie !
Charles a droit contre la gent païenne,
C'est aujourd'hui de Dieu le jugement. »

CCLXXIII

Malprime siét sur un cheval tout blanc,
Il le conduit en la presse des Francs ;
D'heures en autres[2], grands coups y va frappant,
L'un mort sur l'autre souvent va renversant.
Tout le premier s'écrië Baligant :
« Les miens barons, nourri vous ai longtemps,
Voyez mon fils qui Charles va cherchant,
Et de ses armes tant de barons frappant ;
Meilleur vassal que lui je ne demande.
Secourez-le de vos épiés tranchants ! »
À ces paroles, païens viennent devant,
Durs coups y frappent, moult est le combat grand.
La bataille est merveilleuse et pesante,
Ne fut si forte ni depuis ni avant.

1. *Mise en pièces.*
2. *De temps à autre.*

CCLXXIV

Grands sont les osts, les compagniës fières.
Bien engagées sont toutes les échelles,
Et les païens merveilleusement frappent.
Dieu ! tant de lances y a en deus brisées,
Écus rompus et brognes démaillées !
Là eussiez vu la terre si jonchée !
L'herbe du champ, qui était verte et fine,
Du sang des corps est toute envermeillée.
Et l'amiral à ses gens a crié :
« Frappez, barons, sur la gent chrétïenne ! »
La bataille est moult dure et acharnée,
Avant ni puis n'en fut si forte et fière ;
Jusqu'à la mort ils voudront la mener.

CCLXXV

S'est l'amiral à ses gens adressé :
« Frappez, païens, pour ce[1] venus vous êtes.
Vous donnerai femmes gentes et belles,
Vous donnerai fiefs et honneurs et terres. »
Païens répondent : « Nous le devons bien faire. »
À coups pléniers ont leurs épiés perdu[2],
Lors ont tiré plus de cent mille épées.
Voici la lutte douloureuse et terrible !
Qui s'y trouva, belle bataille vit.

---

1. *Pour cela.*
2. *À force de frapper de grands coups, ils ont brisé leurs lances.*

CCLXXVI

L'empereur Charles exhorte ses Français :
« Seigneurs barons, je vous aime et vous crois [1].
Tant de batailles avez livré pour moi,
Conquis royaumes, et chassé tant de rois !
Bien je connais que salaire vous dois,
De mes faveurs, de terres et d'avoir.
Vengez vos fils, vos frères et vos hoirs,
Qu'en Roncevaux furent occis hier soir !
Bien vous savez contre païens j'ai droit. »
Répondent Francs : « Sire, vous dites vrai. »
Tels vingt milliers a Charles avec soi,
Tous en commun lui promettent leur foi :
N'y failliront pour mort ni pour détresse [2].
N'y a celui n'y manœuvre l'épié,
De leurs épées y frappent sans retard.
Est à merveille ardente la bataille.

CCLXXVII

Païen Malprime parmi le champ chevauche,
De ceus de France y fait moult grand dommage.
Naimes le duc fièrement le regarde ;
Va le férir en vigoureus baron,
De son écu brise la haute pièce,
De son haubert les deus pans lui arrache,

---

1. *Et j'ai confiance en vous.*
2. *Pour* a ici le sens de *à cause de.*

Au corps lui met toute l'enseigne jaune,
Et mort l'abat entre sept cents des autres.

CCLXXVIII

Roi Canabeu, le frère à l'amiral,
Des éperons bien pique son cheval.
Tire l'épée au pommeau de cristal,
Et frappe Naimes sur le heaume princier.
L'une moitié en brise d'une part,
De son épée il en tranche cinq lacs ;
Le capelier un dernier ne lui vaut [1],
Tranche la coiffe [2] jusques à la chair vive,
Et contre terre une pièce en abat.
Grand fut le coup, qui le duc étourdit.
Il fût tombé, si Dieu ne l'eût aidé ;
De son destrier le cou en embrassa.
Si le païen eût de nouveau frappé,
Y serait mort le courageus vassal.
Charles de France vient pour le secourir.

CCLXXIX

Naimes le duc en reste plein d'angoisse,
Et le païen de férir moult se hâte.
Charles lui dit : « Félon, tu le païras ! »
Va le frapper avec son grand courage,

---

1. C'est-à-dire : « le capelier ne lui sert de rien. » — Le *capelier* est une calotte de fer sous le heaume.
2. *Canabeu tranche la coiffe*. — Il s'agit de la *coiffe de mailles*.

L'écu lui fent, contre le cœur lui brise [1],
De son haubert lui déront la ventaille [2] ;
Son grand épié parmi le corps lui passe,
Et mort l'abat ; la selle en reste vide.

CCLXXX

Moult a grand deuil Charlemagne le roi,
Quand le duc Naimes voit blessé devant soi,
Et sur le pré son sang tout clair tomber.
L'empereur Charles à vois basse lui dit :
« Beau sire Naimes, chevauchez avec moi.
Mort est celui qu'en danger vous tenait ;
Je lui ai mis dans le corps mon épié. »
Répont le duc : « Sire, je vous en crois.
Si je survis, grand profit y aurez. »
Se réunissent en tout amour et foi,
Et avec eus tels vingt mille Français,
N'y a celui qui n'y frappe ou n'y taille [3]

CCLXXXI

L'émir païen chevauche par le champ,
En son poing tint son grand épié tranchant.
Il va férir le comte Guineman,
Contre le cœur lui brise l'écu blanc,

---

1. *Le lui brise.*
2. *Ventaille*, partie du haubert qui recouvre le menton.
3. Entendez : « vingt mille Français, tels que pas un d'eus ne s'abstient de frapper. »

De son haubert lui dérompit les pans,
Les deus côtés lui sépare des flancs,
Et mort l'abat de son cheval courant.
Puis a occis Gébouin et Laurent,
Richard le vieus, le seigneur des Normands.
Païens s'écrient : « Précieuse est vaillante ;
Frappez, barons, avons bon défenseur. »

CCIXXXII

Eût fallu voir les chevaliers arabes,
Ceus d'Occiant et d'Argoille et de Bascle !
De leurs épiés bien y frappent et taillent,
Et les Français à céder pied ne songent ;
Beaucoup y meurent et des uns et des autres.
Jusques au soir est forte la bataille ;
Des francs barons y a moult grand dommage,
Deuil y aura avant qu'elle s'achève.

CCLXXXIII

Moult bien y frappent Arabes et Français,
Brisent les lances et les épiés fourbis.
Qui lors eût vu écus en pièces mis,
Les blancs hauberts qui eût ouï frémir,
Et les écus sur les heaumes grincer,
Les chevaliers qui lors eût vu tomber,
Hommes crier, contre terre mourir,
De grand douleur pourrait se souvenir.
Cette bataille est dure à soutenir !

Et l'amiral invoqua Apollon,
Et Tervagan, et Mahomet aussi :
« Mes dames-dieus [1], je vous ai moult servis,
Et vos statues toutes ferai d'or fin :
Contre Charlon daignez me secourir ! »
Voici venir son ami Gémalfin,
Tristes nouvelles lui apporte, et lui dit :
« Baligant, sire, vous êtes mal bailli [2],
Perdu avez Malprime votre fils,
Et Canabeu votre frère est occis.
À deus Français bellement en advint [3] :
L'empereur Charles est l'un, ce m'a semblé,
Grand a le corps, bien ressemble marquis,
Blanche a la barbe comme fleur en avril. »
Son heaume en a l'amiral incliné,
Et vers la terre en baisse le visage ;
Si grand deuil a qu'il en pensa mourir.
Il appela Jangleu l'outre-marin.

CCLXXXIV

Dit l'amiral : « Jangleu, venez devant.
Vous êtes preus, votre savoir est grand,
Votre conseil j'ai suivi de tout temps.
Que vous en semble, d'Arabes et de Francs,
Si nous aurons la victoire du champ ? »

---

1. *Mes seigneurs dieus.*
2. On a dit très longtemps : « être mal bailli », pour « être dans une mauvaise situation ».
3. C'est-à-dire : « Ce furent de beaus exploits pour deus Français. »

Et il répont : « Mort êtes, Baligant !
Les vôtres dieus ne vous seront garants[1].
Charles est fier, et ses hommes vaillants ;
Onques ne vis de gens si combattants.
Mais engagez les barons d'Occiant,
Turcs et Enfrons, Arabes et Géants.
Ce qu'être en doit, ne l'allez retardant[2]. »

CCLXXXV

L'amiral a sa barbe dehors mise[3],
Tout aussi blanche comme fleur en épine.
Quoi qu'il arrive, ne se veut cacher mie,
Met à sa bouche une claire trompette,
La sonne clair, que ses païens l'ouïrent.
Par tout le champ ses troupes se rallient :
Ceus d'Occiant y braiënt et hennissent,
Et ceus d'Argoille comme chiens y glapissent.
Attaquent Francs[4] avec telle furie,
Qu'au plus épais les rompent et divisent :
À ce coup-là en jètent morts sept mille.

CCLXXXVI

Le comte Ogier couardise n'eut onques ;
Meilleur vassal jamais ne vêtit brogne.

---

1. C'est-à-dire : « ne pourront vous sauver. »
2. *Ne retardez pas ce qui doit arriver, finissez-en.*
3. *Par-dessus son haubert.*
4. *Ils attaquent les Français.*

Quand des Français les échelles vit rompre,
Il appela Thierry, le duc d'Argonne,
Geoffroi d'Anjou et Jusserand le comte,
Moult fièrement au roi Charle il s'adresse :
« Voyez païens, comme ils tuënt vos hommes !
À Dieu ne plaise qu'au chef portiez couronne,
Si n'y frappez pour venger votre honte ! »
N'y a celui qui un seul mot réponde.
Ils éperonnent et lancent leurs chevaus ;
Vont les férir [1] là où ils les rencontrent.

CCLXXXVII

Moult bien y frappe Charlemagne le roi,
Naimes le duc et Ogier le Danois,
Geoffroi d'Anjou, qui l'enseigne tenait.
Moult est vaillant Dam Ogier le Danois [2] ;
Son cheval pique, et le laisse courir,
Frappe celui qui le Dragon tenait,
Ensemble abat sur place devant soi
Et le Dragon et l'enseigne du roi.
Baligant voit son gonfanon tomber,
Et l'étendard de Mahomet à terre ;
Alors un peu l'amiral s'aperçoit
Que il a tort et Charlemagne droit.
Païens Arabes en perdent leur ardeur.

---

1. *Ils vont frapper les païens.*
2. *Dam,* comme *don* en espagnol, est une particule honorable, dérivée de *dominum.*

L'empereur Charles s'adresse à ses Français :
« Dites, barons, pour Dieu vous m'aiderez ! »
Répondent Francs : « À tort le demandez,
Que félon soit qui n'y frappe de cœur ! »

CCLXXXVIII

Passe le jour, et tourne à la vêprée[1],
Francs et païens y frappent de l'épée.
Sont bons vassaus les chefs des deus armées ;
Leurs cris de guerre ne veulent oublier :
L'émir païen Précieuse ! a crié,
Charles : Monjoie ! l'enseigne renommée.
L'un connaît l'autre à sa vois haute et claire.
Emmi le champ tous deus se rencontrèrent,
Se vont férir, grands coups s'entredonnèrent
De leurs épiés sur leurs targes à fleurs ;
Les ont brisées dessous les boucles larges.
De leurs hauberts les pans ils abattirent,
Mais en les corps mië ne se touchèrent.
Les sangles cassent, et les selles versèrent ;
Tombent les rois, à terre se trouvèrent.
Rapidement sur leurs pieds se levèrent,
Moult fièrement leurs épéës tirèrent.
Cette bataille ne peut être arrêtée,
Sans homme mort ne peut être achevée.

---

1. C'est-à-dire : « le soir s'avance. » On connaît encore le mot *vêprée*, grâce à Ronsard.

CCLXXXIX

Moult est vassal Charles de France douce,
Mais l'amiral ne le craint ni redoute :
« Mort as mon fils[1], dit alors Baligant,
Et mon pays à grand tort me disputes.
Deviens mon homme, et en fief te le donne. »
Leurs deus épées toutes nuës ils montrent,
Sur les écus moult grands coups s'entredonnent,
Tranchent les cuirs et les bois qui sont doubles[2],
Tombent les clous et se brisent les boucles ;
Puis ont frappé nu à nu sur leurs brognes,
Des heaumes clairs le feu en étincèle.
Cette bataille point ne peut s'arrêter,
Jusque[3] l'un d'eus son tort y reconnaisse.

CCXC

Dit l'amiral : « Charles, bien réfléchis,
Et prens parti que vers moi te repentes.
Mort as mon fils, je l'appris par mes gens ;
À moult grand tort mon pays me veus prendre.
Deviens mon homme, en fief le te veus rendre ;
Viens me servir d'ici qu'en Orient. »
Charles répont : « Moult grand honte serait !
Pais ni amour à païen ne dois rendre.

---

1. *Mort as* = *tu as tué*.
2. Il s'agit du bois du bouclier.
3. *Jusque* = *jusqu'à ce que*.

Reçois la loi que Dieu nous recommande,
Chrétïenté ; alors je t'aimerai ;
Puis, sers et crois le Roi omnipotent ! »
Dit Baligant : « Mauvais sermon commencès. »
Lors vont férir des épéës qu'ont ceintes.

CCXCI

Cet amiral est moult de grande force ;
Il frappe Charles sur le heaume d'acier,
Dessus la tête il le lui a fendu,
Sur les cheveus a l'épée abattu,
Prent [1] de la chair grand pleine paume et plus ;
À cet endroit demeure l'os tout nu.
Charles chancèle, peu s'en faut qu'il n'ait chu,
Mais Dieu ne veut qu'il soit mort ni vaincu.
Saint Gabriel est revenu vers lui,
Et lui demande : « Roi Magne, que fais-tu ? »

CCXCII

Quand Charle ouït la sainte vois de l'ange,
N'a plus ni peur ni de mort nulle crainte ;
Reprent vigueur et recouvre ses sens.
L'émir il frappe de l'épéë de France :
Le heaume brise où les gemmes reflambent [2],
Tranche la tête d'où cervelle s'épanche,
Et le visage jusqu'à la barbe blanche,

1. *Il enlève, il coupe.*
2. *Flamboyent.*

Mort il l'abat sans qu'y ait nul recours.
« Montjoie! » il crie, pour qu'on le reconnaisse.
À ce signal venu est le duc Naimes,
Prent Tencendeur, le roi Magne y remonte.
Païens s'en tournent, ne veut Dieu qu'ils demeurent.
Or ont Français tout ce qu'ils demandaient.

PRISE DE SARAGOSSE

CCXCIII

Païens s'enfuient, comme Dieu l'a voulu ;
Les suivent Francs et l'empereur avec.
Ce dit le roi : « Seigneurs, vengez vos deuils,
Et soulagez vos désirs et vos cœurs !
Car ce matin vous vis pleurer des yeus. »
Répondent Francs : « Sire, bien il le faut. »
Chacun y frappe aussi grands coups qu'il peut ;
Peu s'en sortirent de ceus qui furent là.

CCXCIV

Grand est le chaud, se lève la poussière.
Païens s'enfuient, et Français les talonnent ;
La fuite dure jusques à Saragosse.
Dessus sa tour montée est Bramimonde,
Et avec elle ses clercs et ses chanoines
De fausse loi [1], que Dieu jamais n'aima ;

---

1. *De fausse loi*, c'est-à-dire *de fausse religion*.

Ordres n'ont pas¹ ni sur leurs chefs tonsures.
Quand elle vit Arabes en déroute,
Hautement crie: « Malheureus que nous sommes!
Eh! noble roi, nos hommes sont vaincus,
Et l'amiral honteusement occis! »
L'entent Marsile, vers la paroi se tourne,
Pleure des yeus, toute sa tête incline,
Meurt de douleur; comme péché l'accable,
Il a donné aus diables son âme.

CCXCV

Païens sont morts, ou bien tournés en fuite,
Et Charles a sa bataille vaincue.
De Saragosse a la porte abattue:
Or sait-il bien qu'inutile sera.
Prent la cité, sa gent y est venue,
Et par conquête cette nuit y couchèrent.
Fier est le roi à la barbe chenue,
Et Bramimonde les tours lui a rendues:
Les dis sont grandes, les cinquante menues.
Bien réussit celui que Dieu protège!

CCXCVI

Passe le jour, la nuit s'est assombrie,
Claire est la lune, et les étoiles brillent;
L'empereur Charles a Saragosse prise.
Par mil Français fait parcourir la ville,

---

1. C'est-à-dire : « ils n'ont pas reçu les ordres. »

Les synagogues et les mahomeries ;
À coups de mails et de fortes cognées,
Brisent les murs et toutes les idoles ;
N'y resteront ni sorts ni menteries.
En Dieu croit Charles, faire veut son service,
Et ses évêques déjà les eaus bénissent,
Mènent païens jusques au baptistère ;
S'il s'en trouve un qui Charle en contredise [1],
Il le fait pendre ou brûler ou occire.
Baptisés sont beaucoup plus de cent mille
Vrais chrétiens, mais la reine est hors mise ;
Charles en France la mènera captive :
De bon gré veut qu'elle se convertisse.

RETOUR EN FRANCE, ET MORT DE LA BELLE AUDE

CCXCVII

Passe la nuit, apparaît le clair jour.
De Saragosse Charles garnit les tours,
Mil chevaliers y laissa bons guerriers ;
Gardent la ville au nom de l'empereur.
Monte [2] le roi, et tous ses chevaliers,
Et Bramimonde qu'il mène prisonnière :
Mais il ne veut lui faire que du bien.
Ils s'en retournent en joie et en liesse,

---

1. C'est-à-dire : « qui refuse de se convertir. »
2. *Monte à cheval.*

Narbonne emportent par force et par vigueur,
À Bordeaux viennent, la cité de valeur.
Dessus l'autel du moutier saint Sevrin
L'olifant mettent, plein d'or et de mangons [1];
Les pèlerins bien le voient qui là vont.
Passent Gironde sur grandes nefs qu'y trouvent;
Charles conduit à Blaye son neveu,
Et Olivier son noble compagnon,
Et l'archevêque qui fut et sage et preus.
En blancs cercueils fait mettre les seigneurs,
À Saint-Romain, là gisent les barons :
Les Francs à Dieu recommandé les ont.
Charles chevauche par les vals et les monts,
Jusques à Aix ne veut prendre séjour.
Tant chevaucha qu'il descent au perron,
Et, quand il est monté dans son palais,
Par ses messages il mande tous ses juges [2],
Lorrains, Saxons, Bavarois et Frisons,
Allemands mande, et mande Bourguignons,
Et Poitevins et Normands et Bretons,
De ceus de France les plus sages qu'y soient.
Dès lors commence le plaid [3] de Ganelon.

CCXCVIII

L'empereur Charles est retourné d'Espagne,
Et vient à Aix, meilleur siège de France;

---

1. Les *mangons* sont une espèce de monnaie.
2. *Les juges de sa cour.*
3. *Plaid = jugement.*

Monte au palais, est venu dans la salle.
Voici venir Aude, une belle dame ;
Ce dit au roi : « Où est Roland le comte,
Qui me jura me prendre pour compagne ? »
Charles en a et douleur et souffrance,
Pleure des yeus, tire sa barbe blanche :
« Sœur, chère amie, d'homme mort tu me parles.
Mais tu auras bon baron en échange :
Louis te donne, meilleur n'en sais en France ;
Il est mon fils, et il tiendra mes Marches [1]. »
Aude répont : « Je ne vous comprens point.
Ne plaise à Dieu, ni ses saints, ni ses anges,
Après Roland que demeure vivante ! »
Pert la couleur, tombe aus pieds du roi Charles,
Sitôt est morte. Dieu ait merci de l'âme !
Français barons en pleurent et la plaignent.

CCXCIX

Aude la belle est à sa fin allée.
Pense le roi qu'elle se soit pâmée ;
Pitié en a, en pleure l'empereur,
La prent aus mains, de terre l'a levée :
Sur les épaules la tête est retombée.
Quand Charles voit que morte l'a trouvée,
Quatre comtesses sitôt y a mandées ;
À un moutier de nonnains est portée,
La nuit la veillent jusques au point du jour.

---

1. Nous avons déjà vu *marches* dans le sens général de *pays*.

Près d'un autel bellement l'enterrèrent,
Moult grand honneur le roi lui a donné.

PROCÈS ET CHÂTIMENT DE GANELON

CCC

L'empereur Charles est retourné à Aix,
Et Ganelon, mis en chaînes de fer,
En la cité est devant le palais.
À un poteau l'ont attaché les serfs,
Les mains lui lient à courroiës de cerf,
À coups de cordes et de bâtons le battent :
N'a mérité qu'autre salaire y ait.
En grand douleur là il attent son plaid.

CCCI

Il est écrit en l'ancienne geste
Que Charles mande hommes de plusieurs terres.
Assemblés sont à Aix à la chapelle ;
C'était grand jour, et c'était haute fête,
Celle, dit-on, du baron saint Silvestre.
Dès lors commence le plaid et le procès
De Ganelon, qui trahison a faite.
L'a fait traîner devant soi le roi Charles.

CCCII

« Seigneurs barons, ce dit Charles le roi,
De Ganelon me jugerez le droit !

Fut à l'armée en Espagne avec moi,
Il m'enleva vingt mille de mes Francs,
Et mon neveu que jamais ne verrez,
Et Olivier, le preus et le courtois ;
Les douze pairs a trahis pour de l'or. »
Dit Ganelon : « Bien dirai vérité !
En mon avoir Roland m'avait fait tort,
Et je cherchai et sa perte et sa mort.
Mais trahison n'en reconnais aucune. »
Répondent Francs : « Nous en tiendrons conseil. »

CCCIII

Devant le roi là se tint Ganelon :
Corps a gaillard, belle couleur aus joues ;
S'il fût loyal, bien eût semblé baron.
Voit ceus de France, tous les juges du roi,
Et près de lui trente de ses parents ;
Lors s'écria à haute et forte vois :
« Au nom de Dieu, entendez-moi, barons !
Je fus en l'ost avec notre empereur,
Je le servais avec foi et amour.
Or son neveu en grand haine me prit,
Me condamna à mort et à douleur :
Envoyé fus au roi Marsilion [1],
Perdu j'étais si je n'avais su faire !
Je défiai Roland le combattant,

---

1. C'est-à-dire : « il me condamna à mort en me faisant envoyer vers Marsile. »

Et Olivier et tous leurs compagnons :
L'entendit Charles et ses nobles barons.
Vengé m'en suis, mais n'y a trahison. »
Répondent Francs : « À conseil en irons. »

CCCIV

Ganelon voit que son grand plaid commence,
De ses parents avait près de lui trente :
Y en a un que les autres écoutent,
C'est Pinabel du château de Sorence.
Bien sait parler, belles raisons donner,
Et il est bon pour ses armes défendre.
Ganelon dit : « En vous j'ai confiance,
Délivrez-moi de mort et de danger. »
Dit Pinabel : « Je m'en vais vous sauver.
S'il est Français qui vous condamne à pendre,
En quelque endroit qu'aus prises l'on nous mette,
À coups d'épée il sera démenti. »
Et Ganelon à ses pieds s'est jeté.

CCCV

Normands, Français, sont entrés en conseil,
Et Poitevins, Saxons et Bavarois ;
Beaucoup y a d'Allemands et Thiois ;
Sont ceus d'Auvergne les plus conciliants,
Pour Pinabel se montrent plus courtois,
Dit l'un à l'autre : « Mieus vaut en rester là.
Laissons le plaid, et demandons au roi

Que Ganelon acquitte cette fois;
Puis, qu'il le serve avec amour et foi.
Mort est Roland, plus ne le reverrez,
Ne reviendra pour or ni pour avoir [1].
Moult serait fou qui pour lui se battrait. »
Pas un n'y a qui ce conseil n'approuve,
Hors seul Thierry, le frère de Geoffroi.

CCCVI

À Charlemagne retournent ses barons,
Disent au roi : « Sire, nous vous prions
Que clamiez quitte le comte Ganelon,
Puis qu'il vous serve avec foi et amour;
Laissez-le vivre, car moult est gentilhomme.
Mort est Roland, plus ne le reverrons,
Pour rien au monde ne le recouvrerons. »
Ce dit le roi : « Vous êtes mes félons ! »

CCCVII

Quand Charles voit que tous lui ont failli,
Il a baissé la tête et le visage;
Du deuil qu'il a durement se lamente,
Mais devant lui voici que vient Thierry,
Frère à Geoffroy, à un duc angevin :
Maigre eut le corps, et grêle et allongé,
Noirs les cheveus et un peu brun le front;
N'est guère grand, mais trop n'est point petit.

---

1. C'est-à-dire : « rien au monde ne pourra le faire revenir. »

Courtoisement à l'empereur a dit :
« Beau sire roi, n'ayez point de souci !
Bien vous savez que moult vous ai servi ;
Par mes ancêtres j'ai le doit d'être ici.
Quoi que Roland à Ganelon ait fait,
Votre service l'aurait dû protéger.
Mais Ganelon, le félon, l'a trahi,
Et il s'en est devant vous parjuré.
Mon jugement est qu'on le pende et tue,
Et que son corps en soit jeté aus chiens,
Comme félon qui félonië fit.
S'il a parent m'en veuille démentir,
Avec l'épée, que j'ai ceinte au côté,
Mon jugement suis prêt à soutenir. »
Répondent Francs : « Moult vous avez bien dit. »

CCCVIII

Devant le roi est venu Pinabel.
Est grand et fort, courageus et agile :
Celui qu'il frappe a bien fini son temps.
Il dit au roi : « Sire, vôtre est le plaid [1] ;
Commandez donc que tel bruit il n'y ait [2].
Je vois Thierry qui jugement a fait ;
Je le démens, contre lui m'en battrai. »
Remet à Charles son gant de peau de cerf.
Dit l'empereur : « Otages donnerez. »
Trente parents le sont pour Pinabel [3].

1. C'est-à-dire : « Nous sommes devant votre tribunal. »
2. Il s'agit du bruit que font les barons qui approuvent Thierry.
3. C'est-à-dire : « servent d'otages pour Pinabel. »

Ce dit le roi : « De moi vous en aurez. »
Les fait garder, tant que le droit soit fait [1].

CCCIX

Quand voit Thierry qu'il y aura bataille,
Son dextre gant il en présente à Charles.
L'empereur Charles pour lui fournit otages,
Puis fait porter quatre bancs sur la place :
Là vont s'asseoir ceus qui doivent combattre.
Bien sont cités, au jugement des autres [2] ;
Tout a réglé Ogier de Danemarke.
Alors demandent leur chevaus et leurs armes.

CCCX

Depuis qu'entre eus bataille est décidée,
Sont confessés et absous et bénis ;
Entendent messe et ont communié,
Grandes offrandes donnent pour les moutiers.
Devant le roi tous deus sont retournés ;
Leurs éperons ont à leurs pieds chaussé,
Vêtent hauberts blancs et forts et légers,
Leurs heaumes clairs ont lacé sur leurs têtes,
Ceignent épées à la garde d'or pur,
À leurs cous pendent leurs écus à quartiers,
En leurs poings droits ont leurs tranchants épiés,

1. C'est-à-dire : « jusqu'à l'issue du combat judiciaire. »
2. C'est-à-dire : « les autres reconnaissent que la citation, l'assignation, est régulière, que les formalités ont été remplies pour le duel judiciaire. »

Puis sont montés sur leurs courants destriers.
Alors pleurèrent cent mille chevaliers,
Qui, pour Roland, de Thierry ont pitié.
Dieu sait assez comment la fin sera.

CCCXI

Au-dessous d'Aix est la plaine moult large.
Des deus barons la bataille s'engage ;
Ils sont vaillants et de très grand courage,
Et leurs chevaus sont courants et rapides :
Les piquent bien, toutes les rênes lâchent.
À grande force s'en vont férir l'un l'autre,
Leurs deus écus ils y brisent et cassent,
Leurs hauberts rompent et leurs sangles éclatent ;
Les selles tournent, ils tombent sur la place.
Et cent mille hommes pleurent, qui les regardent.

CCCXII

À terre sont tous deus les chevaliers,
Mais promptement se dressent sur leurs pieds.
Pinabel est fort, rapide et léger.
L'un presse l'autre, plus ils n'ont de destriers ;
De leurs épées, à la garde d'or pur,
Frappent et taillent sur les heaumes d'acier,
Grands sont les coups pour les heaumes trancher.
Moult se lamentent les Français chevaliers.
« Eh ! Dieu, dit Charles, le bon droit nous montrez ! »

CCCXIII

Dit Pinabel : « Thierry, à moi rens-toi !
Serai ton homme par amour et par foi,
À ton plaisir te donnerai de l'or ;
Mais Ganelon accorde avec le roi. »
Répont Thierry : « Point n'en tiendrai conseil[1] ;
Maudit je sois si j'accepte ce don !
Que Dieu déclare entre nous deus le droit ! »

CCCXIV

Ce dit Thierry : « Pinabel, moult es preus,
Et grand et fort, et ton corps bien moulé,
Pour ton courage te connaissent tes pairs :
Cette bataille si veus abandonner,
Avec le roi te ferai accorder ;
Mais on fera du traître tel justice,
Ne sera jour où il n'en soit parlé[2]. »
Dit Pinabel : « Ne plaise à Dame-Dieu[3] !
Soutenir veus toute ma parenté.
Ne céderai pour nul homme mortel[4] ;
Mieus veus mourir que d'en avoir reproche. »
De leurs épées commencent à frapper
Dessus les heaumes qui sont à or gemmés,

---

1. C'est-à-dire : « je n'hésite pas. »
2. C'est-à-dire : « quant à Ganelon, on en fera telle justice qu'il n'y aura pas un jour où on n'en parle. »
3. *Au Seigneur Dieu.*
4. *Je ne céderai pour rien au monde.*

Contre le ciel en vole le feu clair [1].
Ne peut se faire que séparés ils soient [2] :
Sans homme mort ne peut être fini [3].

CCCXV

Moult était preus Pinabel de Sorence.
De Thierry frappe le heaume de Provence,
Jaillit le feu, et l'herbe en fait s'éprendre [4] ;
Du brant d'acier la pointe lui présente,
Dessus le front tout le heaume il lui tranche,
Par le visage fait la pointe descendre,
La dextre joue en a toute sanglante.
Le haubert fent jusques au haut du ventre ;
Mais Dieu empêche que mort il ne l'abatte.

CCCXVI

Ce voit Thierry qu'au visage est blessé,
Le sang tout clair sur l'herbe en a coulé.
Lors Pinabel il frappe sur le heaume,
Jusqu'au nasal l'a brisé et fendu,
Du chef lui a le cerveau répandu,
Brandit son coup, et l'a mort abattu.
Par ce grand coup est le combat vaincu.

---

1. C'est-à dire : « les étincelles, que les coups font jaillir des casques, volent vers le ciel. »
2. C'est-à-dire : « il est désormais impossible de les séparer. »
3. C'est-à-dire : « cela ne peut finir sans mort d'homme. »
4. S'enflammer.

Les Francs s'écrient : « Dieu a montré sa force !
Bien juste il est Ganelon soit pendu,
Et ses parents qui plaidé ont pour lui[1]. »

CCCXVII

Quand a Thierry achevé sa bataille,
Venu y est le grand empereur Charles,
Et avec lui de ses barons sont quatre :
Naimes le duc, Ogier de Danemarke,
Geoffroi d'Anjou et Guillaume de Blaye.
Le roi a pris Thierry entre ses bras,
Au front l'essuie de ses grands peaux de martre ;
Puis il les quitte, et il en revêt d'autres.
Moult doucement le chevalier désarment[2],
Monter l'ont fait sur une mule arabe.
Il s'en retourne en joie et en triomphe.
Viennent à Aix, descendent sur la place ;
Alors commence le supplice des autres.

CCCXVIII

Charles appèle ses comtes et ses ducs :
« Que dois-je faire de ceus qu'ai retenus ?
Pour Ganelon étaient au plaid venus,
Pour Pinabel garants se sont rendus. »
Répondent Francs : « Il n'en doit survivre un. »

1. *Plaider* a ici le sens de « paraître au plaid comme garant ».
2. *On désarme le chevalier.*

Le roi commande un sien viguier Bàbrun :
« Va, pens-les tous à l'arbre au mauvais bois !
Par cette barbe, dont les poils sont chenus,
S'il en échappe un seul, tu es perdu. »
Il lui répont : « Qu'en ferais-je de plus ? »
Par cent sergents il les fait emmener ;
Trente y en a qui bientôt sont pendus.
Tel qui trahit se pert avec autrui[1].

CCCXIX

Puis sont partis Bavarois, Allemands,
Et Poitevins et Bretons et Normands.
Plus que tous autres ont approuvé les Francs
Que Ganelon ait merveilleus tourment.
Quatre destriers font amener devant,
Puis ils lui lient et les pieds et les mains.
Les chevaus sont orgueilleus et courants ;
Quatre sergents les guident en avant
Emmi un champ où est une jument.
Là Ganelon trouve cruelle mort :
Tous ses nerfs sont tendus et étirés,
Et tous les membres de son corps sont brisés ;
Sur l'herbe verte s'en répant le clair sang.
Ganelon meurt comme un lâche félon :
Jamais ne puisse un traître se vanter !

---

1. C'est-à-dire : « quand on trahit, on amène sa propre perte et celle d'autrui. »

CCCXX

Quand l'empereur a faite sa vengeance,
Il appela les évêques de France,
Ceus de Bavière et tous ceus d'Allemagne :
« En ma cour est une captive franche[1] ;
Tant a ouï et sermons et exemples,
Veut croire en Dieu, chrétïenté demande.
Baptisez-la, pour que Dieu en ait l'âme. »
Ils lui répondent : « Donnez-lui pour marraines
Dames moult nobles et de très haut parage. »
Aus bains à Aix moult est grande la foule :
Là baptisèrent cette reine d'Espagne ;
Trouvé lui ont le nom de Julienne,
Chrétïenne est de gré et par croyance.

CCCXXI

Quand l'empereur a faite sa justice,
Et éclaircie est la sienne grande ire,
En Bramimonde a chrétïenté mise.
Passe le jour, la nuit s'est assombrie,
Le roi se couche en sa chambre voûtée.
Saint Gabriel de par Dieu lui vint dire :
« Charles, convoque les osts de ton empire,
En force iras dans la terre de Bire,
Roi Vivien tu secourras dans Imphe,

---

1. *Franche* = *de race noble.*

Dans la cité que les païens assiègent.
Les chrétïens te réclament et crient. »
L'empereur Charles n'y voudrait aller mie :
« Dieu ! dit le roi, si peineuse est ma vie ! »
Pleure des yeus, sa barbe blanche tire.

Finit la geste que Turoldus décline[1].

---

1. Le sens du verbe *décliner* est tellement incertain ici, qu'on ne sait s'il s'agit de l'auteur, du copiste ou du jongleur.

AIMERI DE NARBONNE

La chanson de geste d'*Aimeri de Narbonne*, ou du moins la rédaction qui nous en est parvenue, date du commencement du xiiie siècle. L'auteur de cette rédaction paraît être Bertrand de Bar-sur-Aube, suivant une ingénieuse conjecture de M. Gaston Paris. *Aimeri* a été publié pour la première fois en 1887, dans la collection de la *Société des anciens textes français*. Mais, en 1843, M. Jubinal avait inséré dans une nouvelle, intitulée le *Château de Dannemarie*, un résumé assez étendu du commencement de la chanson[1]. C'est ce résumé que Victor Hugo a connu, et qu'il a imité dans *Aymerillot*. Quand on compare la chanson de geste avec l'imitation de Victor Hugo, on est frappé de certaines différences et de plus d'un contresens, dont M. Jubinal est presque toujours responsable[2].

Nous omettons les cent vingt-quatre premiers vers, qui constituent une sorte de prologue peu intéressant et qui ne se trouvaient pas d'ailleurs, selon toute vraisemblance, dans la chanson de geste sous sa forme primitive.

---

1. Voyez l'édition de la *Société des anciens textes*, due à M. Demaison, t. I, p. cccxxix.
2. Voyez le texte de Jubinal à la fin du présent volume.

CHARLEMAGNE DEVANT NARBONNE[1]

IV

... Charles revient vers France la puissante,
Dolent et triste, de ce ne doutez mie.
Français retournent, chacun fort se lamente ;
Bien semblent gens qui moult sont harassés.
Charles chevauche derrière ses barons,
Sous lui avait un mulet de Syrie ;
Aus douze pairs il songe, mine basse,
Et pour leurs âmes demande à Jésus-Christ
Que il les mette en éternelle vie :
« Neveu, dit-il, votre âme soit sauvée,
En paradis couronnée et fleurie !
Que vais-je dire en France la puissante,
À Saint-Denis, en la grande abbaye ?
J'y trouverai belle chevalerie :
Ils s'enquerront de la grand baronnie [2]
Que en Espagne je menai d'ardeur pleine.
Et que dirai-je, dame Sainte-Marie,
Hors [3] qu'en Espagne est morte et enfouie ?
— Sire, dit Naimes, ne dites tel folie.
Rien ne vous sert le deuil que vous menez :
Morts sont les comtes, ne les recouvrerez.

---

1. Les chrétiens et les Sarrasins se sont longtemps disputé la possession de Narbonne ; c'est le seul fondement historique de notre chanson.
2. *Baronnie*, ici *réunion de barons*.
3. *Hors = si ce n'est*.

Que Dieu maudisse le traître Ganelon !
— Certes, dit Charles, il a France honni !
Quatre cents ans et plus après ma vie,
De la vengeance on dira la chanson. »
Alors se taisent et poursuivent leur route
   Charle et ses compagnons.

V

Grand fut le deuil que m'entendez conter,
Que démenaient les barons et les pairs.
Avec tous ceus qu'il a pu ramener,
S'en retournait le baron Charlemagne ;
Notre empereur, descendant la montagne,
Comme il devait un haut tertre monter,
Devers la droite se prit à regarder.
Entre deus roches, près d'un golfe de mer,
Dessur un mont se dressait une ville,
Que Sarrasins avaient fait entourer.
Bien était close de murs et contreforts ;
Jamais plus forte ne vit-on élever.
De loin ils virent contre le vent branler
Ifs et viornes qu'on avait fait planter ;
Rien plus plaisant nul n'eût pu regarder.
Vingt tours étaient faites de liais clair ;
Une, au milieu, était moult à louer.
N'est homme au monde, si bien sache parler [1],
Qui ne devrait un jour d'été user,

---

1. *Si bien qu'il sache s'exprimer.*

S'il voulait bien toute l'œuvre conter,
Que païens firent pour cette tour dresser.
Tous les créneaus furent de plomb scellés ;
Les meurtrières, de l'arc hors de portée.
Tout au sommet du grand palais princier,
Fut un pommeau de fin or d'outre-mer :
Une escarboucle on y avait fixée,
Qui flamboyait et reluisait moult clair,
Comme soleil qui se lève au matin.
Par nuit obscure, sans mensonge conter,
De quatre lieues la peut-on regarder.
D'une part est la grève de la mer,
D'autre part l'Aude au cours impétueus,
Qui leur amène tout ce qu'on peut penser.
Sur grands chalands, que là font aborder,
Les marchands font les richesses porter,
Dont la cité si largement garnissent
Que rien n'y manque qu'on puisse désirer,
Qui soit utile et puisse aus hommes plaire.
Le roi se prent la ville à regarder,
Et dans son cœur à moult la convoiter.
Son féal Naimes il en a appelé :
« Beau sire Naimes, dit Charles le baron,
Dites-moi vite, et ne le me celez,
Qui est seigneur de si louable ville ?
Celui qui l'a se peut très bien vanter
Qu'en tout le monde elle n'a sa pareille ;
Ne craint[1] voisin qui puisse l'offenser.

---

1. *Il ne craint pas.*

Mais, par l'apôtre que l'on doit adorer !
Ceus qui en France s'en voudront retourner,
Par cette porte il leur faudra passer ;
Car je vous dis, en pure vérité,
Que conquérir je veus cette cité
    Avant que j'aille en France. »

VI

Naimes entent Charlemagne le roi,
Qui ses barons a mis en tel émoi.
Il lui a dit à part tout bellement :
« Sire, fait-il, par Dieu ! j'entens merveilles [1],
Jamais n'ouïs si grande déraison !
Mais bien sachez, par la foi qu'on vous doit,
Si vous voulez la cité que je vois,
Jamais nulle autre si cher ne vous coûta.
N'y a si forte jusqu'au val de Martroi ;
Ne craint assaut, machine ni pierrière.
Celui qui l'a, tient dedans avec soi
Vingt mille Turcs qui mènent grand orgueil ;
Chacun d'eus a et armes et harnois,
Point ne redoutent ni siège ni combat.
Et tous nos hommes sont si las, par ma foi,
Que trois d'entre eus ne valent une femme.
Vous n'avez prince, baron, comte ni roi,
Qui ait envie d'assaut ni de tournoi ;
Ils n'ont destrier, mulet ni palefroi

---

1. *J'entens des propos étranges.*

Qui, au besoin, valût quoi que ce soit,
Car ils n'ont rien mangé que paille et herbe.
De tous vos hommes n'avez aucun, je crois,
Qui porter puisse ni armes ni harnois,
Tant ils ont eu de fatigue et de peine.
Droit empereur, je le dis quant à moi,
Je voudrais être, par la foi qu'on vous doit,
   Au pays de Bavière! »

VII

Quand Charlemagne entent Naimes parler,
Plein de courrous il est tout hors de lui.
Plus furieus que sanglier, il dit :
« Beau sire Naimes, qu'il n'en soit plus parlé !
Mais, par le nom du Roi de majesté,
Je n'entrerai au royaume de France
Qu'après avoir conquise la cité.
Allez-vous-en, si tel est votre gré;
Mais, par le nom du grand saint Honoré,
Qu'on parte ou non, moi, je demeurerai.
— Sire, dit Naimes, pour l'amour du bon Dieu !
Ayez pitié de votre baronnage[1],
Que tant avez fatigué et lassé.
Laissez en pais, sire, cette cité :
De votre vie nul jour vous ne l'aurez,
Si Dieu ne fait miracle en sa bonté.
Je vous dirai toute la vérité :

1. *De vos barons.*

Plus que vous sont les païens avisés,
Leur chemin ont dessous terre creusé,
Et par là vite ils peuvent s'en aller
À Saragosse, s'ils en ont volonté,
Et vers Toulouse ils ont chemin pavé,
Et vers Orange, qui tant a de fierté,
D'où promptement secours amèneraient,
Si vous aviez assiégé la cité. »
Charles l'entent, il est bouleversé.
Il l'interront et lui a demandé :
« Beau sire Naimes, quel nom a la cité?
— Sire fait-il, ne vous sera celé.
Narbonne a nom [1], c'est pure vérité,
Car je m'en suis enquis et informé.
N'est en ce monde si puissante ferté [2],
Plus de vingt toises sont larges les fossés,
Et tout autant sont en profond creusés ;
Le flot de mer court parmi ces fossés.
D'Aude la grande, sachez en vérité,
De tous côtés le mur est entouré :
Par là arrivent les grands dromons ferrés,
Et les galères de richesses chargées,
Qui font puissants les gens de la cité.
Quand de la porte ont le verrou fermé,
Que le portier a le pont relevé,
Lors peuvent être en toute sûreté,

---

1. *Elle a nom Narbonne.*
2. *Ferté*, vieus mot qui signifie « forteresse », et qui s'est conservé dans quelques noms de lieus, tels que la Ferté-sous-Jouarre.

Car ils ne craignent homme de mère né.
Ne les prendrait toute chrétïenté[1]. »
Charles l'entent, lance un éclat de rire :
« Par le Seigneur ! Que c'est bien rencontré,
Dit l'empereur au grand cœur éprouvé,
Est-ce Narbonne dont l'on m'a tant conté,
Qui toute Espagne passe par sa fierté[2] ?...
Naimes, dit-il, qui tient cette ferté ?
— Au nom de Dieu, sire, je le dirai.
C'est Baufumé et le roi Desramé,
Et Agolant et Dromon le barbu,
Et avec eus vingt mil païens armés,
Qui ne croient point au Roi de majesté,
    Ni à sainte mère. »

VIII

Dit l'empereur : « La tiendrez-vous de moi ?
— Sire, dit Naimes, non certes, par ma foi !
Car ils ont trop d'orgueil et d'arrogance,
Ils ne vous prisent la valeur d'un denier.
Pour que l'ayez, par la foi qu'on vous doit,
Vous y seriez un an, bien je le crois.
— Naimes, dit Charles, par notre foi en Dieu !
Je livrerai à ces gens tel tournoi,
Ni mur ni tour ne les en défendra.
Avant d'aller en France, où aller dois,

---

1. *Tous les chrétiens réunis.*
2. *Qui surpasse toute l'Espagne en fierté.*

Mettrai chez eus la chrétïenne loi.
Un de mes pairs j'y laisserai, je crois,
  Qui m'en rendra l'hommage. »

IX

Charles le roi était de très grand cœur...
Lors imagine un merveilleus projet,
Qu'à un des pairs de très grande vaillance
Il donnera la ville et le pays,
Pour en garder la terre et le rivage ;
Lui en fera féauté et hommage.
Il fait venir comte de haut parage ;
Son nom est Dreux, on le tenait pour sage.
Quand il l'a vu, Charles au fier visage
  Aimablement lui parle.

X

« Venez vers moi, vous, Dreux de Mondidier.
Vous êtes fils de noble chevalier,
On vous doit bien aimer et avoir cher.
Tenez Narbonne, je vous la veus laisser,
Toute la terre sous vos lois vous aurez
Du Narbonnais jusques à Montpellier. »
Quant il l'entent, moult en est courroucé :
« Sire, fait-il, point ne l'ai demandée.
Que le dïable la puisse culbuter !
Foi qu'on vous doit ! avant un mois entier,
En mon pays je veus être rentré.

Je m'y ferai bien soigner et baigner,
Car je suis las, ne me puis plus aider,
J'aurais besoin de beaucoup de repos.
Droit empereur, ne le vous veus cacher,
Je n'ai cheval, palefroi ni destrier,
Qui ne soit bon, sans plus, à écorcher.
Quant à moi-même, y a d'un an bien près
Que n'ai trois nuits sans mon haubert couché ;
Je n'ai cessé d'aller et guerroyer,
Et de peiner et mon corps harasser.
Or vous m'offrez Narbonne à gouverner,
Qu'encore tiennent de païens vingt milliers !
Qu'un autre l'ait, roi au visage fier,
    Car je n'en ai que faire. »

XI

Dit l'empereur à la barbe fleurie :
« Venez vers moi, Richard de Normandie,
Vous êtes duc de haute seigneurie,
Vous êtes plein de grand chevalerie.
Tenez Narbonne, prenez en la baillie [1],
Et recevez de moi la riche terre.
Tant qu'en mon corps je garderai la vie,
Vous n'en perdrez la valeur d'une alise. »
Richard l'entent, durement s'en irrite :
« Sire, fait-il, vous parlez de folie.
Tant suis resté dans la terre haïe

---

1. *Le gouvernement.*

Que toute en ai la chair teinte et blêmie ;
Depuis que suis chez les païens venu,
Je n'ai été sept jours sans cotte à mailles.
Mais, par l'apôtre que l'on invoque et prie !
Pourvu que je retourne en Normandie,
Ne me soucie des domaines d'Espagne,
Ni de tenir Narbonne en seigneurie.
Qu'un autre l'ait, car je ne la veus mie ;
   Le feu d'enfer la brûle ! »

XII

L'empereur Charles tenait la tête basse,
De voir ces comtes, de si noble lignage,
Sans hésiter qui refusent Narbonne.
Lors il appèle Hoel de Cotentin,
Haut chevalier et comte palatin :
« Venez vers moi, comte de franc lignage,
Tenez Narbonne et son palais de marbre ;
À vous seront mil chevaliers soumis.
S'il plaît à Dieu, qui changea l'eau en vin,
Plus ne l'auront païens ni Sarrasins. »
Hoel l'entent, il a baissé la tête :
« Droit empereur, dit-il, par saint Martin !
Les Narbonnais ne m'auront pour voisin.
J'ai tant porté haubert à double maille,
Et couché tard et levé très matin,
Que j'ai le corps tout noir sous mon hermine.
Or vous m'offrez Narbonne et tout son train,
Qu'encore tiennent vingt mille Sarrasins

Qui ne vous craignent la valeur d'un ferlin[1] !
Me donnât-on le trésor de Pépin,
 Je ne tiendrais Narbonne. »

XIII

Charles le roi fut plein d'anxiété,
Quand lui faillirent ses comtes, ses barons.
Il en appèle Girard de Roussillon :
« Venez vers moi, dit le roi, noble comte.
Tenez Narbonne, je vous en fais le don. »
Quand il l'entent, il baissa le menton,
Puis bellement et l'air calme il répont :
« Droit empereur, vous parlez vainement.
Depuis un an et plus, bien le savons,
Sommes venus en cette région ;
Depuis, je n'ai couché dedans maison,
Mais par les champs, dedans mon pavillon,
Toujours vêtu de mon haubert à mailles.
Par chaud, par froid, et en toute saison,
Vous ai servi, piquant des éperons ;
J'en ai la chair noire comme charbon.
Or vous m'offrez Narbonne et son royaume,
Qu'encore tiennent vingt mil païens félons,
Qui ne vous craignent la valeur d'un bouton !
À d'autres faites de Narbonne le don ;
N'y resterais pour l'or de Salomon,
 J'ai tant de terre ailleurs ! »

1. Le *ferlin* est le quart d'un denier.

XIV

Plein d'ire fut le fier empereur Charles,
Quand tous refusent la cité de Narbonne.
Lors au duc Eude adresse la parole :
« Venez vers moi, sire duc de Bourgogne,
Et recevez la cité de Narbonne.
— Sire, dit-il, pour Dieu, ne me la donne !
Ne m'aime pas qui me fait pareille offre.
J'ai une terre qui moult est belle et bonne ;
Me fait la guerre un comte d'outre Saône,
Il a passé de ma terre les bornes,
Plus m'en a pris que ne vaut Tarragone,
J'en ai reçu nouvelles avant none[1] ;
Je veus aller là-bas sans nul retard
    Délivrer mes frontières. »

XV-XIX

Charlemagne offre encore Narbonne à Ogier le Danois, au marquis Salomon, à Gondebeuf l'Allemand, une seconde fois au duc Naimes, à Anséis de Carthage. Il se fait plus pressant : « Si on vous attaque, dit-il à l'un, je viendrai, contre vents et marée, vous secourir avec tous mes barons. » Et à l'autre : « Votre bannière a toujours été la première au danger ; vous n'avez jamais trahi ma confiance ! » Mais ils répondent

---

1. *Avant l'heure de none* (la neuvième heure après sis heures du matin).

qu'ils veulent revoir leurs femmes et leurs enfants, qu'ils sont fatigués, qu'ils ont perdu le tiers de leurs gens.

XX

Notre empereur se prit à lamenter,
Et son neveu Roland à regretter,
Et ses barons qu'il avait tant aimés :
« Neveu, dit Charles, quelle perte j'ai fait !
Ne pourrai plus tel ami recouvrer,
Ne sais en qui je me pourrai fier.
Dans ce besoin, je l'ai bien éprouvé ! »
Ainsi dit Charles, le cœur plein de tristesse,
Puis recommence Narbonne à présenter.
Lors il l'offrit à Doon de Valclair,
Et à Girard de Vienne, le baron.
Mais n'y a nul qui le veuille écouter,
Tant ils redoutent les païens d'outre-mer.
Dolent fut Charles quand les voit refuser ;
Car ne sait plus à qui la peut donner,
Sauf à Hernaut, qui tant est renommé,
Le noble comte de Beaulande sur mer.
C'est lui que Charles se prit à appeler,
    Il lui offrit Narbonne.

XXI

« Beau sire Hernaut, dit Charle au regard fier,
Prenez Narbonne, je vous en veus prier.
Si vous assaillent les païens mécréants,

Vous secourrai avec mes chevaliers.
— Au nom de Dieu, dit Hernaut le guerrier,
Suis vieus et frêle, ne me puis plus aider,
Ni porter armes, ni monter sur destrier;
À mener guerre je ne dois plus songer.
Pour ce, je n'ose de tel fais me charger;
Car qui aura Narbonne à gouverner,
Il lui faudra maintes fois essuyer
Maints forts assauts et maints combats pléniers[1].
Il vous faudrait charger de la cité
Un damoiseau fort et jeune et léger,
Qui bien pourrait les combats supporter,
Et les païens confondre, exterminer,
Et les mater au fer et à l'acier :
Tel homme doit Narbonne gouverner.
En vérité, si l'homme qui l'aura
Point n'est puissant et de lignage fier,
    Il ne tiendra la terre. »

XXII

Quand Charles voit que tous lui ont failli,
Ne veulent être de Narbonne saisis,
Regrette fort Roland, son cher ami,
Et Olivier son compagnon hardi,
Et les barons que Ganelon trahit :
« Neveu, fit-il, ce Dieu qui ne mentit
Ait de votre âme et pitié et merci,

---

1. *Combat plénier = grande bataille.*

Et des barons qui pour lui ont péri !
Si vous viviez, je n'en saurais douter,
Narbonne ainsi point ne serait restée.
Puisque sont morts là-bas mes vrais amis,
Chrétïenté n'a plus nul bon ami.
Mais par Celui qui de vierge naquit,
Je ne veus point quitter ce siège-ci,
Tant que païens en resteront saisis.
Seigneurs barons, vous qui m'avez servi,
Allez-vous-en, rentrez, je vous le dis,
Dans vos pays où vous fûtes nourris.
Car, par ce Dieu qui onques ne mentit,
Puisque je vois que tous m'avez failli,
Qui parte ou non, je resterai ici,
  Je garderai Narbonne. »

XXIII-XXIV

« Seigneurs barons, ce dit Charles le roi,
Allez-vous-en, Bourguignons et Français,
Gens du Hainaut, Flamands et Avalois [1],
Et Angevins, Poitevins et Mansois [2],
Bretons, Lorrains, et gens du Hurepoix,
Ceus du Berry et tous les Champenois !
Ne pensez pas que veuille en plaisanter :
Ceus qui voudront sur-le-champ s'éloigner,
N'en retiendrai un seul contre son gré !

---

1. *Avalois* : gens des Pays-Bas (du pays d'aval).
2. *Mansois* = *Manceaus*.

Car, j'en atteste saint Firmin d'Amiénois,
Demeurerai ici en Narbonnois,
Je garderai Narbonne et le pays !
Je resterais ici plutôt vingt mois,
Que de ne pas conquérir ce palais.
Quand regagné aurez l'Orléanois,
En douce France, et dans le Laonois,
Si l'on s'enquiert où est Charles le roi,
Vous répondrez, pour Dieu, seigneurs français,
Que le laissâtes au siège en Narbonnois !
Ici je veus juger, faire mes lois :
Si l'on vous fait chose qui ne se doit,
Viendrez ici vous plaindre devant moi,
Car point ailleurs ne vous sera fait droit. »...

Hernaut de Beaulande est désolé de voir Charlemagne dans un pareil état. Il pense à son fils, qui a été armé chevalier par Girard de Vienne, il y a seulement deus ans et quatre mois, et qui, lui, serait assez jeune pour « prendre Narbonne en garde ». Il le propose à Charlemagne : « Droit empereur, lui dit-il, ne vous désolez pas. Si je n'avais été si vieus et si chenu, je me serais chargé de ce pays ; mais j'ai un fils qui peut prendre ma place et arracher cette terre aus païens. »

« Dieu ! ce dit Charles, fût-il déjà ici !
Jamais n'eus telle joie. »

AIMERIOT

XXV

Le comte Hernaut ne s'est pas arrêté,
Vers Aimeri son fils s'en est allé,
Et lui parla comme entendre pourrez :
« Fils Aimeri, Dieu croisse ta bonté[1] !
Si Dieu voulait, le roi de majesté,
Qu'encor fussiez en honneurs élevé,
Joyeus serais et tous tes fiers parents. »
Dit Aimeri : « Pourquoi le dites-vous ?
— Au nom de Dieu, fils, je te le dirai :
Notre empereur, qui tant a de fierté,
Par moi vous mande que vers lui vous veniez ;
Donner vous veut, c'est pure vérité,
Le Narbonnais et ses grandes fertés[2].
Beau fils, pour Dieu qui en crois fut cloué !
S'il la vous donne[3], point ne la refusez.
Si faites tant que preniez la cité,
Puissant serez, bien le sais, proclamé. »
Dit Aimeri : « Dieu en soit adoré !
Beau sire père, sur-le-champ m'y menez.
Par tous les saints que Dieu a plus aimés,
Je ne voudrais, pour l'or de dis cités,

---

1. *Que Dieu accroisse ton mérite.*
2. Sur *ferté* (= *forteresse*), voyez ci-dessus, laisse VII.
3. *La* se rapporte à *Narbonne*, bien que ce soit le pays, et non la ville, qui soit nommé dans les vers qui précèdent.

Qu'un autre fût de cet honneur pourvu.
Car si Dieu veut qu'on m'en donne le fief,
Je vendrai cher aus païens mécréants
La mort du comte Roland, qui fut si craint ;
Bien peuvent dire que mauvais an commencent[1].
N'en restera, d'ici à Balaguer,
Aucun qui bien n'ait été baptisé,
Ou n'ait juré de tribut me payer.
Si je peus vivre assez pour y entrer[2],
    Ils en perdront l'Espagne. »

XXVI

Devant le roi vint noble comte Hernaut :
Encore était[3] moult dolent et pensif.
S'est avancé le vaillant Aimeri,
N'est plus bel homme en quatorze pays :
Il était grand, robuste et bien bâti,
Le regard fier, le front clair et riant ;
Il était simple et dous pour ses amis,
Et dur et fier contre ses ennemis.
Tous le regardent, princes, comtes, marquis.
Il fut aussi et sage et bien appris ;
Quand vit le roi, point n'en fut ébahi ;
Avant que Charles un seul mot lui eût dit,
Le salua gentiment Aimeri :
« Ce seigneur Dieu, qui est au paradis,

---

1. *Qu'ils commencent une année qui sera mauvaise pour eus.*
2. *Pour entrer dans Narbonne.*
3. *Le roi était.*

Garde et protège le roi de Saint Denis,
Et tous ses hommes que je vois près de lui,
Et qu'il confonde ses mortels ennemis !
Entendez-moi, noble et fier empereur,
Octroyez-moi Narbonne et le pays,
Ce dont n'a cure ni prince ni marquis,
Tant ils redoutent Arabes et païens !
Donnez-la-moi, noble et fier empereur. »
Girard l'entent, jète un éclat de rire.
Puis répondit l'empereur aus yeus fiers :
« Par tous les saints, est-ce donc Aimeri ?
Aimeriot, au nom de Saint-Denis,
Voudras-tu être pour toujours mon ami ?
N'as-tu gardé souvenir de ce jour,
Quand j'assiégeais, dans Vienne, Girard :
En la forêt j'avais le sanglier pris,
Là fus surpris par Girard le marquis,
Et avec lui tu vins toi-même armé.
Tu fus vers moi si fier et animé !
Si l'on t'eût cru, n'en aurais échappé.
S'il n'eût tenu qu'à toi, j'étais occis.
— Par ma foi, sire, répondit Aimeri,
Tel est mon cœur et tel il restera :
Je n'aimerai jamais mes ennemis !
Bien vous savez que trop nous faisiez tort,
Quand à mon oncle enleviez son pays.
Noble empereur, par la foi qu'on vous doit,
Tant que voudrez je serai votre ami ;
Et quand voudrez, au nom de Saint-Denis !
Encor serai de votre amour privé.

Terre je n'ai valant deus parisis;
Quand il plaira au Roi de paradis,
J'aurai bientôt plus grand avoir conquis!
— Vrai! dit le roi, tu es moult preus et noble.
Au nom de Dieu, qui en la crois fut mis,
Reçois Narbonne et tout le grand pays.
Je te la donne, et veus, beau dous ami,
Que le Seigneur, qui fit grâce à Longin,
Vainqueur te fasse de tous tes ennemis!
— Dieu vous entende, sire, dit Aimeri,
 Et me donne vaillance! »

XXVII

Dit l'empereur : « Tout va bien maintenant,
De ma douleur j'ai grand allègement,
Puisqu'Aimeri veut tenir le domaine
Du Narbonais et le fief qu'en dépent.
Je crois moult bien et véritablement
Qu'en mauvais an entra païenne gent.
Aimeri frère, tu as grande vaillance,
Mais ton avoir, ce dit-on, n'est point grand.
Il doit avoir beaucoup d'or et d'argent,
Foin et avoine, chair et vin et froment,
Et maints destriers, et maints bons armements,
Qui veut tenir pays si important
Qu'a le seigneur dont Narbonne dépent.
— Par le Seigneur, sire, vous m'étonnez,
Dit Aimeri; par le grand saint Clément!
Dieu n'est-il pas là-haut, au firmament,

Dieu tout puissant, et toujours et sans fin ?
Très fermement en lui j'ai confiance
Qu'il m'aidera, je crois, prochainement.
Je suis encore tout jeune bachelier ;
Par le secours de Dieu, qui point ne ment,
Si les païens possèdent des richesses,
Nous en aurons, je n'en saurais douter ! »
Quand Charlemagne cette parole entent,
    Il eut moult grande joie.

XXVIII

Charlemagne annonce à Aimeri qu'il lui laissera mille chevaliers avec armes et destriers, et qu'il ne lui réclamera rien de ce qu'il pourra conquérir sur les païens, terres, argent ou or.

« Grands mercis, sire, dit Aimeri le fier ;
Jamais, s'il plaît à Dieu le justicier,
N'orrez[1] de nous mauvais bruits rapporter. »
Au pied du roi se va agenouiller,
Quand l'en redresse l'empereur aus yeux fiers,
Et lui a dit, devant maints chevaliers :
« Sire Aimeri, point ne veus le nier,
Dorénavant vous aime et vous tiens cher. »...

1. Vous n'entendrez.

L'ÉPISODE DE LA « QUINTAINE »

XXVIII (suite)

L'empereur déclare ensuite à ses barons que la conduite d'Aimeri lui permet de se réjouir pour la première fois depuis la mort de Roland et d'Olivier, et, en signe de joie, il ordonne de dresser sous les murs de Narbonne une quintaine[1], contre laquelle les jeunes chevaliers viendront s'exercer et jouter.

XXIX

La quintaine est dressée au milieu d'un pré ; les jeunes chevaliers sellent leurs chevaus, s'arment et se préparent à faire assaut de force et d'adresse.

>L'empereur a Aimeri appelé :
>« Aimeri sire, écoutez ma pensée :
>Sur la quintaine, et pour mon amitié,
>Vous frapperez le premier, s'il vous plaît,
>Pour que vous voient mes princes, mes fieffés.
>— Sire, fait-il, à votre volonté. »
>Quand il le dit, il a ailleurs pensé ;
>Car en son cœur il a dit en secret
>Qu'à ses parents ne sera reproché

---

1. Mannequin armé et pivotant.

Sur écu vide¹ qu'il se soit essayé.
Cent damoiseaus a à lui appelé,
Qui tous étaient ses compagnons privés,
Et ses amis et de sa parenté,
Et chevaliers vaillants et éprouvés :
« Barons, dit-il, or soyez bien armés,
Et près de moi vous tenez tous serrés ;
Nous en irons devers cette cité.
Si Dieu permet, le roi de majesté,
Que hors des murs sortent les mécréants,
Gardez pour rien que ne soyez troublés² ;
Car, si par nous sont vaillamment traités,
Tôt y aurons tel avoir conquêté
Dont nous serons riches et bien pourvus. »
Et ils répondent : « À votre volonté !
Nous vous suivrons, dût-on nous démembrer. »

Ils s'empressent de s'armer et quittent le camp secrètement. Ils ne s'arrêtent que près de Narbonne, où ils s'embusquent près d'un fossé. Ils y étaient depuis un certain temps, lorsqu'ils voient sortir cent païens, attirés hors des murs par le spectacle du jeu de la quintaine.

Sire Aimeri les a bien regardés,
Dit à ses hommes : « Francs chevaliers loués³,

---

1. Un écu *vide* est un écu sans chevalier vivant qui le tienne. Tel était celui de la quintaine.
2. *Faites en sorte de ne pas vous émouvoir.*
3. *Renommés.*

Grâces à Dieu, bien avons rencontré.
Ce que voulais avons ici trouvé :
Ce sont païens, que tant ai désirés.
Or on verra qui voudra se montrer,
Et qui aura et bravoure et fierté.
Frappez-y bien, francs chevaliers loués,
Que rien plus tard ne nous soit reproché ! »
Et ils répondent : « Vous avez bien parlé. »
À ces paroles, sont aus païens allés.
Aimeri pique le rapide destrier,
Brandit la lance, qui le fer eut carré,
Plus ne leur a rien dit ni conseillé ;
Le premier frappe [1] que il a rencontré,
L'écu lui perce, le haubert a faussé,
À pleine lance il l'a mort rejeté.
Le cri [2] de Charles il a très haut poussé,
« Or tôt aus autres ! A tort les craindriez !
De ce premier sommes-nous délivrés. »
Firent ainsi, et n'y ont plus tardé ;
Sur païens frappent, de bonne volonté.
Alors y eut grand combat engagé ;
Après que furent Francs aus païens mêlés,
Maint fort écu vous eussiez vu troué,
Et maint haubert rompu et déchiré,
Et tant de heaumes brisés et en quartiers,
Tant de païens tombés et renversés !
Les uns sont morts et les autres blessés,

1. *Il frappe le premier.*
2. *Le cri de ralliement.*

Les autres fuient çà et là égarés.
Les morts se taisent, et crïent les blessés :
« Mahomet sire, ayez de nous pitié !
Ce sont dïables, qu'avons ci rencontrés ! »
En fuite tournent, n'y ont plus demeuré.
Mais Aimeri tient son brant acéré ;
Ceus qu'il atteint ont leur temps achevé,
Bien a sur eus son audace prouvé !
Sur les païens a tant de coups frappé,
De cent n'en sont pas quarante tournés [1].
Fuyant s'en vont vers la grande ferté [2] ;
Mais Aimeri, au courage éprouvé,
Les poursuivait, tenant au poing l'épée.
Dessus le pont en a un rencontré,
Tel coup lui donne qu'il le jète au fossé :
S'il avait soif, boire put à son gré.
Dedans les portes sont les autres entrés ;
Quand les ont closes, ils se sont rassurés.
Et Aimeri y vint, le brant levé,
Aus portes frappe avec rude fierté :
« Narbonne ! il crie, à moi cette cité !
Fils à putain, vils félons déloyaus,
Rendez-moi tôt la maître-forteresse ;
Car Charlemagne m'en a le don donné !
Si ne le faites, serez tous démembrés,
Brûlés au feu ou au vent accrochés,
   Car la cité est mienne ! »

1. *Revenus chez eus.*
2. *Ferté = forteresse.*

XXX

Quand les païens furent morts et vaincus
(Ceus qui étaient de la cité sortis),
Arrière tournent Aimeri et les siens.
Les avait Charles de sa tente bien vus,
Comment ils ont les païens combattus.
Bien sut et vit qu'Aimeri pas ne fut
À la quintaine, où les autres joutèrent,
Et l'empereur moult grande joie en eut,
De ce qu'ainsi se furent comportés.
À leur rencontre il va, n'y attent plus ;
Vers Aimeri sont les barons venus.
Le roi le voit, et lui fait tel salut :
« Aimeri sire, que vous est advenu ?
Les Sarrasins vous avez combattu,
Et de mes ordres ne vous est souvenu !
Votre promesse mal vous avez tenu :
Sur la quintaine n'avez un coup frappé.
— Pardon, beau sire, le comte a répondu,
Point n'ai voulu mal faire, par Jésus !
Mais on aurait à ma honte tenu
Que je frappasse dessus un vide écu.
Mieus vaut que j'aie éprouvé ma vertu
Sur les païens sortis de la cité.
Dieu aidant, qui en sainte crois fut mis,
Je n'aimerai Sarrasins mécréants
  À nul jour de ma vie. »

XXXI

De ce qu'a dit le preus comte Aimeri,
Charles le roi en a volontiers ri.
Lors se désarment les chevaliers de pris[1],
L'eau ils demandent[2], au manger sont assis;
Des mets qu'ils eurent ne veus faire devis,
Bien sont servis les comtes et marquis.

PRISE DE NARBONNE

XXXI-XXXII

Sans aucune transition, et dans la même laisse, l'auteur nous transporte dans le palais des quatre frères qui règnent sur Narbonne : Baufumé, Agolant, Desramé et Dromon. Ils délibèrent sur les mesures à prendre pour se défendre contre l'armée de Charlemagne ; deus d'entre eus se rendront près de l'émir de Babylone[3] pour lui demander secours, les deus autres garderont Narbonne. Desramé et Baufumé s'engagent dans un passage souterrain, où ils marchent jour et nuit, et d'où ils sortent près d'Orange la grande. L'auteur les laisse là, en les recommandant au diable, et nous transporte de nouveau dans le camp de Charlemagne.

1. *De valeur.*
2. Pour se laver les mains avant le repas.
3. Babylone d'Égypte, c'est-à-dire Le Caire.

À un matin, dès l'aube apparaissant,
Fit l'empereur sonner un olifant.
Lors s'arment tous, chevaliers et sergents,
Vont à l'assaut, dont moult sont désirants,
Narbonne assaillent et derrière et devant.
Moult se défendent Sarrasins et Persans :
En la cité n'y a petit ni grand
Qui ne montât sur les murs aussitôt ;
Jètent grands pierres (Dieu veuille les confondre!)
Et pieus aigus qu'ils lancent des murailles.
Ceus qu'ils atteignent point n'évitent la mort.
Charles le voit, en eut le cœur dolent,
Il les maudit au nom du Tout-Puissant :
« Dieu vous confonde, Sarrasins et Persans !
Vous m'enlevâtes Olivier et Roland,
Les douze pairs que je chérissais tant.
Mais, par l'apôtre qu'invoquent pénitents !
Avant que parte en France la vaillant,
Je vous vendrai ma colère moult cher ! »
Lors il appèle l'ingénieur Morant,
Et Savari et son frère Jourdant :
« Faites-moi tôt un engin fort et grand,
Et aussi haut que ce mur là-devant,
Pour que prenions ce palais reluisant.
De mon avoir vous ferai donner tant,
Que deviendrez et riches et puissants. »
Et ils répondent : « À votre volonté ! »
Aussitôt font charpenter les engins ;
Tout le jour peinent jusqu'au soleil couchant,
Et toute nuit aus lanternes ardentes.

Des charpentiers ont mis à l'œuvre tant,
Qu'au lendemain se dressaient les engins.
Vont à la ville la machine traînant ;
Dessus montèrent et archers et sergents.
Quand l'eurent vue Sarrasins et Persans,
Dit l'un à l'autre : « Moult sont Français savants !
Or nous amènent un enchantement grand ;
Tous sommes morts, vaincus et à merci.
Nos messagers se hâtent vainement :
Avant qu'ayons le secours de l'émir,
    Aurons perdu Narbonne. »

XXXIII

Charles a fait la machine dresser,
Et près des murs et conduire et mener,
Et les pierrières fait par-dessus porter,
Pour faire à ceus de la cité jeter.
Lors se prit Charles Naimes à appeler :
« Naimes, beau sire, si bien vous le voulez,
Par tout le camp faites un ban crier,
Pour que tous s'arment et sans plus demeurer,
Que point n'y reste sergent ni bachelier,
Ni un ni autre pouvant armes porter,
Que sans tarder ne s'aillent apprêter.
Nous les ferons tôt à l'assaut aller.
— Sire, dit Naimes, c'est sagement parlé. »
Lors font par l'ost cors et trompes sonner :
Vous auriez vu les chevaliers s'armer,
N'y est resté duc, ni comte ni pair,

Ni écuyer, sergent ni bachelier,
Ne soit armé pour à l'assaut aller.
Charles lui-même se prit à leur crier :
« Francs chevaliers, il vous faudra peiner,
Pour l'amitié de Jésus conquêter !
Ce jour, pourront les hardis s'éprouver.
Les engins faites contre ce mur lever !
Qui dans Narbonne sera premier entré,
De mon trésor lui ferai tant donner
Comme lui-même voudra le demander. »
Quand entendirent le roi ainsi parler,
Des tentes partent sans plus s'y attarder,
De là aus murs ne veulent s'arrêter.
Les engins font tout près des murs rouler,
Vous auriez vu les fiers sergents monter ;
Quand Sarrasins les ont vus approcher,
  Peur ils ont pour leur vie.

XXXIV

À cet assaut y eut fière poussée.
Moult avait Charles bonne gent et hardie,
Les murs assaillent et point ne lâchent pied.
Quand les a vus la vile gent haïe,
N'y a celui qui n'ait peur pour sa vie.
Sur les murs montent de la cité antique,
Jètent grands pieus, que Jésus les maudisse !
À nos gens ont mainte tête brisée,
Et bosselé maint heaume de Pavie.
Français le voient, et chacun s'en afflige,

Mais pour cela l'assaut ne laissent mie,
Et recommencent plus fière l'assaillie.
Les arbres coupent, dont bien était garnie
La place à plus d'une archée[1] et demie,
Et les fossés se hâtent de remplir.
De là aus murs s'en vont tout d'un élan :
À coups de pics et à coups de cognées
Frappent les murs, tous d'un commun effort.
Tôt ils en eussent abattu grand partie,
Quand Charles vint sur un mul[2] de Syrie ;
Dès qu'il les voit, hautement il leur crie :
« N'abattez pas, francs écuyers hardis !
Je ne voudrais, pour tout l'or de Syrie,
Que renversée eussiez ni dégarnie
La forteresse de la cité antique.
S'il plaît à Dieu, le fils Sainte Marie,
Sans qu'on l'abatte sera prise et saisie.
Par cet apôtre que l'on requiert et prie,
J'y resterai plutôt sept ans entiers,
Et manderai pour vous venir en aide
L'arrière-ban de France la puissante !
N'échapperont la vile gent haïe[3],
  S'ils ne rendent Narbonne. »

XXXV

Quand ils entendent, sergents et chevaliers,
Que les hauts murs ils ne devront briser,

---

1. *Portée d'arc.*
2. *Mulet.*
3. *Les Sarrasins* (la vile gent odieuse) *n'échapperont pas.*

Que cet assaut leur faut abandonner,
N'y eut en eus, sachez-le, que dépit.
Dit l'un à l'autre : « Voilà un grand ennui !
Jamais en France ne pourrons retourner,
Ni ne verrons ni femme ni enfants ! »
Alors se sont arrière retirés
Les francs sergents et les francs écuyers,
Car aus murailles n'osèrent plus toucher.
À cette vue les hardis chevaliers
Vite se vont armer et hauberger[1],
Vont en fureur l'assaut recommencer ;
Quatorze échelles ont fait aus murs dresser,
Qui tant sont grandes qu'on les peut appuyer
Sur les créneaus, et bien les y fixer.
Et Charlemagne, l'empereur aus yeus fiers,
Fit la machine contre les murs tirer ;
En force y montent et sergents et archers.
Les arbalètes ont les arbalétriers,
Et ils en tirent maint fort carreau d'acier ;
Les archers font les flèches décocher
Sur les païens, qu'ils voient se disposer
Dessus les murs pour les pierres lancer ;
Maint ils en tuent, qu'ils ont fait trébucher
Du haut des murs et à terre tomber.
Fallait ouïr païens se lamenter,
Hurler et braire, Mahomet appeler !
D'une grand lieue s'en entendait le bruit.
Et les Français ne veulent s'attarder,

---

1. *Revêtir du haubert.*

De toutes parts font l'assaut commencer,
Païens ne savent de quel part se garder.
Mais Aimeri, qu'on ne peut trop priser,
Plus que tous autres, je puis bien l'affirmer,
Se peinait bien de l'assaut renforcer.
Avec cent hommes, qui moult le chérissaient,
Fit à la porte un fort assaut plénier :
Vingt tenaient vingt grandes haches d'acier,
Et s'y montraient merveilleus charpentiers,
Car tant y frappent et devant et derrière,
Qu'ils font les ais se fendre et se trouer,
Et par-devant le fléau se briser.
Ceus du dedans ne se purent garder
Que dedans n'entrent les vaillants chevaliers ;
Mais, qui que fût à la queuë derrière [1],
Comte Aimeri y est entré premier.
Lors eussiez vu Sarrasins démembrer,
L'un mort sur l'autre tomber et trébucher,
Point ne leur sert de vouloir résister.
Fuyant s'en vont vers le palais princier,
À haute vois commencent à crier :
« Mahomet, sire, venez donc nous aider ! »
Vers le palais pensent s'en retourner,
Mais bien avant qu'y fussent les félons,
En ont occis Français [2] plus d'un millier.
Qui là eût vu comte Aimeri frapper,
Païens occire de sa lame d'acier,

---

1. *Quel que soit celui qui fut le dernier.*
2. *Les Français en ont occis.*

Têtes et bras et pieds et poings trancher,
Bien l'aurait dû et louer et priser.
Frappe le comte en avant et arrière,
Et avec lui maints vaillants chevaliers,
Tant qu'ils pénètrent dedans le grand palais.
Au sommet fait son enseigne dresser
Comte Aimeri, et au vent déployer.
Charles le roi l'aperçut le premier,
Naime il appèle, son maître conseiller :
« Voyez, seigneur, dit Charles aus yeus fiers,
Grâces à Dieu, par qui tout est jugé,
Comte Aimeri s'est déjà fait loger :
Je vois au vent son enseigne flotter.
Au nom de Dieu, le seul vrai justicier,
  Bien doit tenir la terre [1] ! »

XXXVI

Dans le palais, à l'étage plus haut,
Fut Aimeri, au courage vaillant.
Il prent son cor, en sonne hautement,
Pour annoncer qu'il est dedans la place.
Quand l'empereur entendit l'olifant,
En la ville entre, des éperons piquant,
Et les barons vont après, le suivant.
D'or et d'argent ils trouvèrent là tant,
Que plus n'en eut aucun roi ni émir.
Qui voulut armes ou cheval de valeur,

---

1. C'est-à-dire : « il est juste qu'il ait Narbonne. »

Haubert ou heaume, ou épéë luisante,
Assez en put avoir à son désir.
Dieu ! tant y trouvent pain et vin et froment,
Et chair salée, et fraîche également !
La cité bien a garnie Agolant,
Et ses trois frères, qui furent rois puissants ;
Mais les deus furent plus fous et imprudents,
Qu'étaient restés en Narbonne la grand.
Comte Aimeri au courage vaillant
A ces deus pris, par lui et par ses gens :
Rendus s'étaient quand ils n'en purent mais.
Et Aimeri les a fait aussitôt
En prison mettre, sans que nul les défende,
D'où ne sortirent depuis, de leur vivant.
Et les deus autres peuvent dorénavant
Bien à loisir aller secours cherchant ;
Car Charlemagne, le roi aus cheveus blancs,
Et Aimeri, qui tant eu de vaillance,
Cette nuit-là couchèrent au palais,
    Eus et leur compagnie.

XXXVII

Quand Charlemagne, le roi, eut ainsi fait
Qu'eut pris Narbonne, qui tant est à louer,
Le pouvez croire, grand joie en dut mener.
Des synagogues tira les Mahomets[1],
L'or et l'argent fit en morceaus couper,

---

1. *Les statues de Mahomet.*

À ceus le fit répartir et donner
Qui resteront pour la cité garder.
Un beau moutier font faire et élever,
Et les autels bénir et consacrer.
Puis y ont fait établir et poser
Un archevêque, sans vouloir plus tarder,
Pour le Seigneur servir et honorer.
Charles y fit offrir et présenter
La tête même de l'apôtre saint Paul,
Qu'il fit d'Espagne avec lui apporter.
Se conduisit comme noble baron,
Quand au moutier a fait messe chanter
Avant qu'il veuille en France retourner :
Moult grande offrande y fit le roi donner,
Et les barons, les comtes et les pairs
Y vont chacun l'offrande présenter,
Un besant d'or ou un marc d'argent clair.
Après la messe ne veut plus demeurer
Le roi, mais fait son voyage apprêter.
Lors eussiez vu les chevaus enseller,
Mettre les freins et les harnois trousser ;
Grand joië font, sachez-le sans douter,
De ce qu'en France s'en doivent retourner.
Charles le roi n'y[1] veut plus séjourner,
Mais au départ se prit à appeler
   Aimeri de Narbonne.

---

1. À Narbonne.

XXXVIII

L'empereur parle, à la fière vigueur [1] :
« Aimeri frère, moult avez belle tour,
Riche cité, beau palais, riche honneur.
Dans ce château du temps des anciens
Demeurerez en joie et allégresse,
Vivres avez à vous nourrir maint jour,
Avez aussi maint destrier de grand pris,
Et bonnes armes de diverses couleurs,
Haubcrts et heaumes et écus peints à fleurs ;
Redouteriez à tort tous ces païens.
S'il est besoin, vous porterai secours.
— Grand merci, sire, me montrez grande amour,
Répont le comte qui moult eut de valeur.
Si m'aide Dieu [2], le père créateur,
Tant que vivrai vous tiendrai pour seigneur.
Pour ce que dites, n'ayez aucune peur :
Tant que pourrai monter sur un destrier,
N'auront païens de moi aucune trêve ;
Tant que vivrai, les mettrai en tourment,
Tout pour l'amour de Roland le vaillant,
Et d'Olivier, le noble combattant,
Et pour les autres, qui si valeureus furent :
À Roncevaux cruellement moururent,
Par Ganelon, le traître, le félon,
À qui Dieu donne et honte et déshonneur !

1. *Le fier et vigoureus empereur.*
2. Littéralement : « que Dieu m'aide. »

Franc empereur, au nom du Créateur,
Quand vous viendrez en la terre de France,
Vengez-vous-en, n'en faites long répit,
Comme on doit faire d'un félon et d'un traître,
Afin que tous, les grands et les petits,
Conter l'entendent jusques au fond de l'Inde,
Et que les traîtres en soient épouvantés,
Pour que jamais vers leur lige seigneur
N'osent penser un si grand déshonneur ! »
Et dit le roi : « Par Jésus le Sauveur,
Vous dites bien, Dieu vous donne valeur !
Or, veillez bien à garder votre honneur. »
Dit Aimeri : « Pour cela n'ayez peur :
S'il plaît à Dieu, notre vrai créateur,
Je n'en perdrai demi-pied ni trois doigts
    Par la gent Sarrasine. »

PROJET DE MARIAGE D'AIMERI

XXXIX

Après le départ de Charlemagne, Aimeri défendit la contrée contre les Sarrasins et conquit sur eus tant de terres que sa renommée s'étendit partout. Son enseigne était redoutée depuis les ports d'Espagne jusqu'à la mer glacée. Un jour, il apprent que son père, le comte Hernaut, et sa mère sont morts. Sa douleur fut grande, et il fit construire en leur honneur une abbaye, où il y eut, depuis, mainte messe chantée. Aimeri était fils unique :

En héritage lui resta la contrée
Qu'avait Hernaut à la fière pensée.
Moult eut grand terre, et riche et abondante
Comte Aimeri, et gent moult redoutée ;
    Lui faudrait prendre femme.

XL

Lors lui conseillent les petits et les grands :
« Aimeri sire, par Dieu le tout-puissant,
Prenez donc femme, n'attendez plus longtemps,
Dont vous auriez, beau seigneur, un enfant
Qui du pays fût après vous tenant[1].
Si n'avez hoir, ce sera douleur grand,
Joie en auront Sarrasins et Persans. »
Dit Aimeri : « Au nom de saint Amant !
Je n'en sais nulle en ce monde vivant,
Qui conviendrait à moi ni tant ni quant,
Ou qui ne soit de très près me tenant.
Au nom de Dieu, le père omnipotent,
Si je n'en trouve qui soit moult avenante,
Et qui soit sage et de parage grand,
    Point je n'aurai de femme ! »

XLI

« Seigneurs barons, leur a dit Aimeri,
Je n'en sais nulle, en France ou en Berry,

---

1. *Qui tiendrait le pays après vous.*

Ni jusqu'à Rome, vraiment je vous le dis,
Qui ne me soit parente, et moi à elle.
— Sire, dit Hugues au courage hardi,
Je en sais une, par Dieu qui ne mentit !
Jamais si belle de mes yeus je ne vis,
Le front a beau et le corps moult bien pris ;
Mais, par ma foi, elle est moult loin d'ici :
C'est Hermengarde au beau corps élancé ;
De Pavie est la dame que je dis,
Fille à un roi dont parler vous ouïtes,
Didier se nomme celui qui l'engendra ;
Pour frère aussi a le roi Boniface,
Après leur père ils tiennent le pays.
Maints hauts barons et maints comtes hardis
L'ont demandée, je vous le certifie,
Mais n'en voulut prendre un seul pour mari.
Je revenais l'autre jour de prier [1]
Les deus apôtres qui de Dieu sont amis,
Ce est saint Pierre et puis saint Paul aussi ;
Parmi Pavie un soir m'en retournai :
Cette Hermengarde au beau corps élancé,
Je la trouvai sous une arcade assise,
Quinze pucelles elle avait auprès d'elle.
Me demanda quel était mon pays,
Et je lui dis : la terre d'Aimeri.
Pour votre amour [2] la dame me chérit,
Et m'honora hautement et servit,

---

1. À Rome.
2. *Pour l'amour de vous.*

Car bien avait de vous parler ouï. »
Répont le comte : « À elle grand merci !
Lui sais bon gré, par le grand saint Remi !
Or j'en sais tant, par Dieu qui ne mentit,
Si je ne l'ai, tel récit m'avez fait
Qu'en périront mille de fer vêtus,
   Pour l'amour de la dame [1] ! »

XLII

« Hugues, par Dieu, vous la m'avez louée,
Et beaucoup d'autres la m'ont déjà nommée ;
Mais, par celui qui mainte âme a sauvée,
Et par la foi que j'ai juré garder
À l'empereur à la barbe mêlée [2],
Si je ne l'ai, bien cher sera payée [3],
Car mainte tour en sera éventrée,
Et mainte ville brûlée et embrasée,
Et à maint corps l'âme sera ôtée !
Si volontiers elle ne m'est cédée,
Lombards auront sous peu belle mêlée,
Car je irai, l'oriflamme levée,
Jusqu'à Pavie, la fort cité louée.
Si la pucelle m'est de bon gré donnée,

---

1. Entendez qu'Aimeri, enthousiasmé par ce qu'il vient d'apprendre, est décidé à tout pour épouser Hermengarde, dût-il causer la mort de mille chevaliers.
2. *Mêlée de noir et de blanc.*
3. Par ceus qui lui feront obstacle.

De mon pays sera dame clamée [1] ;
Et s'il arrive que me soit refusée,
En vérité bien cher sera payée,
    Avant que je m'en parte ! »

AIMERI ENVOIE DES MESSAGERS AU ROI DES LOMBARDS. — VOYAGE. — COMBAT CONTRE SAVARI L'ALLEMAND.

XLIII

Hugues conseille à Aimeri de ne pas aller en personne à Pavie, mais de l'y envoyer lui-même avec soissante barons, choisis parmi les plus hauts et les meilleurs : « En moins de quinze jours, nous serons près du roi Boniface ; s'il refuse de laisser partir sa sœur de bonne grâce, nous l'emmènerons de force, et maints Lombards en seront démembrés. » Aimeri trouve le conseil bon, et promet à Hugues de lui donner deus châteaux « côte à côte », s'il réussit dans son entreprise.

XLIV-XLVII

Aimeri envoie prier ses plus hauts vassaus de se rendre près de lui. Quarante viennent des différentes contrées qui lui sont soumises, et il en avait vingt

---

1. *Proclamée.*

autres avec lui. Il les réunit pour les consulter, et en reçoit le conseil que lui avait déjà donné Hugues. Il désigne alors par leur nom chacun des soixante barons qui doivent aller chercher Hermengarde.

XLVIII

Les messagers étaient tous princes, barons, ducs ou comtes. Ils montent à cheval et prennent congé d'Aimeri.

>Richement sont vêtus et bien parés ;
>Robe de soie, manteau de gris fourré,
>Avait chacun à son cou attaché.
>Étaient leurs chausses de soie ou taffetas,
>Et leurs souliers de beau cuir travaillé.
>Chacun chevauche bon mulet reposé,
>Ou palefroi richement ensellé ;
>Les rênes seules, qui sont toutes dorées,
>Auraient valu tout l'or d'une cité.
>Cinq écuyers a chacun d'eus mené,
>Qui bien étaient pourvus et équipés ;
>En destre[1] mènent maint rapide destrier,
>Or et argent, armes en quantité,
>Maint bon haubert et maint heaume gemmé,
>Et mainte lance et maint écu bordé,
>Dont leurs seigneurs seront bien vite armés,
>Si chose voient qui ne soit à leur gré.

1. *À droite, de la main droite.*

Ils formaient trois groupes égaus, d'après leur âge : il y en avait vingt à la barbe blanche, qui portaient chacun un autour, les vingt d'âge moyen portaient des faucons, et les vingt jouvenceaus portaient des éperviers.

XLIX

Vont les barons sans nullement tarder.
Moult ont ensemble grand joië démenée,
Mainte parole ont dite et devisée.
Chevauchant vont à grande éperonnée,
Et côtoyaient un bois, le long d'un pré.
Malarts et canes ont pris dans la contrée,
Car giboyeuse rivière y ont trouvée.
Lors ont à gauche rencontré, à l'entrée [1],
Un Allemand de moult grand renommée,
Vieillard était, à la barbe mêlée [2],
C'est Savari, qui grand gent a menée :
Trois cents étaient, chacun la tête armée,
Des Allemands, des mieus de sa contrée.
Vêtus étaient comme gens peu sensés :
Chacun avait une large gonelle [3],
Et une jupe de gros agneaus fourrée,
Souliers à ganches [4] et chausses crochetées,

1. À l'entrée du bois.
2. Sur *mêlée*, voyez laisse XLII.
3. *Gonelle*, sorte de tunique.
4. On ne connaît pas d'autre exemple du mot *ganche*, dont l'origine et le sens sont inconnus.

Capuche en tête et par devant ourlée.
Avait chacun ceinte moult longue épée,
Qui une toise aurait bien mesuré,
Et un écu tout rond au cou posé.
Et ils chevauchent, comme gens insensés,
Sur des juments à la queuë rognée
Ou hauts chevaus à grand tête levée.
Et quand ils ont notre gent avisée,
Hautement crient, comme gens égarés,
« Godehelèpe [1] » d'une grande haleinée.
Mais Savari, à la barbe étalée,
Parlait roman [2], car avait voyagé.
Contre nos comtes court à toute vitesse ;
Quand près d'eus fut, à haute vois s'écrie :
« Où irez-vous, folle gent égarée ?
Qui vous commande ? Quelle est votre contrée ?
Normands semblez, c'est vérité prouvée,
Vous qui pareil orgueil ici menez.
Avant de voir de Pavië l'entrée,
Vous paîrez cher la robe que voici [3] !
Ne conquerrez la valeur d'un denier. »
Et dit Geoffroi au visage hardi :
« Si le faisiez [4], France en serait honnie,
Notre prouesse aurions bien oubliée !
Par le Seigneur qui fit ciel et rosée,

---

1. *Gott helf* (Dieu aide!).
2. *Parlait français.*
3. C'est-à-dire : « il faudra me passer sur le corps, et je vous ferai payer cher votre audace. »
4. C'est-à-dire : « si vous nous arrêtiez. »

Pour cela seul que tel jactance avez,
Un tel salaire de nous vous en aurez,
Que jamais n'eûtes si terrible journée[1]!
Peu vous savez quels gens avez trouvés,
Fils à putain, folle gent insensée !
N'avons-nous pas chacun tranchante épée,
Et bonnes armes, faites à notre gré,
Et bon destrier qui court, jamais lassé ?
Par saint Denis, avant que soit vêprée,
Aurez si fort cette barbe tirée[2],
Que cette jupe sera ensanglantée ! »
Dit Savari : « Bien je l'avais pensé,
Et j'ai vraiment dit vérité prouvée,
Que Normands êtes, qui tel orgueil menez :
  On le voit aus paroles ! »

L

Quand l'Allemand orgueilleus entendit,
De Roussillon Girard, au cœur hardi,
Un peu sourit, et puis lui répondit :
« Vassal, fait-il, vous n'avez pas menti.
Normands avons et Angevins aussi,
Les meilleurs sont Français, bien vous le dis.
Vers Boniface allons, droit à Pavie,
Lui demander pour le comte Aimeri

---

1. *Nous vous recevrons de telle façon que jamais vous n'aurez vu une journée aussi terrible.*
2. C'est-à-dire : « Du désespoir d'être vaincu, vous aurez si tort tiré votre barbe. »

Sa belle sœur, dont nous avons ouï[1].
S'il la nous donne, sera pour son bonheur,
Jamais ne fut dame mieus mariée.
S'il ne le fait, en vérité le dis,
Jamais de rien tant ne se repentit !
Lui et ses hommes en seront mal baillis[2],
Il en verra son royaume appauvri,
L'emmènerons captif tout malgré lui.
— Vous y mentez, vassal, dit Savari,
Car cette dame, dont vous parlez ici,
Me fut donnée, deus ans a et demi.
Plus m'a coûté, je vous le certifie,
Que ne possède votre comte Aimeri.
Si vous allez plus avant, le vous dis,
Serez tous pris et tués et honnis !
  Mais allez tôt arrière ! »

LI

« Seigneurs vassaus, n'allez plus en avant,
Ce leur a dit Savari l'Allemand,
Je revendique la pucelle avenante !
Si avancez, folië ferez grande :
N'en mènerez palefroi ni destrier,
Haubert ni lance, ni heaume reluisant ! »
L'entendent tous, moult en sont ennuyés.
Le comte Gui leur a dit hautement :
« Seigneurs barons, qu'êtes-vous attendant ?

---

1. *Ouï parler.*
2. *En mauvais cas.*

N'entendez-vous ce perfide glouton,
Qui ne nous prise la valeur d'un bouton,
Et qui nous va par orgueil menaçant?
Nous sommes bien tous chevaliers vaillants,
Et messagers d'Aimeri le puissant,
Du meilleur homme en ce monde vivant!
Si ces gloutons vont ainsi se moquant,
Sommes-nous donc vaincus et à merci?
Armez-vous tous, sans perdre un seul instant,
Assaillons-les et derrière et devant. »

LII-LIX

Les Français s'arment, les Allemands en font autant, et la bataille s'engage. Elle ressemble à toutes les batailles des chansons de geste. Savari est représenté comme un couard, qui évite de se placer au premier rang, qui frappe un ennemi par derrière et qui, l'ayant manqué, prent la fuite « pour garantir sa vie ». Un des soissante messagers d'Aimeri est tué ; mais Fouques de Fors donne à son écuyer, neveu du mort, l'armure d'un Allemand qu'il vient d'occire. Celui-ci la revêt sur-le-champ, et Fouques le fait chevalier en lui donnant le coup d'épée sur l'épaule. Le nouveau chevalier monte en selle, pent à son cou la targe de l'Allemand, prent un épié au large fer, fait un temps de galop dans la prairie, puis s'élance sur un ennemi qu'il transperce. Les Français pleins de joie s'écrient : « Notre compagnie est refaite ; nous revoici soissante ! » Cent Allemands sont couchés sur le champ de bataille. Pour en finir, les Français font armer leurs écuyers et leurs sergents, et Savari, épouvanté, donne à ses hommes le signal de la fuite. Les Français les poursuivent quelque temps, font un ample butin d'armes et de chevaus, puis reprennent le chemin de Pavie.

ARRIVÉE ET SÉJOUR A PAVIE
ÉPISODE DES NOIS ET DES HANAPS BRULÉS

LX

... Tant ont les comtes promptement chevauché,
Que de Pavie ils virent la ferté [1].
Oyez comment il leur est arrivé :
Roi Boniface ont en chemin trouvé,
Vient de rivière [2] où le jour a passé,
Avec peu d'hommes retourne en sa cité.
Devers la gauche a le roi regardé,
Vit la poussière sur la route empierrée,
Et les barons qui s'avancent groupés.
Dit à ses hommes : « Avez-vous regardé ?
Ne sais quels gens je vois nous arriver,
De pèlerins y a grand quantité.
À Rome vont, à l'apôtre honoré,
Ce soir seront à Pavie hébergés.
Attendons-les, nous saurons leur pensée. »

---

1. *Ferté = forteresse.*
2. Il revient de chasser le gibier d'eau.

Disent ses hommes : « À votre volonté ! »
Autour du roi ses hommes halte ont fait,
Mais avant qu'eussent leurs mulets arrêté,
Vinrent près d'eus les barons renommés,
Et quand le roi voit qu'ils sont adoubés,
Et aperçoit des armes la clarté,
Voit tant d'enseignes, tant de pennons de soie,
Tant de hauberts et tant d'écus bordés,
Et tant de lances, tant de heaumes gemmés,
Telle peur eut, tout a le sang tourné.
Dit à ses hommes : « Avons folle pensée,
Quand pèlerins pensons avoir trouvé.
Ce ne sont pas des pèlerins, par Dieu !
D'aller à Rome ils n'ont point volonté,
Nuls pèlerins ne vont ainsi armés.
Ont ces gens-là armes en quantité,
Et leurs bourdons[1] sont si longs et ferrés,
Que semblent gens à mal faire portés.
Ceus de Turin, le sais en vérité,
Et de Barbastre m'ont moult en haine pris,
Guetter me font, plus a d'un an passé ;
S'ils me tenaient, mon temps fini j'aurais.
Je crains qu'ici n'ayons trop demeuré,
Car je ne sais ce qu'ils ont en pensée.
Allons-en vite en la bonne cité,
    Et leur fermons les portes ! »

1. *Bâtons de pèlerins*.

LXI

Roi Boniface s'en retourne fuyant,
Droit vers Pavie, des éperons piquant,
Et tous ses hommes le vont de près suivant.
Quand sont rentrés, joyeus sont et contents,
Les portes ferment après eus à l'instant,
Puis sont montés sur les murs par devant.
Nos messagers se vont émerveillant ;
Dit l'un à l'autre : « C'est diablerië grande !
De nulle part ne trouvons beau semblant [1].
Ce Boniface, que nous allions cherchant,
Nous l'avions bien ci trouvé maintenant,
Et nous pensions lui dire notre affaire,
Mais il s'enfuit loin de nous comme un lâche,
Toutes les portes nous fait fermer devant.
Pouvons dehors nous héberger au vent,
Dedans avons mauvais hébergement. »
De Roussillon Girard parla avant :
« Seigneurs barons, ne vous émouvez tant.
Ici le roi est dedans son domaine,
Il peut bien faire un peu sa volonté.
Ne savez pas encore sa pensée ;
Par aventure [2] il ne voit pas souvent
En ce pays venir pareilles gens,
Qui avec eus portent tant d'armement.

---

1. *Bel accueil.*
2. *Peut-être.*

Il nous fait clore ses portes au devant,
Parce qu'il n'a de guerre nulle envie.
Mais allons-y avant tout sagement ;
Je parlerai à lui premièrement.
Si nous pouvions parler si sagement
Que pussions prendre nos logis là-dedans,
Par le Seigneur Dieu qui jamais ne ment,
Ne craindrions son refus grandement,
Mais lui pourrions parler tranquillement. »
Disent les comtes : « Voici conseil moult bon.
Allons-y donc sans nul arrêtement,
Pour que puissions à moult bon escient
   Demander la pucelle. »

LXII

Français chevauchent, sans plus y demeurer,
De là aus portes ne veulent s'arrêter.
Ils voient le roi dessus les murs monter ;
Le duc Girard fort bien fut inspiré,
Et moult sut bien courtoisement parler ;
Où voit le roi, ainsi l'a salué :
« Le Seigneur Dieu qui nous daigna former,
Et que devons et croire et adorer,
Veuille le roi Boniface garder !
— Ami, fait-il, veuille aussi te sauver
Celui que viens de t'entendre nommer !
Quelle gent êtes ? Ne le devez celer,
Courtoisement tu sais bien t'exprimer.
— Sire, fait-il, sûrement le saurez,

Messagers sommes, ne nous faut redouter.
Pais et amour vous venons apporter,
N'avons envie de guerre démener.
Mais faites-nous pour cette nuit loger
Dedans Pavie, si bien vous le voulez,
Jusqu'à demain que il sera jour clair. »
Dit Boniface : « Ne vous veus refuser. »
Aussitôt fait les portes défermer [1],
Et à chacun fit bon hôtel livrer,
Puis bellement se prit à leur parler :
« Seigneurs, vous veus d'une chose prier,
Et par amour [2] le vous veus demander,
Que tous soyez avec moi au souper,
Et le matin encores au dîner.
Tant que voudrez avec moi séjourner,
Je vous ferai tous richement traiter,
Rien près de moi ne vous en doit coûter.
— Sire, font-ils, soyez remercié,
Mais, pour cent marcs de fin or et de clair,
Ne le pourrions permettre et agréer,
Car sommes tous riches barons et pairs,
Avons tout ce que voulons demander.
Et puis hier, sûrement le sachez,
Dieu nous a fait tant d'avoir conquêter,
Que ne pourraient trente sommiers porter.
Tant en ferons et répandre et donner
Dedans Pavie, avant qu'en retourner,

---

1. *Ouvrir.*
2. *Par amour* = *amicalement.*

Que le plus pauvre s'en pourra bien louer.
Notre manger ne ferons refuser
À pèlerin qui chez nous veuille entrer,
Ni à passant qu'ait besoin de souper,
Ni à qui sache divertir ou chanter ;
Ni l'un ni l'autre n'en ferons détourner. »
Dit Boniface : « Vous êtes hauts barons.
Si vous voulez si noble train mener,
   Vous êtes donc si riches ! »

LXIII

Roi Boniface était et noble et fier,
Mais grand ennui lui font les messagers,
Qu'ainsi refusent son boire et son manger ;
Avis lui est qu'injure lui ont fait.
S'ils eussent pris ses vivres volontiers,
Pour cèt honneur les aurait plus aimés.
Les messagers descendent des destriers,
Les logis ont fait prendre aus écuyers.
Et Boniface s'en va de son côté ;
Devant lui fait mander les boulangers,
Les forgerons et tous les taverniers,
Tous les ciriers[1] avec les poissonniers,
Ceus qui foin vendent et les marchands d'avoine,
Ceus qui chair vendent et, avec, les merciers,
Les pelletiers, aussi les cordonniers,
Tous ceus qui font en la ville métiers :

---

1. *Marchands de cire.*

« Seigneurs, leur dit Boniface le fier,
Il est venu soissante messagers,
Jamais n'ai vu si nobles chevaliers,
Tous ducs et comtes et moult riches terriers,
N'y a celui qui n'ait cinq écuyers ;
En destre[1] font mener les bons destriers,
Et grands avoirs charger sur les sommiers,
Portent faucons, autours et éperviers,
Et chiens et braques, vautres[2] et lévriers.
J'ordonne à vous, qui faites les métiers,
Que leur vendiez tous vos avoirs très cher,
Pour un denier deus sous ou vingt deniers.
Avant que passe demain le jour entier,
Ils mangeront avec moi volontiers.
— Sire, font-ils, par les saints de Poitiers,
Ce ban[3] nous est facile à observer.
Si acheter veulent de nos métiers,
Nous leur vendrons, mon escient, si cher,
Qu'aus pèlerins jamais vivre[4] outre-mer
 Ne fut si cher vendu. »

LXIV

Roi Boniface s'en va en son donjon,
Par la cité se logent les barons.
Dans leurs hôtels, de tous les environs,

---

1. *À droite, de la main droite.*
2. Le *vautre* est une espèce de chien de chasse.
3. *Cet ordre.*
4. *Vivre* est ici le substantif = *aliment.*

Font apporter vivres à tel foison
Comme si tout ne coûtait un bouton.
Qui eut à vendre bon brochet ou saumon,
Pouvait le faire pour son poids de deniers,
Avoir en put autant que lui fut bon.
Cent marcs d'argent un ours y vendait-on,
Et trente livres un gras cerf de saison,
Et la perdris vendait-on un mangon,
Et la geline dis sous, ou le chapon.
Jamais n'ont eu si chère venaison,
Si cher oiseau, chair fraîche ni poisson...
Mais de tout font porter telle foison
Comme s'ils eussent tout trouvé à bandon.
  Bien se montraient barons !

LXV

Moult démenèrent les barons grand fierté.
Le pain font prendre par toute la cité ;
Qui eut gâteaus ou pain blanc et bluté,
Vendre le put si à sa volonté,
Qu'à l'aise en fut jusqu'à un an passé.
Car tant menaient largesse et richeté,
Que ne trouvaient rien de si grand cherté
Qu'ils n'en voulussent aussi grand quantité
Que s'ils avaient tout pour rien acheté.
Ce jour-là même, sans plus longtemps tarder,
Un habitant s'en va au grand palais,
À Boniface a tout dit et conté :

« Sire, par Dieu, en folie a tourné
Ce qu'à vos hommes vous aviez commandé.
Ces messagers, qui sont en la cité,
Démènent trop orgueil et grand fierté;
Ils n'ont poisson en la ville trouvé,
Oiseau ni chair, qu'ils n'aient fait emporter.
Votre cité ont mise en tel cherté,
Que pèlerin, ni homme quel qu'il soit,
N'y trouve rien pour denier monnayé,
Tant ont déjà ces barons acheté ! »
Le roi l'entent, en est fort tourmenté :
« Ma foi, fait-il, la chose a mal tourné. »
Après cet ordre, un plus fort a donné,
Que il n'y ait bourgeois ni étranger,
Pauvre ni riche, homme de mère né,
Qui bûche vende pour denier monnayé
Aus messagers qu'en ville sont logés.
Quand ce apprenent les princes, les fieffés,
Qui leur manger avaient tout acheté,
En vérité sachez que ne leur plaît.
Entre eus se sont en conseil assemblés,
De Montpensier a Gui premier parlé :
« Seigneurs, fait-il, grand affront nous a fait
Roi Boniface, qui ce a commandé.
Manger chair crue n'avons accoutumé ;
Si la mangeons, ce sera lâcheté,
Dans nos pays nous sera reproché.
Par le Seigneur qui le monde a formé,
Si voulez croire mon dit et mon pensé,

Nous serons tous en un instant armés,
Attaquerons ce roi démesuré [1]
Là haut dans son magnifique palais,
Nous l'occirons devant ses chevaliers,
Emmènerons sa sœur au corps moulé,
Devant ses gens, quelqu'ennui qu'ils en aient. »
Lors dit Girard : « N'ayez telle pensée !
N'est pas prouesse de follement agir.
N'est-il donc sire et roi de son royaume ?
Juste est qu'on fasse ce qu'il a commandé.
Puisque des bûches [2] a fait son ban crier,
Faut à foison grosses nois acheter,
Et de bon bois hanaps, s'ils sont trouvés [3] :
Dès qu'ils seront dedans le feu jetés,
Ne verrez rien qui jète tel clarté.
Riches nous sommes et de grand parenté ;
Si dépensons mil marcs d'argent pesé,
Ne nous importe pas plus qu'un œuf pelé,
Mais [4] qu'à l'honneur d'Aimeri le vaillant
Nous ayons fait ce qu'il a commandé. »
Disent les comtes : « Moult avez bien parlé. »
À ce qu'il dit se sont tous accordés,
Et leur ban font crier par la cité :
« Qui hanaps a, cher seront achetés ! »
L'ont entendu les bourgeois ; sans tarder,

---

1. *Démesuré*, c'est-à-dire: « qui n'observe pas la mesure, qui dépasse les bornes. »
2. *Au sujet des bûches.*
3. *Et des hanaps* (grands vases à boire) *de bon bois, si on en trouve.*
4. *Pourvu.*

Dessous leurs chapes en ont tant apporté,
Que ils en ont un grand mont entassé.
Et ils les vendent aussi cher qu'il leur plaît,
À bon argent et à fin or pesé.
Et les vilains mènent en quantité
Muls et sommiers, qui sont de nois chargés,
Qu'ils ont vendues tout à leur volonté.
Et les Français ont tout au feu jeté ;
Avec les bons hanaps, qu'ils ont cassés,
Et les nois gauges [1] ont le feu allumé.
Jaillit la flamme, qui jète grand clarté ;
Jusqu'aus toitures ont les brandons volé,
Et peu s'en faut qu'ils n'aient tout embrasé.
Tous les Lombards en sont épouvantés ;
Dit l'un à l'autre : « Mal nous est arrivé !
Ce sont ici diables et démons !
Que le dommage tout en soit retourné
Sur Boniface, le fol écervelé,
   Qui les mit dans Pavie [2] ! »

LXVI

Vingt jours séjournent les barons et les pairs.
Si richement qu'on peut l'imaginer,
Font chaque jour les mangers apprêter ;
Les venaisons et les ours font tuer,

---

1. *Grosses nois.*
2. Sur cet épisode des nois et des hanaps brûlés, qu'on retrouve ailleurs, voyez un article de M. Gaston Paris, dans *Romania*, IX, 515.

Et quand les ont fait cuire et préparer,
À peine en daignent-ils un peu goûter,
Mais ils font tout répartir et donner.
Jamais ne font leur manger refuser
À nul qui veuille ni venir ni aller ;
Et qui le veut en peut assez porter.
Lombards le voient, qui avares étaient,
Ces grands dépenses ne peuvent endurer ;
L'un d'eus envoient au roi le raconter :
« Au nom de Dieu, sire, grand tort avez,
Quand ces barons faites ci séjourner.
Jamais ne vîmes tel orgueil démener
Par roi ni comte, par prince ni par pair.
Telle cherté ont en ville amenée,
Que voyageurs n'y peuvent se loger,
Et point n'y trouvent vivres à acheter.
Noble roi, sire, faites-les en tourner ! »
Le roi l'entent, il est tout irrité :
« Ma foi, fait-il, bien dois être ennuyé !
Je les ferai par devant moi mander.
— Sire, fait-il[1], il n'en faut point parler !
Avant verriez la quinzaine passer,
Qu'en votre hôtel en daignât un entrer,
Parce que trop les avez courroucés,
Quand vous leur fîtes les bûches refuser.
    Ce fut follement fait ! »

---

1. *Réplique le bourgeois.*

LXVII

Dit Boniface: « Par Dieu, le fils Marie,
Vraiment ce fut de ma part grand folie,
Quand pour les bûches tel défense je fis;
Car les barons sont de grand seigneurie,
Rien que fassions ne prisent une alise [1].
Bientôt pourraient les choses mal tourner,
Si quelque temps demeurent à Pavie.
Avant que plus soit la ville enchérie,
J'irai à eus, et ne tarderai mie. »
Lors va monter un mulet de Syrie.
Avec lui mène de sa gent grand partie,
Trente Lombards eut en sa compagnie;
Avant qu'il soit de la salle sorti,
Roi Boniface remontrances leur fit,
Et tous ensemble aimablement les prie:
« Seigneurs, fait-il, pour Dieu le fils Marie,
Quand vous verrez cette grand baronnie [2],
Gardez-vous bien que ne disiez folie,
Car Français sont une gent moult hardie,
Et ils sont pleins de grand chevalerie.
Qui leur ferait trop vive répartie,
Tôt ils l'auraient fendu jusqu'à l'ouïe [3];
Ne s'en tiendraient pour tous ceus de Pavie [4].

1. *Ne vaut pour eus une alise* (ils n'en ont aucun souci).
2. *Réunion de barons.*
3. *Jusqu'à l'oreille.*
4. C'est-à-dire : « Rien ne pourrait les en empêcher. »

Et s'ils avaient notre gent envahie,
Plus tôt auraient à cent ôté la vie,
Que ne pussions nul d'eus avoir saisi.
— Sire, font-ils, de ce ne craignez mie.
S'il plaît à Dieu, ne leur dirons folie.
Dieu nous en garde, à qui tout obéit,
    Qu'à nous ils ne s'en prennent! »

LES MESSAGERS S'ACQUITTENT DE LEUR MESSAGE: RÉPONSE D'HERMENGARDE

LXVIII

Richement sont et chaussés et vêtus
Roi Boniface et ses amis féaus.
À cheval montent, n'y ont plus attendu,
Jusqu'aus hôtels des barons sont venus.
Les messagers, quand les ont aperçus,
Sont au-devant du roi vite sortis.
Le roi leur dit moult aimable salut:
« Au nom de Dieu, le vrai seigneur Jésus,
Qui tous jours est et toutes heures fut,
Soyez gardés, chevaliers renommés!
— Bien venez[1]! sire, ceus-ci ont répondu.
Auprès de nous vous avez grand tort eu,
Qui bûche à vendre nous avez défendu.
S'il ne nous fût autre bien advenu,
Notre manger nous eussions mangé cru.

---

1. *Soyez le bienvenu.*

— Seigneurs, dit-il, n'en soyez irrités,
Je ne l'ai fait pour nul mal, par Jésus !
Mais bien voudrais désormais avoir su,
S'il vous plaisait, pourquoi êtes venus,
Et chevaucher pourquoi avez voulu
  Hors de votre contrée. »

LXIX

Hugues parla, le chevalier gentil[1]
De Barcelone, qui moult fut bien appris :
« Beau sire roi, dit le comte de pris[2],
Par le Seigneur, le roi de paradis,
Nous sommes tous ducs, comtes et marquis,
N'y a celui qui n'ait riche pays.
Çà nous envoie le preus comte Aimeri,
Le meilleur prince qui dans ce monde vive.
D'Hernaut, qui fut si grand seigneur, est fils,
N'est tel baron, d'ici à Saint-Denis,
Comme est le comte qui ci nous a transmis[3],
Hors seulement Charles aus fiers sourcils :
À celui-ci ne le compare mie,
Mais, après lui, a dessus tous le pris
Celui qui tient Narbonne et le pays[4],
Ce dont n'eut cure ni prince ni marquis.
Ce comte franc, dont ici vous ai dit,

---

1. *Noble.*
2. *De valeur, vaillant.*
3. *Envoyés.*
4. *Et le pays de Narbonne.*

Par nous vous mande, beau sire roi gentil,
Que lui donniez votre sœur aus yeus vifs,
C'est Hermengarde, au beau corps si bien pris.
Si l'a le comte, je vous le garantis,
Aucune dame ne monta en tel pris [1],
Et vous serez assuré [2] tant d'amis,
Que ne craindrez nul homme en votre vie.
Si ne le faites, je vous le certifie,
À toujours mais sera votre ennemi
    Aimeri de Narbonne. »

LXX

Hugues parla, le preus et le courtois :
« Prenez conseil, fait-il, beau sire roi,
Ce que je dis n'est point par vanterie ;
Si nous donnez votre sœur sans débat,
Dedans Narbonne, dans le riche manoir,
Sera comtesse, d'ici avant un mois ;
Si ne le faites, par Dieu qui fit les lois,
Vous en aurez et honte et désarroi ;
Tant mènerons chevaliers et harnois,
Qu'avant un an l'aurons sans votre octroi.
Mais tel parti prenez, beau sire roi,
Que nous donniez la dame aus cheveus blonds.
Riche douaire lui ferons tout à chois :
Dame sera de tout le Beaulandois [3],

---

1. *Ne fut si honorée.*
2. *Et vous vous serez assuré.*
3. Aimeri avait hérité de son père la seigneurie de Beaulande (Nice ?).

Et de Beaucaire et tout le Narbonnois,
Et de Marsanne et jusqu'en Viennois. »
Lombards l'entendent, et sont en grand effroi ;
Dit l'un à l'autre : « Par Dieu qui fit les lois,
Si fier douaire ne fit comte ni roi !
    Bien doit avoir la dame. »

LXXI

Dit Boniface : « Seigneurs, or m'entendez,
D'une partie[1], je vous sais moult bon gré,
Quand par amour[2] ma sœur me demandez
Pour Aimeri, qui tant est redouté ;
Et d'autre part, me semble grand fierté,
Quand vous par force avoir la voudriez.
Mais une chose sachez, qu'est vérité :
Moult est celui fou et sot éprouvé,
Qui femme prent outre sa volonté.
Jamais, si l'homme n'est de sa femme aimé,
N'en sera bien servi ni honoré.
Mais pour cela ne veus être blâmé :
À la pucelle irai, si vous voulez ;
Si elle octroie ce que dit vous avez,
Je vous la donne volontiers et de gré. »
Disent Lombards : « Dieu en soit adoré !
Beau sire roi, il vous faut vous hâter ;
N'entendez-vous com disent grands fiertés ?
Tant nous menacent, tous nous ont effrayés.

1. *D'une part.*
2. *Amicalement.*

Ne sont pas hommes, mais diables incarnés !
Allez, beau sire, pour Dieu la leur donnez,
Et ce pays moult tôt en délivrez !
Si ne le faites, vous en repentirez. »
À ces paroles, s'en est le roi tourné,
Jusqu'au palais ne s'est pas arrêté.
Trouva sa sœur, qui moult eut de beautés ;
De ses pucelles elle était entourée.
Le roi fut sage et bien savait parler ;
Ses bras lui a tous deus au cou jetés,
Puis il lui parle avec grande amitié :
« Ma belle sœur, veuillez bien m'écouter.
Mariée êtes, si cela vous agrée,
Au plus haut prince qui soit de mère né,
  Qui chercher vous envoie. »

LXXII

En une chambre, qui était peinte à fleurs,
S'était assis le roi dans son palais,
Près de sa sœur à la fraîche couleur.
Il lui a dit bellement par amour :
« Ma belle sœur, allez avoir seigneur :
Donner vous veus un comte, le meilleur,
Le plus vaillant qui soit d'ici en Inde.
Soissante pairs de la terre de France
Vous viennent prendre, tous sont et ducs et comtes.
En cette ville ils ont fait tel séjour,
Qui cinq cents marcs coûtait en quatre jours. »
Et Hermengarde lui a dit par amour :

« Frère, fait-elle, ne me tenez pour folle,
Mais, par ma foi en le vrai Créateur,
Jamais n'aurai ni mari, ni seigneur,
Si ce n'est un, qui est de grand valeur,
C'est Aimeri, le noble combattant,
Qui tient Narbonne et le pays d'entour,
Que refusèrent les petits et les grands,
Tant redoutaient la gent des Sarrasins.
Et il la tient avec force et vigueur,
Et la défent si bien contre païens
Qu'il n'en perdit demi-pied ni trois doigts.
Et parce qu'on le tient pour le meilleur,
Si bien vers lui j'ai tourné mon amour,
Que, si ne l'ai, n'aurai mari nul jour,
Car de lui seul me peut venir honneur.
M'a demandée Archambaut de Monfleur,
Vieus est ce roi, et en faiblesse tourne :
Ne l'aurais pris, par Dieu le créateur,
Pour le trésor de Charles l'empereur,
Car en eût pu bien venir déshonneur ;
Pour lui jamais je n'aurais eu amour,
　　Tôt en fût venu honte. »

LXXIIJ

« Frère, lui dit la pucelle élancée,
Au nom de Dieu, qui tout a en baillie [1],
N'ayez plus tant de grand avoir envie,
Assez avez richesses réunies.

1. *Sous sa puissance.*

Si vous ennuie la mienne compagnie,
D'autant j'en suis plus fâchée et marrie,
Que de longtemps partir ne voulais mie.
Un jour me vint chercher dedans Pavie
Roi de Spolète avec grand baronnie [1],
Ce est Othon, qui tant a seigneurie,
Puis Savari à la barbe fleurie,
Cet Allemand, qui espérait folie,
Car mieus j'aimais être vive enfouie
Que tel vieillard m'eût eu pour son amie.
Et le duc Ace, qu'a Venise en baillie,
Depuis un an me requiert moult et prie.
Aussi me veut roi André de Hongrie ;
Riche homme il est, je ne le dédis mie,
Dis cités a dedans sa seigneurie ;
Mais il n'aura avec moi compagnie,
Car il est vieus, a la barbe fleurie,
Et il est rous, et la chair a blêmie ;
Foi que je dois [2] à la Vierge Marie,
Ne le prendrais, dût-on m'ôter la vie.
Mieus je voudrais être en un feu brûlée,
Que de coucher près sa panse flétrie ;
Si m'aide Dieu, qui tout a en baillie,
   Jamais n'aurai vieil homme. »

LXXIV

Dit Hermengarde au beau corps si bien pris :
« Beau sire frère, je vous le certifie,

---

1. *Avec beaucoup de barons.*
2. C'est-à-dire : « Par la foi que je dois... »

Que je n'aurai de mari en ma vie,
Si je n'ai pas le preus comte Aimeri,
Le fils d'Hernaut au courage hardi,
Que Charlemagne de Narbonne a saisi,
Quand tous les autres en furent ébahis [1].
Quand pour la prendre tous ont au roi failli,
Le damoiseau en gré la recueillit.
Beau sire frère, tout mon penser vous dis :
Par le Seigneur qui jamais ne mentit,
Je ne désire nul homme autre que lui. »
Dit Boniface : « Jésus j'en remercie !
Je ne vous veus donner qu'à Aimeri.
Soissante pairs a envoyé ici,
Qui sont hauts hommes, courageus et hardis. »
Dit la pucelle : « Dieu j'en adore et prie !
Je puis bien dire qu'en bonne heure [2] naquis,
Puisque c'est vrai que j'aurai Aimeri,
    Le seigneur de Narbonne. »

LXXV

Lorsque sa sœur roi Boniface entent,
Qu'elle prendra Aimeri bonnement,
Moult est joyeus, entre lui et sa gent [3],
Et les Lombards en sont tous moult contents,
Car des Français avaient une peur grand.
À qui mieus mieus sont retournés courant ;

---

1. *Effrayés.*
2. *À un heureus moment.*
3. C'est-à-dire qu'ils se réjouissent entre eus.

Jusqu'aus Français ils viennent maintenant,
Qui tous ensemble étaient là, attendant
Que répondrait la pucelle avenante.
Et les Lombards arrivent promptement,
Qui de conter [1] étaient moult désirants.
Barons demandent à ceus qui sont devant :
« Que vous répont la pucelle avenante ?
La menons-nous à Narbonne la grande,
À Aimeri le hardi combattant ? »
Et ils répondent : « Oui, et moult bonnement [2].
Si vous n'étiez que quatre seulement [3],
Serait allée volontiers et gaîment
    Au seigneur de Narbonne. »

LXXVI

Quand ont les comtes ce récit écouté,
Que bien consent la pucelle sensée
Qu'Aimeri l'ait, le comte renommé,
Savoir pouvez que moult bien leur agrée.
Et Boniface, sans plus le retarder,
Les a conduits dans la salle pavée.
Y avait là moult de gens assemblés,
Car la nouvelle était déjà contée,
Que Hermengarde devait être épousée.
Voici venir la pucelle honorée :

---

1. *De raconter ce qui s'était passé.*
2. C'est-à-dire : « sans résistance. »
3. C'est-à-dire : « Quand bien même vous ne seriez pas venus en force. »

Sort d'une chambre, moult richement parée,
Était vêtue d'une pourpre brodée,
Ses cheveus sont d'un fil d'or galonnés,
Les yeus eut vairs [1], la face colorée ;
De tel beauté Dieu l'a illuminée,
Que depuis n'est si belle dame née.
Tous les barons l'ont beaucoup regardée,
Dit l'un à l'autre à part et en secret :
« Lorsque l'aura Aimeri épousée,
Bien pourra dire, c'est vérité prouvée,
Qu'une si belle jusqu'à la mer glacée
N'aura nul roi, si grande ait renommée. »
Et la pucelle, qui bien fut enseignée,
Au-devant d'eus est aussitôt allée,
Et les salue comme sage et sensée :
« Ce Seigneur Dieu, qui mainte âme a sauvée,
Et qui fit ciel et terre et mer salée,
Garde ces comtes et bien les veuille aider !
Je vois ici belle gent assemblée,
Et mainte robe entaillée et ornée,
De vair, de gris et d'hermine fourrée,
Mais ne connais, tant en suis-je troublée,
Comte Aimeri, à la mine hardie,
Le Narbonnais, à qui je suis donnée.
Qu'il vienne donc à moi, sans plus tarder,
Et me reçoive, si je lui suis à gré.
— Dame, dit Hugues, avez dit chose étrange !
Par le Seigneur qui fit ciel et rosée,

---

1. *Gris clair.*

Quand ce que dites sera chose avérée,
Et que celui qui doit vous épouser
Arrivera pour vous dans la contrée,
Reconnaîtrez à sa mine hardie,
Son fier regard, sa poitrine carrée,
Que c'est le comte à qui serez donnée.
Autour de lui aura telle assemblée
Qu'emplira toute cette salle pavée ;
Et la cité, tant comme est grande et large,
S'en trouvera en tous lieus effrayée.
— Seigneurs, ce dit la pucelle sensée,
Loué soit Dieu et sa mère adorée,
    Pour si haut mariage ! »

DIS DES MESSAGERS RETOURNENT PRÈS D'AIMERI. EMBUSCADE DE SAVARI L'ALLEMAND

LXXVIII

Au palais sont les princes, les marquis.
Ils ont quitté manteaus de vair et gris,
Sous eus les ploient et dessus sont assis ;
Entre eus ensemble ont moult joué et ri,
Et avec eus la pucelle aus yeus clairs.
Elle s'adresse aus comtes réunis :
« Seigneurs, dit-elle, entendez mon avis.
Puisqu'ainsi est que le parti est pris,
Qu'avoir me veut le preus comte Aimeri,
Par le Seigneur qui sur la crois fut mis,

Si vous voulez bien suivre mon avis,
De vous iront jusqu'à Narbonne dis,
Tout maintenant, et sans aucun répit,
Et vous prîrez Aimeri le marquis
Qu'il vienne prendre sa femme en ce pays,
S'il veut bien celle pour qui vous a transmis [1].
S'il ne le veut, par le grand saint Denis,
N'en sera plus jamais par moi requis.
Mais s'il y vient, qu'il mène ses amis,
Et qu'ils chevauchent et le jour et la nuit.
Pour ménager chevaus qu'ils ne s'attardent :
S'ils ont cheval fatigué et meurtri,
Pour un roussin rendrai cheval de pris,
Et pour un mort en rendrai-je deus vifs.
Partez donc tôt, ou à douze ou à dis ;
Les cinquante autres demeureront ici,
Dedans mes chambres, armés, de fer vêtus.
Si me venait chercher en ce pays,
Par aventure, duc ou comte ou marquis,
Tant d'or auraient à mon frère remis,
Que son aveu pourraient avoir surpris [2];
Mais ceus qui dans mes chambres seront mis
Me secourraient de leurs lames fourbies,
  S'ils voulaient m'emporter.

---

1. *Il vous a envoyés.*
2. Elle veut dire que les prétendants pourraient avoir acheté son frère, le roi Boniface.

LXXIX

« Seigneurs barons et nobles chevaliers,
Dit Hermengarde, la belle au corps léger,
Allez-y dis le message annoncer
Dedans Narbonne, à Aimeri le fier,
Qu'il vienne ici sans le moindre délai.
Ne se soucie de cheval épargner !
Qui pert roussin, je lui rendrai destrier.
— Dame, font-ils, bien vous avez parlé;
Qui point n'approuve, ne vaut pas un denier. »
Les bons manteaus ont derrière eus laissés,
Où assis furent, ne les daignent lever.
Les messagers se vont appareiller,
Ceus que l'on doit à Narbonne envoyer;
Un peu les vont les autres escorter,
Tant que sortis sont du vaste palais.
Et la pucelle est tout émerveillée
De ceus qui sont si orgueilleus et fiers,
Que leurs manteaus laissent ainsi traîner ;...
Elle en appèle son sénéchal Garnier,
Et avec lui un damoiseau léger,
Et deus sergents et un franc écuyer :
« Seigneurs, fait-elle, portez sans nul délai
Aus chevaliers leurs manteaus qui sont chers ;
Ici à terre les ont laissé traîner,
Ne sais s'ils ont voulu nous éprouver.
— Dame, font-ils, à votre volonté ! »
Chacun en va douze ou quinze charger,

Aus barons vont aussitôt sans délai.
Déjà sortaient des portes du palais,
Parce que veulent les dis accompagner
Qui doivent vers Narbonne chevaucher ;
Le sénéchal se mit à leur crier :
« Attendez-nous, seigneurs, nobles guerriers !
Tous vos manteaus, que vous aviez laissés,
Vous fait ma dame après vous envoyer.
— Seigneurs varlets, dit Gui de Montpensier,
Qu'ils soient à vous, bien vous pourront servir,
Car ne convient à nul franc chevalier,
À duc ni comte qui soit seigneur fieffé,
  Qu'il emporte son siège. »

LXXX

« Seigneurs varlets, ce dit Gui le marquis,
Que soient à vous manteaus de vair et gris !
D'autres avons tout à notre plaisir :
N'y a celui qui n'en ait cinq ou sis.
Ne convient pas, dans notre beau pays,
Que comte ou duc, ni prince ni marquis,
Le siège emporte sur quoi il aura sis. »
Font les varlets : « Seigneurs, à vous merci !
Que Dieu vous garde, le roi de paradis,
Qui à donner de tels dons vous apprit !
Le Seigneur m'aide, qui sur la crois fut mis !
Roi Boniface, que tant avons servi,
Point ne nous donne manteaus de petit-gris. »
Lombards le voient, tous en sont ébahis,

Le roi lui-même en resta tout pensif,
Il se demande où tel avoir fut pris,
Que dépensaient ces princes, ces marquis ;
En sa pensée il les tient bien pour fous,
Car il n'a pas telle dépense appris.
Mais quand le sut Hermengarde au front clair,
Lors tout son cœur s'en est de joie épris.
Les messagers montèrent tous les dis
Sur les mulets, sans nul autre répit.
Tout maintenant se sont en chemin mis,
Et les cinquante demeurent au pays,
Comme l'a dit la pucelle gentil[1].
Les messagers s'en vont à toute bride ;
Que les conduise le Roi de paradis !
Avant qu'aient vu à Narbonne Aimeri,
Peur ils auront, même les plus hardis,
Car le félon allemand Savari,
Qu'ils poursuivirent, comme je vous l'ai dit,
S'était depuis si bien en peine mis,
Près d'un sien frère qu'il avait au pays,
Qu'il avait bien cent hommes tout armés.
Garde les comtes Dieu qui en crois fut mis !
    Car grand mal les menace.

LXXXI

Vont les barons et ne s'attardent mie.
Droit vers Narbonne ils ont leur chemin pris ;

---

[1]. *Noble.* « Gentil » est un des adjectifs qui ne prenaient pas d'e au féminin.

Dis écuyers ont en leur compagnie,
Qu'en destre mènent¹ les destriers de Hongrie.
Chacun eut armes et épéë fourbie,
Qui leur feront besoin avant complies !
Serrés chevauchent, d'une allure tranquille.
Dieu les conduise, qui tout a en baillie ² !
Car Savari, à la barbe fleurie,
N'a sa défaite encore oublié mie :
Le chemin guette, tout un jour et demi,
Pour Hermengarde ³, la belle de Pavie,
Dont trop aurait grand deuil et jalousie,
Si un autre homme l'avait en sa baillie.
Avec cent hommes, que le Seigneur maudisse,
Fut embusqué près d'une voie antique ;
Et les barons, qui ne s'en gardent mie,
De ce côté vont en petite troupe.
Hugues parla, à la mine hardie,
(De Barcelone avait la seigneurie):
« Seigneurs, dit-il, ce me semble folie
Que ne montions nos destriers de Syrie.
Mettons en tête les heaumes de Pavie,
Que n'allions pas comme gens étourdis,
Car cette voie me semble dangereuse.
Tienne chacun son épéë fourbie ;
Si trouvons gent qui nous fasse assaillie,
    Chacun bien se défende ! »

---

1. *Qui conduisent à leur droite.*
2. *En sa puissance.*
3. *À cause d'Hermengarde.*

LXXXII

« Seigneurs, dit Hugues, francs chevaliers barons,
Si m'en croyez, sur les destriers montons,
Et nos épées près de nous bien tenons.
À toute attaque, très bien nous défendons. »
Et ils répondent : « Le Seigneur bénissons ! »
Chacun descent du mulet d'Aragon,
En destriers montent, sans faire plus d'arrêt,
Puis chevauchèrent fièrement sur l'arçon,
Jusqu'aus aguets où étaient les gloutons.
Quand Savari (maudit soit-il de Dieu !)
Vit les barons, nul ne fut si joyeus.
Dit à ses hommes : « Entendez mes paroles :
Mon escient, beau butin nous ferons,
Ici reviennent les chevaliers barons.
L'autre jour firent moult grande occision
De notre gent qu'amené nous avions,
Mais n'en y a pas à si grand foison,
Et ceus qui viennent ne valent un bouton.
Si ne prenons, ce jour, la vengeaison
De ceus qu'ils ont occis par trahison,
Jamais nul jour honorés ne serons.
Car par eus sont morts nos bons compagnons,
Dont j'ai le cœur tout plein d'affliction. »
Disent ses hommes : « Plus longtemps qu'attendons ?
Contre nous guère tenir ils ne pourront. »
À ces paroles s'élancent les gloutons,
Et vers les comtes piquent des éperons.

Ceus-ci les voient, moult en ont grand frisson.
« Seigneurs, leur dit Hugues le gentilhomme,
De bon conseil il ne vient que du bien ;
Bien pouvez voir que mon conseil fut bon,
Car sur nous viennent, piquant des éperons,
Ce m'est avis, les Allemands félons
Que l'autre jour déconfit nous avions.
Pour Dieu, seigneurs, qu'aimer moult nous devons,
Gardez-vous bien, que chacun soit baron,
Et combattant et fier comme lion.
Si sommes peu, tant mieus les attaquons !
Vous voyez bien qu'échapper ne pouvons,
Ni d'autre part nul secours n'attendons,
Ni aucune aide, sinon du Seigneur Dieu ;
Et bien sachez, si nous déconfortons,
Que contre eus tous tenir nous ne pourrons
Plus que l'aloue[1] contre l'émérillon.
Hélas ! vrai Dieu, quel besoin nous aurions
Du bon vassal Girard de Roussillon,
D'Hernaut de Metz et d'Ors de Valbeton,
Gautier du Mans, de Garin de Laon,
Et de Geoffroi, de Hunaut le Breton,
De Jusserand et du vassal Guyon,
Et des cinquante que derrière laissons !
Si fussent là ces chevaliers barons,
Peu dureraient contre nous ces gloutons.
Puisque je vois qu'avoir ne les pouvons,
Par Jésus, qui à Longin fit pardon,

---

1. *L'alouette.*

Cher me veus vendre, avant que pris soyons !
Ne vous puis dire, seigneurs, autres paroles,
Nous recommande à Dieu et à son nom ;
Je frapperai, qui le veuille ou qui non ! »
À ce mot, pique le destrier d'Aragon,
Et déploya le vermeil gonfanon ;
Devant s'en va, si loin que porte l'arc.
De l'autre part est vers lui accouru
Ce Savari, qui lui crie à haut ton :
« Rendez-vous tôt, fils à putain, glouton !
Ne vous vaudrait la défense un bouton [1].
En Allemagne vous aurai en prison,
À mon désir en [2] prendrai vengeaison,
Et, s'il me plaît, j'en tirerai rançon ! »
Hugues l'entent, nul n'eut si grand courrous ;
Le destrier pique, ne dit ni oui ni non.
Et l'Allemand revint à éperons,
Sur son écu frappe le preus Hugon [3],
Brise sa lance, dont volent les tronçons.
Et Hugues frappe ce traître, ce félon,
À toutes forces, d'un tel coup sur la targe [4],
Que ne lui vaut [5] le montant d'un bouton.
Il transperça le haubert à maillons,
Mais dessous fut le pourpoint de coton,
Qui de la mort garantit le glouton.

1. *Vous ne gagneriez rien à vous défendre.*
2. *De vous.*
3. Hugon, accusatif de Hugues.
4. La *targe* est un bouclier rond.
5. Le sujet de *vaut*, c'est « la targe ». — *Le montant de*, c'est-à-dire : « la valeur de. »

Hugues le pousse avec telle colère,
Que sur le sable l'abat, jambes levées ;
Puis prent l'épée qui lui pent au côté,
Et sur lui court, ardent comme lion.
Aurait tranché le chef [1] sous le menton,
Mais à rescousse vinrent cent compagnons,
Cent de la troupe de l'infâme félon.
« Ah! Godehelpe [2] ! » crïent-ils à haut ton.
Tout alentour environné ils l'ont ;
De toutes part assaillent le baron.
Si Dieu n'y veille, de par son très saint nom,
Plus il n'aura secours ni guérison,
Car ils lui lancent leurs épiés à foison,
Et lui occient son destrier d'Aragon,
    Et le mettent par terre.

LXXXIII

Quand Hugues voit sous lui mort son destrier,
Savoir pouvez, moult en fut courroucé.
Il saute en pieds, à guise d'homme fier.
Qui l'aurait vu son écu embrasser,
Et s'escrimer du brant fourbi d'acier,
Moult aurait dû le louer et priser.
Frappe le preus et devant et derrière,
Malheur à qui l'oserait approcher !
De loin lui lancent les épiés acérés,
Et bien l'auraient sans nul recours tué,

---

1. *Sa tête.*
2. *Gott helf* (Dieu aide !).

Quand y accourent les guerriers renommés,
Ses compagnons qui en arrière étaient,
Et avec eus tous les dis écuyers,
Qui armés furent comme des chevaliers.
Dans la mêlée se sont précipités,
Là où ils virent le baron s'escrimer,
Qui de bonne aide moult grand besoin avait.
À haute vois ont « Narbonne ! » crié.
Chacun celui qu'il trouve le premier
Fait aussitôt à terre trébucher.
Lors on eût vu les Allemands plier ;
Toute la place ils leur ont fait vider,
Et n'y resta que Hugues le guerrier,
Qui à pied fut, au poing le brant d'acier.
Dolents en furent les nobles chevaliers ;
Près d'eus regardent s'ils verraient le destrier
Dont Hugues avait Savari renversé ;
N'avait encore eu loisir ni pouvoir
De se remettre le pied à l'étrier.
Monter font Hugues les loyaus chevaliers
Rapidement sur le vaillant coursier ;
N'était meilleur de là à Montpellier,
À Savari à tel point était cher
Que, pour sauver son corps, ne l'eût donné.
Et d'autre part les Allemands félons
Font Savari leur seigneur relever
De là où Hugues l'avait fait trébucher ;
Monter le font sur un autre destrier,
Que devant eus trouvent abandonné.
Du clairon sonne pour ses gens rallier,

Autour de lui les a fait retourner.
Quand il les voit, à eus s'est adressé :
« Seigneurs, dit-il, moult ne doit tourmenter
Que ces vassaus tel dommage m'aient fait :
Il s'en faut peu que mon corps n'aient brisé,
Et pour toujours mes membres mutilé.
Et j'ai tel deuil pour mon vaillant destrier,
Que bien j'en crois perdre sens et raison.
À vous m'en plains, qui me devez aider !
Si me pouvez de ces gloutons venger,
Tout mon trésor en vos mains viderai,
N'y restera ni maille ni denier ;
Autant d'argent et d'or vous donnerai,
Que le plus fort en osera porter. »
Quand ils l'entendent, on les eût vu courir,
Et pleins d'ardeur au combat s'apprêter ;
Contre les comtes pensent à s'élancer,
Les ont devant et derrière attaqués.
À cette vue, sont les barons troublés ;
Dieu invoquèrent, le seul vrai justicier,
    Que de mort les défende.

LXXXIV

Grand fut et fier et périlleus combat.
Bien se défendent les nobles chevaliers :
Ils étaient peu, mais moult avaient valeur.
Chacun tenait l'épéé de couleur[1] ;

---

1. *De couleur = ornée de peintures.*

Point n'y avait de si grand Allemand,
S'il est frappé dessus le heaume à fleurs,
Ne soit occis sans nul autre recours ;
Mais trop étaient les lâches imposteurs.
Dieu veille aus comtes, par la sienne douceur !
Ne peuvent plus endurer le combat,
Car les gloutons leur ont occis, ce jour,
Leurs écuyers, dont moult ont grand douleur.
Tant ont souffert les courageus seigneurs,
Le corps ont teint de sang et de sueur,
De leurs écus pas un ne reste entier,
Tout sont cassés leurs heaumes peints à fleurs,
Et démaillés les hauberts tout autour.
L'aide réclament du vrai Dieu créateur,
Que de ce jour ils sortent à honneur.
N'est pas merveille s'ils ont de mort frayeur,
Car blessés sont durement les plusieurs [1]
De telles plaies dont la moindre est moult grande.
Hugues leur dit bellement par amour [2] :
« Par Dieu, seigneurs, par notre vrai Sauveur,
Tant que vivons, maintenons le combat,
Que n'en ayons honte ni déshonneur !
Voici devant, ce me semble, une tour,
Qui moult est bien ferméë tout autour.
Si nous pouvions avoir tant de répit,
Et Dieu voulait, par sa grande douceur,
Qu'y entrions, plus n'aurions nulle peur

---

1. *La plupart.*
2. *Amicalement.*

Que fussions pris sans dommage des leurs. »
Quand ils l'entendent, ils reprennent vigueur,
Et chacun presse son destrier de valeur.
Éperonnant, ils ont fait un détour ;
Tant leur aida le Seigneur en ce jour,
Que tout ouverte ont trouvéë la tour.
Ceus de dedans au travail sont allés,
S'y précipitent librement les barons,
Hors le seul Hugues, le hardi batailleur,
Qui eut pensée de sens et de valeur,
D'aller trouver Aimeri, son seigneur,
Parce qu'il a le destrier bon coureur :
De là en Inde, n'y en avait meilleur.
Lors galopant s'en va par un détour,
Et les barons qui furent dans la tour
Ferment les portes aussitôt, sans délai.
Dedans ils n'ont trouvé qu'un vavasseur,
Lui et sa femme à la fraîche couleur,
Qui les reçoivent volontiers par amour.
Quand désarmés furent les neuf barons,
Entre eus regardent environ tout autour.
Quand ils ne voient Hugues le batailleur,
Pensent qu'il soit ou mort ou prisonnier ;
Lors font entre eus tel cri et tel douleur,
Que pour un homme jamais n'en fut si grande.
Mais bien à tort sont en peine de lui,
Car le vassal s'en va, sans nul répit,
Vers Aimeri sur le vaillant destrier :
  Lui dira les nouvelles.

LXXXV

Hugues chevauche, sans faire aucun arrêt,
Droit vers Narbonne, sur le destrier d'Espagne.
Et Savari et sa gent d'Allemagne
Devant la tour étaient dans la campagne ;
Moult avaient tous grand douleur et dépit,
De[1] ceus qui sont en la grand tour hautaine.
Devant la porte descent avec ses gens,
Et jure Dieu et les saints de Bretagne
Qu'y laisserait plutôt cœur et entrailles,
Que de partir sans les prendre de force.
Mais s'il attent Aimeri le baron,
N'en partira sans que lui-même en geigne ;
Car le preus Hugues y va sans nul arrêt,
    Qui dira le message.

LXXXVI

Or sont les comtes dans la tour assiégés ;
Devant la porte sont Allemands campés.
Contre ceus qui sont dedans hébergés,
Sont Allemands fortement courroucés ;
Souvent assaillent, les félons renégats !
Mais n'en sont guères ceus de dedans troublés,
Et se défendent comme vassaus prisés ;
Maint grand carreau[2] leur ont en bas lancé :

---

1. *A cause de.*
2. *Trait d'arbalète.*

Ceus qu'ils atteignent sont morts et écrasés,
En ont occis maints ou endommagés.
Moult bien leur a le vavasseur aidé,
Lui et sa femme leur font grande amitié ;
Des biens qu'ils ont ils ont bu et mangé,
Et là-dedans sont aussi bien traités
Que s'ils étaient chez eus et dans leurs fiefs.
Mais nous allons un peu les y laisser,
Du bon vassal Hugues je parlerai.
Il avait tant couru et chevauché,
Matin et soir le bon cheval pressé,
Qu'il voit Narbonne, que tant a convoité.
En la ville entre, sans nul autre délai ;
Moult eut le corps lassé et harassé.
C'était dimanche, après qu'on eut mangé,
Devant la salle[1] descendit au degré,
À un varlet a son cheval baillé,
Dedans la salle il est monté à pied.
À la grand table, de fin marbre sculpté,
Fut Aimeri et ses gens appuyés.
Quand Hugues voient, tout réjouis en sont,
Devant lui sont tout aussitôt dressés,
La plupart l'ont accolé et baisé.
Comte Aimeri en pleure de pitié,
Et sans tarder lui a ainsi parlé :
« Hugues, fait-il, dites, qu'avez-vous fait?
Où sont restés les bons comtes prisés,
Tous les soissante que j'avais envoyés,

---

1. *La grande salle du château.*

Quand je n'en vois autre que vous rentré?
Où en avez cinquante-neuf laissés? »
Hugues l'entent, a la tête baissé,
Pleure des yeus, mot ne lui répondit.
Lors Aimeri presque en est égaré,
Avec colère encor lui a parlé :
« Hugues, dit-il, rien ne me soit nié,
Dites-moi tout, comme vous l'avez fait.
— Sire, dit-il, bien vous sera conté,
    Si me voulez entendre. »

LXXXVII

Dit Aimeri : « Ne me soit pas celé !
Hugues, beau sire, par Dieu de majesté,
Où sont restés les comtes renommés,
Quand je ne vois que vous de retourné?
Vous fûtes donc en mauvaise contrée?
Je vous vois las et durement peiné :
En grand besoin avez, je pense, été.
Qui vous a donc ce bel écu troué,
Et ce haubert rompu et déchiré,
Et ce vert heaume brisé, mis en quartiers?
— Sire, fait-il, bien vous sera conté.
Grâce au Seigneur, si bien nous avons fait[1]
Qu'aurez la dame volontiers et de gré.
N'y a si belle d'ici jusqu'à Saint-Pierre ;
L'ont demandée maints hauts princes fieffés,

---

1. *Nous avons si bien réussi.*

Mais de nul prendre n'eut faim ni volonté [1],
Hors de vous seul, que tant a désiré.
Par le conseil qu'elle nous a donné,
Dans le palais sont là-bas demeurés
De nos barons cinquante, bien armés,
Et nous dis autres, nous étions retournés,
Et avec nous dis vaillants écuyers,
Pour vous conter ce qu'avïons trouvé.
Avant qu'un jour nous eussions chevauché,
Nous attaquèrent Allemands forcenés,
Qui plus étaient de cent, en vérité.
Tant y avons fort combat enduré,
Nos écuyers ont tous été tués,
Nous-mêmes fûmes en plusieurs lieus blessés.
Tous y fussions occis et démembrés,
Quand aperçûmes une grande ferté [2],
Une fort tour, de grande antiquité.
Comme à Dieu plut, le roi de majesté,
C'est là que sont les neuf barons entrés ;
Mon escient, ils sont en sûreté.
Bien y pourront tenir, au mien pensé,
Tant qu'ayez là votre secours mené.
Noble seigneur, Aimeri, ne tardez,
Secourez ceus qui tant vous ont aimé ;
S'ils y mouraient, vous serait reproché.
Et quand les comtes en seront délivrés,
De là irons, sans y plus séjourner,

1. *Elle ne désira ni ne voulut en prendre aucun.*
2. *Ferté = forteresse.*

Chercher la dame au beau corps honoré. »
Dit Aimeri : « Moult avez bien parlé.
Au nom de Dieu, le roi de majesté,
Ne veus en ville plus d'une nuit coucher,
Tant que les comtes ne seront délivrés
De cette tour où ils sont enserrés.
Après irons, si Dieu l'a destiné,
  Pour chercher la pucelle. »

LXXXVIII

Comte Aimeri ne veut plus séjourner,
Quand il entent que la pucelle aura.
Richement fait son départ préparer ;
Par la contrée lance ses envoyés,
Pour assembler tous ses grands barons fiers ;
Près de lui furent encor les chevaliers
Que Charlemagne y avait fait laisser.
Tant y en eut dans le palais princier,
Mon escient, plus sont de cinq milliers ;
Dedans Narbonne les a fait héberger
Comte Aimeri, cette nuit jusqu'à l'aube.
Au matinet, font bagages charger,
Et dans les chars, que ils font charroyer,
Font tout mener ce dont besoin avaient ;
Devant se rangent sergents et écuyers.
Comte Aimeri, qui est tant à priser,
En la cité fit mil sergents laisser,
Et y restèrent quatre cents chevaliers ;
Avant que puisse Aimeri retourner,

Il en aurait bien fallu cinq milliers.
Si Dieu n'y veille, qui tout a à juger,
Quand à Narbonne s'en revenir voudra,
Lui n'Hermengarde¹ n'aura où se loger,
S'il ne le gagne au fer et à l'acier ;
Car Desramé, que Dieu puisse maudire,
Et Baufumé, deus rois félons et fiers,
Qui par la grotte quittèrent la cité
Pour à l'émir les nouvelles porter²,
Amèneront le grand siège plénier³,
Avant que puisse Aimeri retourner,
Et lui voudront sa cité disputer.
S'en va le comte, qui ne s'en sut garder ;
Lui et ses gens ont longtemps chevauché,
Mais leurs journées point ne vous veus conter.
Tant va le comte avec ses barons fiers,
Qu'ont aperçu la grand tour blanchoyer,
Où enfermés étaient les messagers,
Que Savari avait fait assiéger.
Avant qu'ils voient luire le lendemain,
Voudront bien être les infâmes gloutons
  Rentrés en Allemagne !

LXXXIX

S'en va l'armée des comtes et barons,
Et tant chevauchent à force d'éperons,

---

1. *Ni Hermengarde.* Encore dans Villon : « Dites-moi où n'en quel pays. »
2. Voyez laisse XXXI.
3. *La grande armée de siège.*

Qu'ont aperçu la tour et le donjon,
Là où les comtes se trouvaient en prison.
Virent les tentes [1], autour et environ,
Là où étaient les Allemands félons.
Hugues les voit, nul ne fut si joyeus,
Comte Aimeri appèle par son nom :
« Sire, fait-il, écoutez ma raison [2] :
Voici la tour là où sont les barons,
Mais, grâce à Dieu qu'à Longin fit pardon,
Encore sont au siège les gloutons.
S'il vous agrée, il faut que nous armions ;
Si dans les tentes surprendre les pouvions,
Ne leur vaudrait leur défense un bouton,
Qu'ils ne soient pris et tués sans rançon. »
Dit Aimeri : « Le Seigneur bénissons ! »
Lors descendirent [3] sans plus s'y arrêter.
Aussitôt s'arment chevaliers et barons ;
Quand armés furent autour et environ,
Chacun remonte son destrier d'Aragon,
Puis chevauchèrent à force d'éperons.
Par les fenêtres du principal donjon,
Les aperçoivent les comtes prisonniers.
Virent reluire les hauberts à maillons,
Tant de verts heaumes, tant d'écus à lion [4],
N'y eut celui qui n'en eût le frisson ;

---

1. Dans le texte : « les loges. » Ce mot désigne des tentes de branchage ou des baraquements.
2. *Mon avis.*
3. *Ils descendirent de leurs montures de voyage.*
4. C'est-à-dire : « décorés d'un lion. »

Car lors pensèrent les chevaliers barons
Que ce fût gens de l'Allemand félon,
Qui pour les prendre venaient à éperons.
Dit l'un à l'autre : « Seigneurs, comment ferons ?
Tous sommes morts, point n'aurons de rançon ;
Trop ont grand force ces Allemands félons.
Donne à nos âmes Jésus le vrai pardon !
Aimeri sire, quel grand destruction !
Noble seigneur, pour votre amour mourrons !
Pour notre mal vous connûmes, baron,
Et Hermengarde, la pucelle au clair front,
    Par qui[1] perdons la vie ! »

XC

Bien sont troublés les barons en la tour,
Et moult regrettent Aimeri leur seigneur.
Mais vient le comte avec force et vigueur ;
Devant était, sur le destrier de pris,
Près de lui Hugues, qui tant eut de valeur :
Bien fut armé, sur le vaillant coureur
Dont il avait Savari abattu ;
Au vent déploie l'enseigne et l'oriflamme.
Quand la connurent les barons de la tour,
Lors firent joie, nul n'en vit de plus grande[2] ;
En peu de temps oubliënt leur douleur,
Et bien adorent le Père créateur.

---

1. *À cause de qui.*
2. De plus grande *joie.*

Dit l'un à l'autre : « Point ne perdons de temps,
Armons-nous tôt, seigneurs, francs combattants !
Allons dehors commencer le combat
Vers Savari[1], le félon imposteur,
Car le Seigneur, par la sienne douceur,
Nous a si bien regardés en ce jour,
Qu'ici nous vient Aimeri le baron,
    Qui secours nous amène. »

XCI

Moult font grand joie les chevaliers vaillants,
Dedans la tour s'armèrent sur-le-champ.
Pendant que s'arment les hardis combattants,
Vint Aimeri, des éperons piquant,
Près de lui Hugues sur son cheval courant.
Cinq cents étaient au premier rang devant,
Dont chacun est armé bien à son gré.
Et quand les virent venir les Allemands,
N'y eut celui de mine ne changeât.
Dit Savari : « Seigneurs, par Dieu le grand,
Ceus qui ci viennent, à mon bon escient,
Ne nous sont pas, sachez-le, bienveillants.
Or on verra qui me sera aidant :
Gardez mon corps, pas plus ne vous demande ;
C'est Aimeri qui ci vient chevauchant,
Avec lui mène le rude combattant
    Qui emmena mon bon cheval courant ;

---

1. *Contre Savari.*

Il est dessus, au premier rang devant.
Quand m'en souvient, moult ai le cœur dolent.
Vite montez, et retournons fuyant ;
Car, s'ils nous tiennent, morts serons sans garant [1]. »
Et ils répondent : « Tout à votre command [2].
De bien fuïr ne faut nous prier tant,
Car de combattre ne sommes désirants. »
Lors courent tous aus chevaus sur le champ :
Qui roussin trouve, destrier ne va cherchant ;
Chacun saisit ce qu'il trouve devant,
L'un un roussin, l'autre un coursier vaillant,
L'autre un sommier, l'autre un mulet trottant.
Savari même n'y va pas choisissant,
Sans selle monte en un destrier courant,
Plus tôt qu'il put s'en est tourné fuyant,
Et après lui se pressent Allemands,
Car le plus fort le plus faible n'attent.
Hugues les voit, qui arrivait piquant
Sur le destrier qui le grand galop prent,
Et il s'élance, en lui-même pensant
Que s'il échappe, il ne se prise un gant [3].
Tant a piqué le bon cheval courant,
Que Savari, qui s'en fuyait devant,
Il a atteint au détroit [4] d'un versant.
Il lui écrie : « Lâche, n'irez avant !
Ce jour, paîrez votre trahison grand. »

1. *Sans que nul nous en garantisse.*
2. *Tout à vos ordres.*
3. *Si Savari échappe, il* (Hugues) *se méprisera.*
4. *Col, défilé.*

Quand il l'entent, il eut frayeur si grand,
Qu'il se laissa tomber tout à l'instant;
Merci lui crie, contre terre gisant,
Tent son épée, que le vassal lui prent.
Ne le toucha ni frappa tant ni quant,
    Mais en prison l'emmène.

XCII

Quand Savari eut rendu son épée,
Bien peu ont pu les autres résister.
Çà et là fuient comme gens égarés,
Et Aimeri leur vient de randonnée[1],
Et tous ses hommes à grande éperonnée.
Et d'autre part sortent, sans plus tarder,
Les neuf barons de la grand tour carrée,
Vont après ceus qui en fuite ont tourné.
Qui ils atteignent, tôt la vie a laissé.
Mauvaise paye ils leur ont bien donnée,
Car point contre eus ne peuvent résister.
Qui échappa, faite eu bonne journée[2],
Et qui fut pris eut la tête coupée.
Hors Savari, qui la vie eut sauvée :
    Au vavasseur de la grand tour carrée
Le donna Hugues au mérite éprouvé,
Parce qu'avait sa tour abandonné
Aus neuf barons dont la vie est sauvée.

---

1. *Vient sur eus à toute vitesse.*
2. *La journée fut bonne pour qui put s'échapper.*

Et il le mit en sa chartre[1] pavée,
Tant qu'il lui eut telle rançon donnée
Dont il fut toujours riche.

AIMERI A PAVIE. — DEMANDE EN MARIAGE

XCIII

... Moult fut joyeus le franc comte Aimeri,
Quand les barons eut trouvé sains et vifs.
Moult s'entrefirent grand joië les marquis,
Puis s'en tournèrent, n'y ont plus retard mis.
Droit vers Pavie vont les comtes de pris
Chercher la dame, Hermengarde aus yeus clairs...
Or un jeudi, avant que fût midi,
À Pavie entrent les comtes, les marquis.
Les bons hôtels ont les écuyers pris,
Et Boniface, le fort roi si puissant,
Leur vint encontre, en homme noble et franc.
Devant lui est descendu Aimeri,
Car il était et sage et bien appris.
Par les degrés, qui sont de marbre bis[2],
Ils sont montés dans le royal palais.
D'une chambre est Hermengarde sortie :
Bien fut vêtue et de vair et gris ;
Un chapeau d'or, orné et bien assis,

---

1. *Chartre* = *prison*. Le mot s'est conservé dans la locution : « tenir en chartre privée. »
2. *Gris foncé.*

Eut sur la tête la pucelle gentil[1].
Vairs[2] eut les yeus, le front clair et riant,
Plus belle dame ne vit homme vivant ;
Nul ne la voit qui tout n'en soit pensif.
Quand elle voit les chevaliers de pris,
Courtoisement ce salut leur a dit :
« Le Seigneur Dieu qui est en paradis,
Qui toujours fut et qui toujours sera,
Protège et garde ces ducs et ces marquis !
Tant vois sur eus et de vair et de gris,
Que je ne sais lequel est Aimeri,
Qui pour moi est venu dans ce pays.
Qu'avance donc le franc comte Aimeri,
Et me reçoive, n'y ait plus retard mis ! »
Et quand l'entent le comte, il en a ri.
Son manteau jète, peu lui chaut qui l'ait pris ;
À la pucelle a ses bras au cou mis,
Car moult fut bien enseigné et appris.
« Dame, fait-il, je vous le garantis
Et bien sachez que je suis Aimeri,
Qui doit vous être et seigneur et mari.
Si vous avais menée en mon pays,
Plus de deus mille de chevaliers de pris
Vous serviraient tout à votre plaisir.
— Grand merci, sire, dit la dame aus yeus clairs.
Par le Seigneur, bien pouvez être sûr
Que plus vous aime qu'homme qui soit vivant.

---

1. *Noble.* — « Gentil » ne prenait pas d'*e* muet au féminin.
2. *Gris clair.*

Plus vous ai dit que jamais à nul homme,
Mais pour cela ne me devez blâmer.
— Dame, fait-il, par le grand saint Denis,
Mieus vous en aime et toujours aimerai. »
À ces paroles, se sont tous deus assis
Dessus un lit de taffetas couvert;
Là ils parlent ensemble.

XCIV

Courtoisement sut Aimeri parler,
Prent la pucelle, s'est assis à côté,
Par la main droite la prent par amitié;
Les doigts lui donne, qu'elle eut moult bien formés.
De sa beauté vous pourrais dire assez,
Mais demi-jour serait avant passé
Que j'eusse pu tout vous en raconter.
Lui a le comte moult sagement parlé :
« Belle, dit-il, quelle est votre pensée ?
Et que vous semble de moi ? Ne le celez.
De loin vous viens chercher, bien le savez ;
Aussi vous prie, si vous ne me voulez,
Vos sentiments ici me découvrez,
Avant qu'en soit un mot de plus sonné.
Car bien sachez, si vous me refusez,
Me donnât-on tout l'or de dis cités,
Ne vous prendrais, s'il ne vous est à gré.
Mieus est qu'ici votre plaisir disiez,
Que si Lombards ensuite s'en moquaient.
— Sire, dit-elle, à tort en douteriez,

Car je vous aime plus qu'homme qui soit né.
Mais Dieu en soit et béni et loué,
Quand il vous plaît que vous me demandiez.
Mais je vous prie, noble comte honoré,
Au nom de Dieu qui en crois fut cloué,
Ne me laissez ici quand partirez,
Mais à Narbonne avec vous m'emmenez,
Qu'ici ne vienne quelque baron fieffé,
Qui m'en voudrait mener contre mon gré.
Bien en pourrait tel malheur se lever [1],
Dont maints Français à mort seraient livrés.
— Belle, dit-il, à tort vous en parlez.
Par l'âme au père dont je fus engendré
(Ce fut Hernaut, qui tant fut renommé),
Quand j'en irai, avec moi vous viendrez
  Au palais de Narbonne. »

XCV

Grand fut le bruit dans le palais princier ;
Venus y furent maints barons chevaliers,
Et des Lombards y eut près d'un millier ;
De plusieurs choses ils ont délibéré.
Comte Aimeri n'y veut plus de délai,
Milon appèle, le fils au duc Garnier :
« Ami, fait-il, je vous veus confier
La mienne affaire à dire et annoncer,
Pour cette dame, à prendre ou à laisser.

---

1. *Il pourrait en résulter tel malheur.*

En mon pays je voudrais retourner,
Car des païens me faut moult me garder.
Sûrement sais qu'ils ne m'ont guères cher ;
S'ils en pouvaient quelque moyen trouver,
Moult volontiers me feraient enlever
Le Narbonnais et mon palais princier,
Que Charlemagne le roi me fit donner.
Si le perdais pour à dame être allé,
Bien pourrait dire[1] et pour vrai déclarer
Qu'à mauvais hoir il l'aurait fait donner.
— Sire, dit-il, le ferai volontiers. »
Alors se dresse en pieds le fils Garnier ;
Avait en lui moult noble chevalier,
Bel et courtois et bien sachant parler.
À Boniface lors il s'est adressé,
Et aus Lombards qu'il vit délibérer :
« Seigneurs, dit-il, ne vous doit ennuyer
La volonté d'Aimeri le vaillant,
Pour quoi[2] il vint dans ce palais princier.
De par le comte, s'il vous plaît, vous requiers
Que lui donniez Hermengarde aus yeux fiers.
Si l'a le comte, moult vous pouvez priser :
En toutes cours vous serez plus aimés,
Et sur vos terres plus redoutés et fiers.
Et s'il ne l'a, ne vous le veus nier,
En son pays s'en voudra retourner,
Il prendra femme avant un mois entier,

---

1. *Charlemagne pourrait dire.*
2. *À cause de laquelle.*

Telle que Dieu lui voudra accorder.
Mais une chose point ne vous cèlerai :
Avant qu'ayons ce royaume quitté,
Cinq cents des vôtres aurons fait trébucher. »
Lombards l'entendent, et moult en sont troublés ;
L'un avec l'autre se prit à concerter :
« Moult nous a fait ce vassal menacer.
Malheur à qui pour femme se voudrait
Laisser occire et en pièces tailler !
S'il veut la dame, qu'il n'en soit refusé,
Et faisons-lui, sans nul autre délai,
Quinze sommiers [1] d'or et d'argent charger,
Qu'entre eus auront les barons chevaliers
Et ses francs hommes qui besoin en auraient. »
Hermengard [2] rit quand les entent parler ;
Dit aus Lombards : « Bien vous dois mercier.
Au nom de Dieu, le père droiturier,
Puisque pour femme Aimeri me requiert,
Point ne le veus pour nul homme changer. »
Lombards l'entendent, ils se sont consultés :
« Bien a la dame riche mari et fier,
Charle en sa cour n'a meilleur chevalier.
Et plût à Dieu, qui tout a à juger,
Qu'il l'eût conduite en son palais princier,
Et que déjà l'eût pour femme épousée ! »
Roi Boniface ainsi s'est adressé
À Aimeri, le renommé guerrier :

---

1. *Chevaus de charge.*
2. La forme ancienne de ce nom n'a pas d'*e* muet final.

« Noble baron, cette femme voulez ? »
Répont le comte : « Rien plus ne vous requiers[1]. »
Par la main droite il la lui a donnée,
La prit le comte gaîment et de bon gré,
Grand joie en font les barons chevaliers.
À leurs hôtels allèrent s'héberger,
Jusqu'au matin, qu'ils virent le jour clair.
Lors se préparent, sans plus s'y attarder ;
Sur les sommiers font bagages charger,
Sur les destriers montent les bons guerriers.
S'en va le comte, a sa femme emmené,
Et de la ville sortent sans nul délai.
Roi Boniface les va accompagner :
« Aimeri sire, par le grand saint Richer,
Parmi tels gens vous vous en retournez,
Qui n'ont jamais votre maison aimé ;
Noble baron, si bien vous le voulez,
De mes Lombards emmenez un millier :
Auront chacun et armes et destrier,
Vous aideront, si besoin en avez.
Mais d'une chose je vous veus moult prier,
Que, si l'on vient à combat commencer,
Au premier rang devant vous les mettiez. »
Dit Aimeri : « A votre volonté !
Je ne dois craindre trop grande compagnie.
Par saint Denis, que l'on doit invoquer,
Quand plus j'en ai, plus j'en suis réjoui. »
Lombards l'entendent, moult en sont courroucés ;

---

1. *Je ne vous demande pas autre chose.*

L'un avec l'autre se prit à concerter :
« Par saint Remi ! Bien nous doit[1] ennuyer.
Roi Boniface ne nous a guère chers,
Qui à tel homme nous veut ici donner :
Plus aime guerre que boire ni manger ;
Si après lui il nous faut chevaucher,
Pas un de nous n'en pourra retourner. »
Quand Boniface les entent discuter,
À Aimeri se prit à s'adresser :
« Noble baron, point ne vous veus celer
Que ces Lombards, que je vous veus bailler,
Toujours seront couards pour commencer.
Si en venez au fort combat plénier,
Au front devant faites-les chevaucher,
Et faites-leur les premiers coups donner.
Lors deviendront et courageus et fiers ;
Avant qu'ils soient occis ni prisonniers,
Bien le sachez, ils se vendront moult cher. »
Lombards l'entendent, et moult en sont troublés ;
Dit l'un à l'autre : « Rien ne sert s'alarmer.
Si par bons coups ne nous pouvons sauver,
Honni soit-il, comme faucon lanier [2],
Qui mettre à mal se laisse ni tuer,
Tant qu'il pourra tenir lame d'acier.
Lors se séparent les barons chevaliers ;
S'en va le comte, a sa femme emmené.
Roi Boniface arrière est retourné,

---

1. *Cela doit...*
2. *De mauvaise espèce.*

Et Aimeri reprent sa chevauchée,
Avec lui mène ses barons renommés ;
Dieu les conduise, qui seul peut tout juger,
Car grand mal les menace.

SIÈGE DE NARBONNE PAR LES SARRASINS

XCVI-XCVII

On se rappèle que deus des rois sarrasins de Narbonne, Desramé et Baufumé, au moment où Charlemagne menaçait Narbonne, avaient gagné Orange par un passage souterrain, pour aller de là à Babylone (Le Caire) demander le secours de l'émir. Mais ils étaient restés à Orange, la ville ayant été prise presque aussitôt. Un espion sarrasin vient les avertir qu'Aimeri est parti pour Pavie, laissant Narbonne dégarnie. Aussitôt, pleins de joie et d'espérance, ils reprennent le chemin de Babylone. Ils y arrivent au moment où l'émir célébrait une grande fête à l'occasion de la translation à La Mecque du corps de Mahomet.

Et leur voulut l'émir ses jeus montrer,
Si merveilleus que m'entendrez conter :
Emmi la salle du grand palais princier
Était un arbre, qu'on a fait fabriquer.
Fait fut de cuivre, on l'avait fait dorer
Et en un moule ainsi fondre et couler :
Homme n'y a, tant sût-il réfléchir

Et la manière des oiseaus observer,
Qui n'aurait pu sur cet arbre trouver
De tous oiseaus l'exacte ressemblance ;
Et chaque oiseau son pareil y avait.
Fit l'enchanteur œuvre moult à louer :
De la rivière Paradis appelée,
Il fit les pierres venir et assembler,
En fin émail il les a fait sceller ;
Par sa magie y fait le vent entrer,
Et tout en haut par le tuyau monter ;
Quand le vent souffle, les oiseaus fait chanter
En leur manière, à pure et claire vois.
Sous ciel n'est homme qui s'en puisse soûler[1] :
S'il a soucis, dès que l'entent sonner[2],
Tout aussitôt a soucis oublié.
Tant que l'on veut, on fait le son durer,
Et, quand on veut, bien le fait-on cesser.

XCVIII

La cour de l'émir était ainsi en pleine fête, lorsque s'y présentent les deus « déshérités », Baufumé et Desramé. Ils se précipitent aus pieds de l'émir; ils lui racontent que Charlemagne s'est emparé de Narbonne et qu'il l'a donnée à Aimeri, mais qu'Aimeri est parti chercher une dame et ne doit pas revenir avant un mois au moins; l'émir peut reprendre Narbonne, et

1. *Rassasier.*
2. *Résonner.*

ensuite s'emparer de Paris, Troyes et Meaux, aller se faire couronner à Aix-la-Chapelle, enfin marcher à la conquête de Rome. Ces propositions le séduisent ; il fait convoquer ses barons jusqu'à La Mecque, et s'embarque avec une armée formidable et des vivres pour plus d'un an. Les diables leur ont donné si bon vent qu'en quinze jours ils arrivent en vue de Tarragone, dont les murs blanchoient « comme fleur en été ». Plus de dis mille pleurent de pitié en voyant cette ville, que les Sarrasins ont perdue. C'est près de là qu'ils débarquent ; puis ils montent sur leurs destriers, et, après avoir tout ravagé sur leur passage, ils arrivent à Narbonne, sous les murs de laquelle ils plantent leurs tentes :

> Dieu, quel dommage, vrai Roi de majesté,
> Que ne le sait Aimeri le vaillant,
>   Qui amène sa femme.

XCIX

> L'émir a fait ses païens installer
> Si près des murs que l'arc y porterait ;
> Puis dans un bois fait entrer deus milliers
> De Sarrasins, Dieu les veuille entraver !
> Très bien se font d'abord appareiller
> De blancs hauberts et de heaumes d'acier,
> De blancs écus et de tranchants épiés ;
> Puis détachèrent et chameaus et sommiers,
> Parmi les prés ils les laissent errer.

Dieu les confonde, qui tout a à juger,
Car ils le font pour les Français tromper.
Ceus qui étaient dans le palais princier,
Quand ainsi virent la cité assiéger,
S'ils s'en émeuvent, ne faut s'en étonner ;
Dit Élinant, le baron au cœur fier,
Neveu de Naimes, que Charle avait si cher :
« Seigneurs, dit-il, ne vous le veus celer,
Comte Aimeri, qui nous a ci laissés,
Pourra pour nous, je pense, trop tarder.
S'en est allé sa femme réclamer,
Droit à Pavie, où la doit épouser ;
Ne reviendra avant un mois entier.
Mais puisqu'à nous sa cité a laissé,
Bien doit valoir chacun un chevalier [1] ;
Malheur à qui, semblable à un lanier [2],
Ici demeure comme en mue épervier !
Sortons dehors, chacun sur son destrier,
Et tous armés, sans faire nul délai,
Emparons-nous des chameaus et sommiers,
Sur lesquels ont les vivres fait charger.
En garnirons ce grand palais princier,
Quand Aimeri, mon seigneur droiturier [3],
S'en reviendra, que bien trouve à manger. »
Et ils répondent : « Bien vous avez parlé.
Qui ne vous suit, plus ne soit chevalier ! »
Rapidement ils se vont apprêter,

---

1. *Chacun de nous doit bien avoir la valeur d'un chevalier.*
2. *Faucon de mauvaise espèce.*
3. *Légitime.*

Vêtent hauberts, lacent heaumes d'acier,
À leur flanc gauche ont ceintes leurs épées,
Puis est monté chacun sur son destrier,
À leurs cous pendent écus écartelés,
Et en leurs poings les bons tranchants épiés.
Par Porte Aiguière ils se sont élancés,
Et jusqu'aus tentes ne cessent de piquer [1],
Où pour manger l'émir assis était.
Bien les attaquent nos barons chevaliers,
De Sarrasins ont occis un millier,
Puis vers la ville ils s'en sont retournés ;
Ils se saisirent des chameaus et sommiers,
Bien les pensaient avec eus emmener,
Mais les païens (maudits soient-ils !) s'élancent,
Plus sont de mille les gloutons imposteurs,
Bien sont armés, chacun sur son destrier.
Quand les Français les virent débucher,
Savoir pouvez que moult en sont troublés,
Et jamais plus ne pensent retourner
Dedans Narbonne, au grand palais princier.
Le grand butin il leur fallut laisser,
Plus n'emmenèrent ni chameau ni sommier,
Ni de richesse la valeur d'un denier,
Plus ils ne songent qu'à occire et trancher.
Vous eussiez vu un grand combat et fier,
Lances briser et tant d'écus percer,
Tant de païens à terre renverser !
Bien s'y vendirent les nobles chevaliers,

1. *Piquer des éperons.*

Des Sarrasins occirent un millier,
Mais grande perte y firent les Français,
Cinq cents à peine en purent échapper,
De mil qu'ils furent au combat commencer,
Et de ceus-là une moitié blessés.
Ils s'en retournent vers le palais princier,
D'entrer dedans moult grand désir avaient ;
Ils éperonnent pour les portes passer ;
Quand ils sont outre, ont fait le pont lever.
Parmi le camp s'élance un chevalier,
Fouquin eut nom, fils fut au duc Garnier ;
De son écu n'y eut un pied d'entier,
Tout le lui ont les ennemis tranché,
Et son haubert ont si bien démaillé,
Que plus n'eût pu franc homme le porter ;
Il eut aussi par le corps dure plaie :
D'un raide épié fut frappé au lancer,
Le fer en vint sur le nœud du brayer [1],
À travers chair on vit le sang couler,
Sur l'éperon le vit-on ruisseler,
Sur l'enfourchure et le cou du destrier.
À la main tint un épié de pommier,
Perdu en eut et le fer et l'acier ;
Bien ressemblait à vaillant chevalier,
Qui fût sorti d'un fort combat plénier.
Païens s'écrient : « Courons sus sans tarder !
Par Mahomet, voici le chevalier
Qui les nouvelles à Charles va porter !

1. *De la ceinture.*

Amènera sa fière et grande armée ! »
Après lui courent de païens vingt milliers,
Et quand ils voient qu'atteindre ne le peuvent,
Les forts épiés se mettent à lancer.
Dieu le sauva, qui tout a à juger,
Que ne touchèrent ni lui ni son destrier.
Jamais un cerf à travers les fourrés
Ne courut mieus, quand on le fait chasser,
Qu'il fait courir l'intrépide coursier.
À temps pourra, si le cheval ne tombe,
À Aimeri la nouvelle annoncer.
Si longtemps a le baron chevauché,
Qu'il a le comte et sa femme trouvé,
Et auprès d'eus maints vaillants chevaliers.
Pour les distraire, jongleurs et ménétriers
Ont à l'envi chanté et viellé :
Ont bonnes noces [1], attendent bon loyer,
Mais en peu d'heures changera la chanson.
Voici Fouquin piquant sur le destrier,
À haute vois commença à crier :
« Aimeri sire, noble et puissant guerrier,
Dans ce pays votre femme amenez,
Mais une chose bien vous pourra troubler,
Que vous ni elle n'aurez où vous loger.
Car Desramé, l'orgueilleus et le fier,
Et Baufumé, que Dieu veuille accabler,
Qui par la grotte ont Narbonne quitté,
À l'émir ont les nouvelles porté.

---

1. C'est-à-dire : « Les jongleurs ont là une bonne aubaine. »

Lors ils ont tant de païens amené,
Qu'on n'en pourrait dénombrer les milliers.
Assiégé ont ton grand palais princier ;
N'y a plein pied de terre, à mon jugé,
Où ils n'aient tente ou pavillon dressé.
Moult fièrement nous assaillirent hier,
Mais, grâce à Dieu, n'y ont guères gagné.
Avons tué des leurs plus d'un millier,
Mais nous en eûmes beaucoup d'endommagés,
Cruellement et frappés et blessés.
Avant qu'arrière nous pussions retourner,
Nous en fallut une moitié laisser.
Dieu ait leurs âmes, qui tout a à juger !
Par moi, qui ai pris part à la mêlée,
Bien pouvez voir que j'en dis vérité. »
Dit Aimeri : « Bien ressembles guerrier [1],
Y a en toi moult vaillant chevalier,
Meilleur que toi trouver je ne pourrais. »
À Hermengarde a ces mots adressé :
« Belle, dit-il, un conseil me donnez ;
Par le Seigneur, moult grand besoin j'en ai.
— Sire, fait-elle, par ma foi volontiers,
Car, il me semble, facile est le conseil.
N'avez-vous pas quatre mille guerriers,
Que Charlemagne avec vous a laissés ?
Aussi avez de Lombards un millier,
Dont chacun a et armes et destrier.
Si en venez au grand combat plénier,

---

1. *Tu as la mine d'un bon guerrier.*

Par eus pourrez grand combat commencer.
Allez avant, vous et vos chevaliers,
Et moi j'irai, si voulez l'approuver,
Droit à Vienne au palais me loger
Du duc Girard votre oncle, le guerrier.
Je le prîrai, si vraiment vous a cher,
Qu'il vous secoure en ce pressant danger ;
Il est votre oncle et vous doit bien aider.
De moi, seigneur, faites un messager,
Vous n'y pouvez plus fidèle envoyer. »
Lors Aimeri a sa femme embrassé ;
Les yeus, le front lui commence à baiser.
« Dame, dit-il, bien vous avez parlé,
Bien me savez loyaument conseiller.
Allez-y donc, point ne faut s'attarder ;
Vous recommande au vrai Dieu justicier.
— Et moi vous, sire, à Dieu le droiturier,
Qu'il vous défende de mort et de malheur. »
S'en va le comte, a sa femme quitté ;
Cinq cents Lombards avec elle envoya,
Et quatre comtes qui moult sont à priser :
Droit à Vienne les comtes l'ont menée...
À Lunel va Aimeri se loger,
Jusqu'au matin où vit luire le jour.
Armer se fit le comte et hauberger [1],
Et il sauta sur un courant destrier.
Puis s'en alla sur un tertre monter :
De sa cité voit les murs blanchoyer,

1. *Revêtir du haubert.*

Et voit païens et Sarrasins camper
Tout autour de Narbonne.

C

Dessus un tertre comte Aimeri monta,
Devant Narbonne les païens regarda;
Il les maudit par Dieu qui tout forma.
Et Hermengarde la belle chevaucha,
Jusqu'à Vienne mië ne s'arrêta.
Le fils Guimard, Poinçon, elle appela,
Un chevalier que la dame adouba,
Équipement et armes lui donna[1].
« Ami, fait-elle, pour m'écouter viens çà :
Droit à Vienne, à Girard vite va,
Le noble duc qui tant de valeur a.
Saluë-le par Dieu qui tout forma,
Et de par moi, qui t'ai envoyé là;
Et d'Aimeri, son neveu, qu'il aima,
Le grand danger tu ne lui cèleras,
Qu'est attaquée Narbonne, qu'il laissa
Quand à Pavie chercher femme il alla.
Tant de païens près la cité y a,
Qu'homme qui vive n'en vit jamais autant.
Mais Aimeri avec ses gens y va,
Et il m'envoie à Vienne tout droit,
Pour qu'il[2] m'héberge, si jamais il l'aima. »

---

1. Les prétérits *adouba* et *donna* équivalent ici à des plus-que-parfaits : *avait adoubé, avait donné*.
2. Girard.

Et il répont : « Dame, com vous plaira. »
Le bon destrier fort il éperonna,
Jusqu'à Vienne mië ne s'attarda.
Le duc Girard dans le palais trouva,
Où fait combattre un grand ours que il a.
Moult bellement Poinçon le salua,
De par Jésus qui le monde créa,
Et de par celle qui à lui l'envoya;
Puis lui a dit, un seul mot n'oublia,
Ce que la dame lui dit et commanda.
Le duc l'entent, grande joie en montra :
« Par le Seigneur, qui le monde créa,
Bénite soit l'heure où ici viendra
La noble dame qui çà vous envoya!
N'eus telle joie, sachez-le, de longtemps.
Dame Guibour, fait-il, écoutez-moi :
Si vous m'aimâtes, bientôt y paraîtra,
Car je sais bien, qui de cœur m'aimera,
À cette dame grand honneur portera. »
Rapidement les degrés dévala,
Dame Hermengarde sur le perron trouva.
Le duc l'embrasse, et après la baisa ;
Dans le palais avec lui l'emmena,
À son pouvoir chacun d'eus l'honora.
De leur manger parlé ne vous sera,
En abondance le duc leur en donna ;
Pour Aimeri[1] moult bel accueil leur fit.
Dame Guibour Hermengarde emmena,

---

1. *En l'honneur d'Aimeri.*

Dedans ses chambres richement la coucha.
Lombards la gardent tant que la nuit dura,
Chacun eut hache ou dard qui bien trancha.
Or entendez ce que fit duc Girard,
N'est mië pauvre qui un bon ami a :
Mande ses hommes tant que dis mille en a,
Chacun eut armes et destrier qu'il monta.
Ce dit le duc¹ son neveu secourra,
Dame Hermengarde vers lui ramènera,
L'or et l'argent tout mener lui fera,
Que de Pavie la dame en amena ;
Guibour sa femme avec lui conduira :
S'il fait bataille, très bien lui aidera,
Peut arriver qu'utile lui sera ;
S'il fait ses noces, très bien y servira,
  Au manger à Narbonne.

CI

... Or redevons ci d'Aimeri chanter² ;
Sur la hauteur fut au matin monté,
De fer vêtu, armé sur son destrier,
Et regarda vers Narbonne en les prés :
Tendus y voit pavillons par milliers,
Voit les cuisines et les feux allumés,
Les Sarrasins et venir et aller,
L'un avec l'autre s'escrimer et jouer,

---

1. Suppléez ici la conjonction *que*.
2. C'est-à-dire : « nous devons retourner à Aimeri ».

Les chevaus ferrent et mènent abreuver.
Au nom de Dieu, qui nous voulut sauver,
Les maudit tous le comte renommé :
« Païenne gent, Dieu vous puisse écraser !
Maudites mères qui tant en ont porté,
Et les gloutons qui les ont engendrés !
Je n'aurais cru que, outre la grand mer,
On aurait pu la moitié en trouver. »
Tout autre en eût été moult effrayé,
Mais fortement se prit à Dieu louer :
« Vrai Dieu, fait-il, bien te dois adorer,
Qui nous as fait tel richesse amener,
Que ces païens ici ont amassée !
Si Dieu permet, qui tout a à sauver,
Que je la puisse avoir et conquêter,
Ne serai pauvre, en ma vië, jamais.
Par cet apôtre que l'on doit adorer,
Si Dieu me donne de ma femme épouser,
Avec l'avoir, qui là est assemblé,
Ferai mes noces en ce fier pavillon ;
Point en château je ne m'irai loger
Pour noces faire ni pour joië mener. »
De la hauteur se prit à dévaler,
Jusqu'à ses hommes ne se veut arrêter.
Vers lui s'avancent ses barons et ses pairs,
Qui des païens nouvelle ont demandé.
« Seigneurs barons, dit Aimeri le fier,
Depuis que Dieu a son peuple formé,
Et en la Vierge se daigna incarner
Quand vint sur terre pour le monde sauver,

N'y eut autant de païens forcenés
Qu'on en peut voir de ce tertre élevé.
Francs chevaliers, ne vous épouvantez,
Car, si devons le combat engager,
Criez « Monjoie! » et songez à frapper.
Lors penseront Sarrasins et païens
Que ce soit Charles, le fort roi couronné,
Qui ait de France ses barons amenés :
Plus le redoutent que foudre ni tempête.
Si les premiers nous avons repoussés,
Le restant d'eus bien peu pourrait durer.
Tout le butin vous soit abandonné,
Je n'en prendrai deus deniers monnayés,
Tous en serons et compagnons et pairs [1].
Qui de ce jour pourra vif échapper,
À toujours mais sera riche appelé. »
Bien sut le comte ses gens réconforter ;
Si bien ainsi les a-t-il rassurés,
Déjà voudraient être dans la mêlée.
Lombards l'entendent, se prirent à trembler,
Dit l'un à l'autre : « Ne pouvons échapper ;
Nous faut, ce jour, de vië trépasser.
Roi Boniface, qui çà nous fit aller,
Ne se pouvait mieus de nous délivrer.
Or peut nos femmes richement marier,
Et nos grands terres à autre homme donner ;
Jamais un seul n'en verra retourner. »

---

1. C'est-à-dire : « je ne ferai aucun prélèvement, nous aurons tous part égale.

Quand Aimeri les voit se lamenter,
Les siens barons se prit à appeler :
« Seigneurs, fait-il, ne vous le veus celer,
Ces Lombards-ci sont moult épouvantés ;
Mais une chose me puis bien rappeler,
Que Boniface m'a bien recommandée,
Le jour où dus de lui me séparer,
Que, si venions à bataille rangée,
Au premier rang je les misse à frapper.
Devant je veus que les fassions aller,
Et, quand viendrons aus rudes coups donner,
Si les voyez fuïr ni reculer,
Prier vous veus à tous et commander
Qu'à coups d'épée en pièces les mettiez :
Plus n'y cherchez autre Turc ni païen. »
Lombards entendent le comte ainsi parler,
Dit l'un à l'autre : « N'y pouvons résister,
Et par la mort il nous faudra passer,
Nous n'y pouvons plus longtemps échapper.
Mais par Dieu soit celui déshonoré
Qui laissera ses membres détrancher,
Sans l'avoir fait aus païens acheter ! »
Si grand courage ont alors recouvré,
Que tous les autres on en peut mieus aimer.
« Seigneurs barons, dit Aimeri le fier,
J'irai devant le premier coup donner,
De fer vêtu, armé sur mon destrier ;
N'y mènerai ni compagnon ni pair.
Si je pouvais avec l'émir parler,
Que seul à seul je le pusse trouver,

Ce bon épié, qui est de clair acier,
Lui pense[1] faire parmi le corps passer.
Si leur seigneur je pouvais mort jeter,
Bien peu pourrait le reste résister.
Vous, faites-vous armer et apprêter :
Quand entendrez mon olifant sonner,
Et les païens contre moi s'assembler,
Secourez-moi aussitôt, sans tarder,
Vous n'aurez plus que ce tertre à passer. »
Et ils répondent : « Bien vous avez parlé.
Et qui recule, Dieu puisse l'écraser ! »
S'en est le comte à ces mots retourné,
De fer vêtu, armé sur son destrier.
Dieu le conduise, qui en crois fut cloué !
Passe le tertre, est dans le camp entré,
Voit le pommeau dont l'aigle est tout doré,
Partant connut que c'est la maître-tente ;
Sur son destrier y vint à toute bride,
L'émir y trouve et trois rois couronnés :
Délibéraient entre eus pour décider
Comment pourraient la cité conquêter,
Et feu grégeois éprendre et allumer,
Mais en peu d'heure changera leur pensée.
Voici le comte, qui est dedans entré :
L'épié il porte, qui est gros et carré,
Et par-devant était le fer tourné.
Les rois se dressent, chacun fut effrayé.
Dit Aimeri: « Gloutons, vous rasseyez !

---

1. *Je pense.*

Mieus en ira, peut-être, que pensez,
Ou pis peut-être, si ne vous y gardez,
Car je ne veus de rien vous assurer.
Messager suis, ne vous le veus celer,
Du meilleur roi dont on ait pu parler :
C'est Charlemagne, le baron renommé.
Et il m'envoie son message conter
À cet émir que fou puis appeler,
Quand il osa sur nous son ost tourner.
Je viens à lui savoir et m'informer
S'il veut aller avant ou ci rester.
Lequel des deus ? Me le faut déclarer. »
L'émir répont aussitôt sans délai :
« Sire vassal, point ne le cacherai,
Suis le seigneur à qui voulez parler.
Par Mahomet que je dois adorer,
Bien vous pouvez tenir pour insensé,
Qui tout armé ici osez entrer !
Et le portier bien le devra payer,
Qui vous laissa le seuil ainsi passer.
Bien le païra, ne l'en peut nul garder,
Que ne lui fasse ou pied ou poing couper,
Ou les deus yeus de la tête crever. »
Dit Aimeri : « Follement vous parlez,
Point bellement répondre ne savez.
Mais si des autres se gare le portier,
Je compte bien de vous le délivrer.
Je vous défie, plus ne le veus celer,
Au nom de Dieu, qui tout a à sauver ! »
Brandit l'épié, armé du fer d'acier,

Frappe l'émir ; tant qu'il peut le pousser,
Parmi le corps lui fit le fer passer,
Et du fauteuil il le fait mort tomber.
Quand Sarrasins l'ont vu se renverser,
Et sur la terre mourir et jambeter[1],
Tournent en fuite, sans plus y demeurer,
Et les trois rois se pensent bien sauver,
Mais Aimeri vers eus s'est dirigé,
De son épée leur fait têtes voler,
Puis de la tente s'efforce à s'éloigner.
Païens le voient, en sont épouvantés :
Cent cris de guerre on entendit pousser,
Par quoi se sont Sarrasins excités.
Le comte ils ont si fort environné,
Que d'aucun sens ne s'en put échapper.
Le voit le comte, en croit perdre le sens,
Tire l'épée, dont la lame luisait :
Qui il atteint, a son temps terminé,
Car point n'avaient loisir de s'adouber,
Désarmés furent, ne purent empêcher
Qu'à chaque coup n'en fasse un mort tomber.
Lors a le comte son olifant sonné,
À trois reprises, moult hautement et clair,
Que bien l'entendent ses barons et ses pairs,
Qu'il avait fait près du tertre arrêter.
Lors ils s'ébranlent, sans plus longtemps tarder,
À qui mieus mieus ils ont éperonné
Et le grand tertre bien vite dévalé.

---

1. Jambeter est l'équivalent noble de notre « gigoter ».

Se précipitent, hardis comme sangliers,
« Monjoie ! » ils crient, quand les païens atteignent.
Bien ont alors les Sarrasins pensé
Que ce fût Charles, qui tant est redouté,
Qui ait de France sa grande ost amené ;
Plus ils le craignent qu'homme deçà la mer.
Ne s'étaient pas encore fait armer,
Et les Lombards cœur en ont recouvré ;
De leurs épées leur vont grands coups donner,
Et jusqu'au comte les ont fait reculer.
Mais Sarrasins, que Dieu puisse écraser,
Lui ont déjà jeté mort son destrier,
Et lui levaient le pan de son haubert :
Parmi le corps lui voulaient enfoncer,
Pour le tuer, le fer de leurs épiés,
Quand Fourqueret et Geoffroi de Valclair,
Et ce Fouquin, dont m'ouîtes parler,
Qui lui alla les nouvelles conter [1],
Et avec eus maints barons et maints pairs,
  Piquent [2] à la rescousse.

CII-CIV

On donne à Aimeri un cheval arabe pour remplacer le sien, et le combat reprent de plus belle. Bientôt, autour de nos chevaliers, les prés sont tout « vêtus de morts ». Cependant les Sarrasins ont réussi à s'armer.

1. Voyez laisse XCIX.
2. *Éperonnent.*

Les Lombards se comportent vaillamment, à coups d'épées, de haches et de faussarts[1]. Les soixante chevaliers de chois, qui avaient fait l'ambassade de Pavie, viennent aussi à la rescousse.

CV

... Païenne gent ont crié et hurlé ;
De Mahomet réclament la pitié.
Les rois païens moult en sont courroucés,
Chacun y a un olifant sonné,
Sonnent tambours et les cors ont corné.
Lors se rallient les gloutons mécréants ;
Tels quatre mille se trouvent assemblés,
Qu'encor n'avaient en la bataille été.
Hurlent et crient et mènent tel fierté,
Tout à l'entour la terre en a tremblé.
Lors le combat ils ont renouvelé,
Sur chrétïens ont frappé et taillé,
Plus loin les mènent que d'un arc la portée[2].
Aimeri presque en a le sens perdu,
Moult fièrement il pique son destrier ;
Le brant levé, se jète en la mêlée,
Et après lui vingt comtes honorés,
Qui tous avaient ou château ou cité.
Si Dieu n'y veille par la sienne bonté,

---

1. *Faussart*, « grand coutelas emmanché au bout d'une hampe », dit M. Demaison.
2. C'est-à-dire : « ils les font reculer de plus d'une portée d'arc. »

Avant longtemps ils l'auront cher payé,
Car de païens sont si environnés
Que je ne vois qu'ils puissent échapper.
Sont l'un de l'autre par force séparés,
Et ne sait l'un où s'en est l'autre allé.
Aimeri ont les Sarrasins blessé,
Et son destrier ont sous lui mort jeté.
Il se relève, au poing son brant d'acier,
Il a Jésus par ses noms invoqué,
Et fièrement autour de lui frappé.
Autour de lui païens sont amassés,
De loin lui lancent les épiés niellés[1],
Mais le Seigneur, qu'il avait invoqué,
L'a de la mort garanti et sauvé.
D'autre part sont les francs comtes loués,
Qui avec lui sont en la presse entrés ;
Les uns des autres point ne savent nouvelles ;
Pas un qui n'ait les membres entamés
En quatre endroits, et tout le corps meurtri,
Et leurs destriers étaient sous eus tués.
À pied étaient les comtes renommés,
Chacun tenait le bon brant acéré,
Maints païens ont occis et démembré ;
Mais ne leur vaut un denier monnayé[2],
Car de païens sont si environnés,
Si Dieu n'y veille, le Roi de majesté,
Point ne seront de la mort préservés.

1. *Dont le fer est niellé.*
2. *Cela ne leur vaut...* Entendez : « cela ne leur sert de rien. »

Tant les assaillent les gloutons mécréants,
Que dis en prennent, qui moult étaient lassés,
Et bien leur ont et pieds et poings lié.
À haute vois lors ils ont Dieu prié
Qu'il les secoure par la sienne bonté.
Si durement ont les comtes crié,
Que les entendent tous ceus de la cité.
Au cri de guerre les ont bien reconnus,
Dit Élinant : « Trop nous avons tardé !
Comte Aimeri, au courage éprouvé,
Avec les siens vient à notre secours.
Sortons des murs, bons et francs chevaliers,
Et leur aidons par bonne volonté ! »
Et ils répondent : « Vous avez bien parlé.
Que maudit soit qui point ne vous suivra ! »
Rapidement se sont tous adoubés,
Ceus qui avaient au corps blessure et plaie
Se sont les flancs étroitement bandé,
Sur les destriers sont aussitôt montés,
Les portes ouvrent, ont le pont abaissé,
Sortent des murs et rangés et serrés.
Parmi païens se sont précipités,
Et chacun a devant lui terrassé
Celui qu'il a le premier rencontré.
Mais en peu d'heure eussent été perdus,
Quand Girard vint avec tous ses barons,
Celui de Vienne au courage éprouvé ;
Puissant secours a le duc amené.
Alors dis mille chevaliers bien armés,
Frais et nouveaus, entrent dans la mêlée

Le combat ont du tout[1] renouvelé,
Sur païens ont moult fièrement frappé ;
Tant ils en tuent, ne peut être compté.
Païens le voient et sont épouvantés ;
N'est pas merveille s'ils en sont effrayés,
Car bien savez, en pure vérité,
Que jamais gens ne virent telle armée,
Après avoir eu leur seigneur tué,
Sans qu'aussitôt ne fussent débandés.
Quand païens virent le franc duc redouté,
Girard, qui eut tel secours amené,
Tout aussitôt sont en fuite tournés,
Sans que pas un veuille se détourner.
Le duc Girard a tant éperonné,
Est par le champ tant venu et allé,
Qu'il a trouvé Aimeri tout à pied,
Son bon neveu, que tant il avait cher.
Il avait tant frappé de son épée,
Que les deus bras lui en étaient enflés,
Et tellement l'avaient païens blessé,
Que le sang sort à travers son haubert,
Les éperons en sont ensanglantés.
Le voit Girard, presque il en pert le sens,
Prent un destrier, le lui a présenté,
À pied descent, ainsi lui a parlé :
« Neveu, fait-il, êtes-vous sain et sauf ?
— Oui, mon bel oncle, Dieu en soit mercié !
Mais un peu plus si vous étiez resté,

---

1. *Complètement, du tout au tout.*

Bien je le sais, mal me fût advenu [1].
Vite, bel oncle! plus ne faut s'arrêter,
Que les païens ne puissent s'échapper !
Courons après, nous avons trop tardé ! »
À ces paroles, sont tous deus remontés,
Contre païens leurs destriers ont piqué,
Et tous leurs hommes après les ont suivis.
Les dis barons ont devant eus trouvés,
Que Sarrasins avaient fait prisonniers,
Tous les liens leur ont bientôt coupés,
Et ils montèrent [2] quand furent délivrés.
Les Sarrasins s'enfuient en rangs pressés,
Le duc Girard les a moult fort hâtés,
Il les talonne, à la main son épée,
Sur eus a bien sa vaillance prouvé :
Ceus qu'il atteint ont bien leur temps fini.
Jusqu'à la nuit la poursuite a duré,
Des païens morts furent jonchés les prés ;
Parmi les morts sont les vivants cachés,
Se laissent choir ainsi que gens pâmés,
Du sang des morts se sont ensanglantés,
Pour n'être pas des autres distingués.
Roi Baufumé et le roi Desramé
Ont les Français de vitesse gagné,
Et avec eus trente païens armés ;
Aus barques viennent et sont dedans entrés,
Dans un chaland ils naviguent et cinglent
  Tout droitement vers Cordres.

. C'est-à-dire: « la chose eût mal tourné. »
2. *À cheval.*

CVI

Quand la poursuite est finie, Girard et Aimeri enlèvent leurs heaumes et s'entrebaisent. Aimeri se félicite de nouveau que Girard soit arrivé si à point, il se promet de distribuer largement le butin et d'en faire « fête et grand joie ».

LES NOCES D'AIMERI ET D'HERMENGARDE

CVII

Girard descent emmi une prairie,
Et avec lui sa riche compagnie,
Bien ils ont pris campement à leur gré.
Le duc Girard, qui n'a rien oublié,
Ainsi parla au vaillant Aimeri :
« Aimeri sire, ne vous cèlerai mie
Ce que vous mande dame Guibour m'amie :
Par moi vous mande, convient que vous le dise,
Que ne fassiez noces dans une salle,
Ni en château, ni en grande cité,
Quand vous prendrez Hermengard[1] de Pavie,
Mais dans ces tentes et parmi la prairie.
Parmi ce camp des païens mécréants
Faites vos noces avec grand seigneurie[2],

---

1. Le nom de la femme d'Aimeri n'a pas d'e muet final dans le texte original.
2. *Seigneurie* = *largesse digne d'un seigneur*. De même *baronnie* plus bas.

Et y menez tel fête et vive joie,
Et tel richesse et si grand baronnie,
Que jusqu'en France soit la nouvelle ouïe.
Charles le roi à la barbe fleurie,
Qui vous laissa cette terre en baillie [1],
Vous en aura plus cher toute sa vie. »
Dit Aimeri à la face hardie :
« Oncle Girard, par Dieu, le fils Marie,
Comme vous dites, dût-on y voir folie,
  J'ai pensé à le faire. »

CVIII

Aimeri a sa femme demandée ;
Girard son oncle la lui a amenée,
Le comte l'a baisée et accolée.
« Belle, fait-il, soyez la bienvenue,
Vous serez dame de cette grand contrée. »
L'entent la dame, s'est vers lui inclinée,
Toute la nuit ont grand joië mené.
Comte Aimeri, au courage éprouvé,
Un médecin manda sans plus tarder :
Païen était d'outre la mer salée ;
Tôt il a eu un breuvage apprêté,
À Aimeri sa blessure a bandé,
Et lui a fait le breuvage avaler.
Avant que vînt la nouvelle journée,
Il fut plus sain [2] que n'est pomme parée.

1. *En baillie = sous votre puissance.*
2. *Guéri de ses blessures.*

Au matinet, lorsque l'aube eut percé,
Ont[1] Hermengarde richement habillée,
Puis la montèrent sur la mule sellée,
Jusqu'à Narbonne ont la dame menée,
Où l'archevêque à lui[2] l'a mariée,
Bien y avait cent autres tonsurés.
Dame Guibour s'est alors avancée,
À haute vois s'est la dame écriée :
« Aimeri sire, écoutez ma pensée :
Au nom de Dieu, qui fit ciel et rosée,
Cette Hermengarde, qu'est de haute gent née,
Aucun parent n'a dans cette contrée,
Ni sœur ni frère qui puisse l'assister.
Mais son douaire ne doit être oublié ;
Faites-le lui, sire, s'il vous agrée :
Plus en sera son cœur vers vous tourné,
Vous en sera plus courtoise et amie. »
Dit Aimeri : « Bien en sera pourvue.
Premièrement je désigne Narbonne,
Puis Beaulandais[3] et Beaulande[4] la large,
L'avait ma mère en douaire reçue :
Qu'aujourd'hui soit à Hermengard livrée,
Elle en sera toujours dame appelée. »
C'est une chose qui bien aus barons plaît.
Dieu ! En quel joie l'a le comte épousée !
C'était midi, quand messe fut chantée,

---

1. *Ils ont*, c'est-à-dire : *on a*.
2. *À Aimeri*.
3. *Le Beaulandais*.
4. Nice ?

Tous du moutier sortent sans plus tarder,
Ont Hermengarde moult richement montée :
Le duc Girard, ce jour, l'a escortée.
En bas du pré se mettent à jouter
Les damoiseaus de haute renommée,
Mainte lance ont brisée et tronçonnée.
Et les jongleurs ont mené grande joie,
Ont, ce jour-là, mainte vielle accordée,
Et mainte harpe et gigue [1] ont fait sonner.
Jusques aus tentes on ne s'est arrêté,
Là tous descendent au milieu d'un vert pré,
Ils ont aus dames Hermengarde livrée,
Et la menèrent au maître-pavillon,
Moult elles l'ont servie et honorée.
Ceus de Narbonne ont fête commencé :
Vin et piment, et chair fraîche et salée,
Et des volailles ils ont là fait mener,
De nourriture mainte grand charretée,
Tout ce qui peut à corps d'homme agréer.
Et d'une part et d'autre ont apporté
De vivres tant que ne le puis conter.
Et quand ils furent bien cuits et apprêtés,
Le duc Girard, sans plus s'y attarder,
Fait commander que l'eau [2] soit apportée,
En trente tentes bien le fit-il crier.
Les damoiseaus ont alors l'eau donnée
Aus hauts barons de si grand renommée ;

---

1. La *gigue* était une espèce de violon.
2. Pour se laver les mains avant le repas.

Mainte richesse y fut, ce jour, montrée,
Maint bassin d'or, mainte toile brodée,
Et maint hanap, mainte coupe dorée.
Nul n'a jamais vu plus belle assemblée.
Les nappes mettent [1] en bas de la prairie ;
Quand mises furent, en tous sens occupaient,
C'est vérité, plus d'une arbalêtée [2].
Tous ceus qui veulent y purent bien manger ;
Nul ne se vit les vivres refuser,
À volonté furent à tous donnés.
Des mets qu'ils eurent le devis ne vous fais,
Mais nulle gent ne fut mieus honorée
Qu'ils ne le furent en bas de la prairie,
  Aus noces sous Narbonne.

CIX

Huit jours durèrent les noces d'Aimeri ;
Si largement chaque jour que j'ai dit,
Furent les riches et les pauvres servis :
De telles noces nul n'a ouï parler.
Après huit jours, ils se sont séparés,
Girard s'en va, sans plus s'y arrêter,
Droit à Vïenne, ses hommes avec lui,
Aussi sa femme, Guibour, au corps bien pris.
En leurs pays vont les comtes hardis,
Dedans Narbonne ont laissé Aimeri

---

1. *Ils mettent.*
2. *Elles s'étendaient, en tous sens, à plus d'une portée d'arbalète.*

Et Hermengarde, qu'il aima et chérit.
De telle dame jamais parler n'ouîtes,
Cent ans la tint[1] le preus comte Aimeri.
Bien le sait-on, dans les trente premiers[2],
Sept nobles fils le comte a engendrés,
Tous furent comtes et princes de haut pris,
Et ils conquirent, barons fiers et hardis,
  Les grands marches[3] d'Espagne.

CX-CXXII

La chanson se termine par l'énumération des sept fils et des cinq filles d'Aimeri, avec l'indication rapide de leurs aventures légendaires. Le second des fils fut Guillaume au court nez, celui qui

  Sous Rome occit Corsolt le mécréant.

Cet exploit de Guillaume est précisément raconté dans la chanson du *Couronnement de Louis*, que nous donnons ci-après.

1. *La garda.*
2. *Dans les trente premières années.*
3. *Marche = pays frontière.*

LE COURONNEMENT DE LOUIS

La chanson du *Couronnement de Louis* date du premier tiers du xiie siècle. On la considère comme formée d'au moins cinq chansons antérieures ; mais, quoi qu'on en ait dit, le remanieur a eu sérieusement, malgré quelques défaillances, le souci de l'unité de composition. La chanson s'ouvre et se clôt (ou à peu près) par un couronnement de Louis, et elle est tout entière consacrée aus exploits du grand défenseur de Louis, Guillaume au court nez.

Plusieurs personnages historiques ont contribué à former le personnage légendaire de Guillaume[1], comme plusieurs événements réels, le couronnement de Louis du vivant de Charlemagne et les conspirations ou les révoltes contre Louis et d'autres rois, ont été les éléments primordiaus des aventures racontées dans la chanson. Mais nous n'avons pas à examiner ici ces questions, pour lesquelles nous renvoyons à l'excellente édition de M. Langlois, dans la collection de la *Société des anciens textes français*.

1. Notons que, dans la chanson, Guillaume est appelé tantôt *Guillaume au court nez*, tantôt *Guillaume Fièrebrace*, tantôt *Fièrebrace* tout court, sans parler des appellations courantes : *le comte, le baron, le marquis*.

PRÉAMBULE

I

Oyez, seigneurs, que Dieu vous soit aidant !
Plaît vous ouïr une histoire vaillante[1],
Bonne chanson, courtoise et avenante ?
Ne sais pourquoi vilain jongleur se vante
De n'en rien dire tant qu'on ne lui commande ;
Ne laisserai que de Louis vous chante,
Et de Guillaume au court nez le vaillant,
Qui tant souffrit contre païenne gent ;
De meilleur homme nul ne peut vous chanter.

II

Seigneurs barons, plairait-vous un exemple[2],
Une chanson bien faite et avenante ?
Quand Dieu forma nonante et neuf royaumes,
Tout le meilleur il mit en douce France.
Le meilleur roi eut pour nom Charlemagne :
Il éleva volontiers douce France,
Dieu ne fit terre qui de lui ne dépende ;
Il en dépent Bavière et Allemagne,
Et Normandie et Anjou et Bretagne,
Et Lombardie et Navarre et Toscane.

---

1. De valeur.
2. Exemple = histoire édifiante.

III

Roi, qui de France porte couronne d'or,
Sage doit être et vaillant de son corps.
Et s'il est homme qui lui ai fait un tort,
Doit le poursuivre et par plaine et par bois,
Tant que ne l'a à sa merci ou mort.
Si ne le fait, lors pert France sa gloire ;
L'histoire dit : « Couronné est à tort. »

LE COURONNEMENT A AIX

IV

Quand la chapelle on dut bénir à Aix,
Et le moutier fut consacré et fait,
Cour y eut bonne, tel ne verrez jamais ;
Quatorze comtes gardèrent le palais.
Pauvres y vont pour demander justice,
Nul ne s'y plaint, à qui droit ne soit fait.
On faisait droit, mais plus ne le fait-on ;
En convoitise l'ont tourné les mauvais :
À pris d'argent succombent bonnes causes.
Mais Dieu est sage, qui nous gouverne et paît [1] !
En conquerront enfer, qui est punais [2],
Le mauvais puits, dont plus ne sortiront.

1. *Et nous nourrit.*
2. *Les méchants y gagneront l'enfer, qui est puant.*

V

Ce jour y eut bien dis et huit évêques,
Aussi y eut dis et huit archevêques,
Et le saint pape de Rome y chanta messe.

VI

Ce jour[1] y eut une offrande moult belle;
Depuis, en France, on n'en vit de plus belle.
Qui la reçut, en fit moult grande fête.

VII

Ce jour y eut bien vingt et sis abbés,
Aussi y eut quatre rois couronnés.
Ce jour y fut roi Louis élevé,
Et la couronne mise dessus l'autel;
Le roi son père avait le jour fixé.
Un archevêque est au lutrin monté,
Qui sermonna chrétïens assemblés:
« Barons, dit-il, ma parole écoutez:
Charles le Magne a moult son temps usé,
Or ne peut plus cette vië mener,
Il ne peut plus la couronne porter;
Il a un fils à qui la veut donner. »
Quand ils l'entendent, grand joie en ont mené,

---

1 *En ce jour*.

Toutes leurs mains en tendirent vers Dieu :
« Père de gloire, sois bien remercié
Que ne nous doive étranger gouverner! »
Notre empereur a son fils appelé :
« Beau fils, dit-il, ma parole entendez :
Vois la couronne qui est dessus l'autel?
À ce seul pris je te la veus donner :
Ne commettrez tort, luxure ou péché,
Ni trahison contre nul ne ferez,
À orphelin son fief n'enlèverez.
Si ainsi fais, j'en loûrai le Seigneur :
Prens la couronne, tu seras couronné.
Sinon, mon fils, sur l'autel la laissez,
Je vous défens de jamais y toucher. »

VIII

« Mon fils Louis, vois ici la couronne?
Si tu la prens, empereur es de Rome,
Tu peus mener en ost mille et cent hommes,
Passer par force les eaus de la Gironde,
Païenne gent écraser et confondre,
Et la leur terre dois à la nôtre joindre.
Si le veus faire, la couronne te donne;
Sinon, jamais tu ne dois la porter. »

IX

« Si tu dois prendre, beau fils, mauvais présents,
Et l'orgueilleus soutenir et aider,

Faire luxure, le péché protéger,
À un enfant enlever le sien fief,
À femme veuve prendre quatre deniers,
Cette couronne, par Jésus te défens,
Mon fils Louis, de jamais la porter. »
L'entent l'enfant, point n'avança le pied.
Bien en pleurèrent maints vaillants chevaliers,
Et l'empereur moult en fut courroucé :
« Hélas ! dit-il, comme je suis trompé !
Près de ma femme se coucha quelque infâme,
Qui engendra ce couard héritier.
Rien en sa vie de moi il ne tiendra ;
En faire un roi, ce serait grand péché !
Or lui faisons tous les cheveus trancher,
Et le mettons là dedans ce moutier,
Tirera cordes et sera marguillier ;
Prébende aura, pour ne point mendier. »
Près du roi siét Arnéïs d'Orléans,
Qui moult était et orgueilleus et fier ;
Par flatterie ainsi lui a parlé :
« Droit empereur, calmez-vous et m'oyez.
Messire est jeune, n'a que quinze ans entiers ;
Serait tôt mort s'il était chevalier.
Cette besogne[1], s'il vous plaît, m'octroyez !
Pendant trois ans, verrons comme il sera ;
Et s'il veut être preus et bon héritier,
Je lui rendrai de gré et volontiers
Et accroîtrai ses terres et ses fiefs. »

---

1. La besogne de régner.

LE COURONNEMENT DE LOUIS

Et dit le roi : « Vous le dois octroyer ! »
« Grand merci, sire », disent les imposteurs,
Qui parents furent d'Arnéïs d'Orléans.
Eût été roi, lorsque Guillaume arrive [1].
D'une forêt revenait de chasser,
Quand son neveu lui courut à l'étrier.
Il lui demande : « D'où venez, beau neveu ?
— Au nom de Dieu, sire, de ce moutier,
Où j'ai ouï grand tort et grand péché.
Arnéïs veut son droit seigneur tromper :
Va être roi, Français l'ont décidé. »
Guillaume dit : « À tort il l'a pensé ! »
L'épéë ceinte est entré au moutier,
Il ront la presse devant les chevaliers,
Trouve Arnéïs moult bien appareillé.
La pensée eut de lui couper la tête,
Quand lui souvient du Glorieus du ciel,
Que d'homme occire est trop mortel péché.
Prent son épée, au fourreau la remet,
Et devant passe ; ses manches a troussé,
De la main gauche il le prent aus cheveus,
Lève la droite et sur son cou l'abat :
L'os de la gueule lui a en deus brisé,
Mort le renverse à la terre à ses pieds.
Quand l'a tué, ainsi l'a gourmandé :
« Glouton, dit-il, Dieu puisse te maudire !
Pourquoi voulus ton droit seigneur tromper ?

---

1. C'est-à-dire : « Arnéis eût été roi, si Guillaume n'était pas arrivé. »

Tu l'aurais dû aimer et tenir cher,
Croître[1] ses terres et défendre ses fiefs.
De tes mensonges tu n'auras plus salaire !
J'avais voulu un peu te châtier,
Mais tu es mort, n'en donnerais denier[2]. »
Voit la couronne dessus l'autel posée,
La prent le comte[3], sans plus s'y attarder,
Vient à l'enfant, sur sa tête la met :
« Tenez, beau sire, au nom du Roi du ciel !
Force te donne[4] d'être bon justicier ! »
Pour son enfant le père en est joyeus :
« Sire Guillaume, grand merci en ayez,
Votre maison la mienne a bien servi ! »

X-XIII

Charlemagne reprent alors et développe les conseils qu'il adressait à son fils avant le couronnement.

« Mon fils Louis, ne te le veus celer,
Quant Dieu fit roi pour peuples gouverner,
Ne le fit mie pour faussement juger,
Faire luxure, le péché protéger,
À orphelin pour enlever son fief,
À veuve femme prendre quatre deniers ;
Mais doit les torts abattre sous ses pieds,

1. *Accroître.*
2. *Je n'en donnerais pas un denier, je m'en soucie comme d'un denier.*
3. Guillaume.
4. *Que Dieu te donne la force.*

Les renverser, les fouler et briser.
Jamais pauvre homme ne te faut quereller,
Et, s'il se plaint, ne t'en doit ennuyer[1],
Mais tu le dois entendre et conseiller,
Et pour l'amour de Dieu lui faire droit.
Vers l'orgueilleus te dois faire aussi fier
Que léopard qui gens veuille manger ;
Et, s'il te veut quelque jour guerroyer,
Convoqueras tes nobles chevaliers,
Tant que bien soient plus de trente milliers ;
Où mieus se fie[2], là le fais assiéger,
Toute sa terre détruire et ravager ;
Si le peus prendre et en tes mains tenir,
Jamais n'en aie en ton cœur de pitié,
Fais-lui plutôt tous les membres trancher,
Brûler au feu ou dedans l'eau noyer !
Car si Français te voient aus pieds foulé,
Lors pourront dire à ta honte Normands :
« D'un pareil roi n'avions-nous pas besoin.
« Que maudit soit, par la crois de la tête,
« Qui avec lui ira pour guerroyer,
« Ni à sa cour ira pour l'honorer !
« Nous pouvons bien sur le sien[3] nous payer. »
Et d'autre chose te veus, fils, aviser ;
Que, si tu vis, il te faudra garder
Que de vilain ne fasses conseiller[4],

1. *Cela ne doit pas t'ennuyer.*
2. *Dans sa ville la plus forte.*
3. *Sur ses biens, sur ses possessions.*
4. C'est-à-dire : « Garde-toi de prendre un vilain pour ton conseiller. »

Fils à prévôt, ni de fils à voyer
(Pour récompense, bientôt te trahiraient),
Mais de Guillaume, le valeureus guerrier,
Fils d'Aimeri de Narbonne, le fier,
Frère à Bernard de Brabant, le guerrier.
Si ceus-là veulent t'aider et soutenir,
En leur service te peus moult bien fier. »
Répont l'enfant : « Dites vrai, par ma tête ! »
Il vint au comte et lui tomba aus pieds.
Le preus Guillaume le courut redresser,
Il lui demande : « Damoiseau, que veus-tu?
— Sire, par Dieu, et secours et pitié.
Mon père dit qu'êtes bon chevalier,
N'est tel baron sous la chape du ciel :
Vous veus remettre mes terres et mes fiefs,
Que les gardiez, valeureus chevalier,
Tant que je puisse mon armure porter. »
Répont le comte : « Par ma foi, volontiers ! »
Il lui jura, sur les saints du moutier,
Qu'il n'en prendra la valeur d'un denier,
S'il ne lui donne de gré et volontiers.
Lors vint à Charles, point ne voulut tarder,
Devant le roi se va agenouiller :
« Droit empereur, vous demande congé ;
Car il me faut partir et chevaucher
Tout droit à Rome, pour saint Pierre prier.
Quinze ans y a, ne vous le veus celer,
Que le promis, et faire ne l'ai pu ;
Mais ce voyage plus ne veus retarder. »
De mauvais gré le roi l'a octroyé.

Il lui donna soissante chevaliers,
D'or et d'argent trente sommiers chargés ;
À son départ se coururent baiser.
Ainsi le comte s'en est à Rome allé ;
Longtemps resta, grands y eut aventures,
Charles mourut avant qu'il s'en revînt,
Et demeura Louis son héritier.
Avant que pût Guillaume retourner,
Il fut à tort enfermé et caché[1] :
Trop aurait pu Guillaume s'attarder !

XIV

Au moutier fut Guillaume Fièrebrace.
Congé il a demandé au roi Charles,
Et il lui donne soissante hommes à armes,
Trente sommiers chargés d'or et d'argent.
S'en va le comte, nullement ne s'attarde,
Et sur la route Louis loin l'accompagne.
Pleurant s'adresse au comte Fièrebrace :
« Hé ! noble comte, au nom du Seigneur Dieu,
Voyez, mon père de ce monde trépasse,
Est vieus et frêle, ne portera plus armes,
Et je suis jeune et de bien petit âge :
Si n'ai secours, pour moi tout ira mal. »
Répont le comte : « Ne soyez en souci,
Car, par l'apôtre qu'on invoque à l'autel,
Quand j'aurai fait ce grand pèlerinage,

1. Cette histoire est racontée plus loin.

Appelez-moi par vos sceaus et par chartes [1],
Ou par tel homme qui bien en soit croyable :
Ne laisserai, pour homme que je sache,
Ne vous secoure [2] avec tout mon lignage »...

GUILLAUME A ROME ; COMBAT CONTRE CORSOLT

XV

S'en va Guillaume, le baron redouté,
Et Guiëlin et Bertrand le loué.
Dessous les chapes avaient les brants gravés [3],
Sur les sommiers ils avaient fait charger
Les bons hauberts et les heaumes dorés ;
Les écuyers sont fortement lassés
Des forts écus et des épiés porter.
De leurs journées point ne vous sais conter,
Par Romanie [4] se sont acheminés,
Et jusqu'à Rome ne se sont arrêtés.
Les écuyers vont prendre les logis,
Sicaire était leur bon hôte appelé.
Cette nuit, fut le comte bien traité,
Après manger sont allés reposer.
Le comte dort, car moult était lassé ;

---

1. *Par chartes scellées, par lettres.*
2. C'est-à-dire : « Rien au monde (aucun homme) ne pourra m'empêcher de vous secourir. »
3. *Dont la lame est gravée.*
4. *L'Italie.*

Songea un songe dont moult fut effrayé :
De vers Russie vint un feu embrasé,
Qui éprenait Rome de tous côtés.
Un lévrier vint à toute vitesse,
Des autres s'est parti et séparé.
Guillaume était sous un arbre ramé,
De cette bête était tout effrayé,
Car de sa patte lui donna un coup tel,
Que vers la terre il le fit se courber.
S'est éveillé le comte, et Dieu invoque.
Jamais un songe ne fut si avéré,
Car Sarrasins vers Rome se hâtaient :
Le roi Galafre et le roi Ténébré,
Le roi Cremu et Corsolt l'amiral
Pris ont de Chapre les maîtres-forteresses.
Le roi Gaifier y est emprisonné,
Lui et sa fille, sa femme à grand beauté,
Et trente mille captifs infortunés.
Tous auraient eu bientôt tête coupée,
Mais tant de Dieu Guillaume fut aimé,
Que par lui furent de prison délivrés,
Malgré Corsolt, d'outre la rouge mer,
Le plus fort homme dont on ait pu parler,
Qui mutila à Guillaume son nez ;
Vous l'apprendrez avant que le soir vienne,
Si me donnez pour que veuille chanter.
De bon matin s'est Guillaume levé,
Au moutier va le service écouter ;
Toutes ses armes fait mettre sur l'autel,
Qu'en or Arabe plus tard a rachetées.

Le pape était gentilhomme achevé,
Il se revêt pour la messe chanter.
Quand le service fut dit et terminé,
Voici qu'en hâte viennent des messagers,
Telles nouvelles ils vont leur raconter,
Dont maints barons, ce jour, furent troublés.

XVI

Au moutier fut Guillaume Fièrebrace,
Et messe avait chanté le sage pape.
Quand il l'eut dite, viennent deus messagers,
Qui lui apportent des nouvelles moult âpres,
Que Sarrasins lui font très grand dommage :
Pris ont par force la grand cité de Chapre,
Et trente mille captifs, tant uns que autres ;
S'ils n'ont secours, tous mourront par le glaive.
Le pape en fut moult durement ému ;
Va demandant Guillaume Fièrebrace,
On le lui montre en bas, dessus le marbre,
Où prië Dieu, père spirituel,
Force lui donne et honneur et courage[1],
Ainsi qu'à son seigneur, le fils de Charles.
Lors nullement le pape ne s'attarde,
Prit un bâton et le heurte à l'épaule.
Vers lui le comte a levé son visage.

1. Suppléez la conjonction *que*, au commencement de ce vers.

XVII

Comte Guillaume se dressa sur ses pieds ;
Se prit le pape ainsi à lui parler :
« Hé ! gentilhomme, par Dieu le droiturier,
Dites-moi tôt si me pourrez aider.
Ici nous viennent les païens attaquer,
Le roi Galafre est des autres[1] le chef.
En détresse est qui nous soulait[2] aider :
Pris est par force le riche roi Gaifier,
Lui et sa fille, aussi sa franche femme,
Et trente mille malheureus prisonniers ;
S'ils n'ont secours, tous y perdront la vie.
— Hé ! Dieu nous aide ! » dit le comte aus yeus fiers.
Pour tant de rois se commence à signer[3].
Mais son neveu à lui s'est adressé :
« Oncle Guillaume, perdez-vous donc le sens ?
Jamais pour homme[4] je ne vous vis troubler. »
Répont Guillaume : « Pour Dieu, ne m'en veuillez !
Contre leur force ne peut valoir la nôtre,
Mais il nous faut chercher un messager,
Et à Louis il le faut envoyer,
Pour qu'il nous vienne secourir et aider.
Que Charles reste pour les causes juger,
Vieus est et frêle, ne peut plus chevaucher. »

1. Entendez : « des autres rois païens. »
2. *Avait coutume de*. Le mot est encore dans La Fontaine.
3. *Il fait le signe de la crois, quand il entent parler de tant de rois*.
4. *Pour un homme, par crainte d'un homme*.

Et dit Bertrand[1] : « Par Dieu le droiturier,
Soit confondu et mort et enragé
Qui s'offrira ce message à porter !
Soit son écu et troué et percé,
Et son haubert rompu et démaillé,
Lui-même soit frappé d'un grand épié,
Qu'il soit ainsi connu pour messager !
Païens nous cherchent à cents et à milliers ;
Or vite aus armes ! N'avons à différer,
Défendons-nous sans point nous attarder. »
Tous ceus de Rome en sont moult effrayés,
Ont peu de gens, ne furent cent milliers !

XVIII

Au moutier fut le comte au fier visage.
Lui dit le pape, qui fut courtois et sage :
« Noble homme, sire, au nom du Seigneur Dieu,
Secourez-nous contre la gent sauvage.
— Hé ! Dieu nous aide ! dit comte Fièrebrace,
Ici je viens pour mon pèlerinage,
J'ai amené moult peu de baronnage[2] ;
N'ai que soixante de chevaliers à armes,
Contre tant d'hommes je ne pourrais combattre.
— Hé ! Dieu nous aide ! dit le sage et saint pape,
Voici saint Pierre, qui des âmes est garde :
Si pour lui, sire, tu fais cette bataille,

---

1. C'est le nom du neveu de Guillaume.
2. *De barons.*

Chair peus manger tous les jours de ton âge,
Et femme prendre autant qu'il te plaira;
Ne feras plus péché qui soit si grave,
Pourvu que bien de trahison te gardes,
Que n'en sois quitte et pour tout ton vivant.
En paradis auras la bonne place
Que notre Dieu à ses bons amis garde;
Saint Gabriel votre guide y sera.
— Hé! Dieu nous aide! dit comte Fièrebrace,
Jamais nul clerc n'a eu le cœur si large!
Ne laisserai, pour homme que je sache,
Ni pour païen, tant soit-il redoutable,
Qu'à ces gloutons je ne m'aille combattre!
Neveu Bertrand, allez prendre vos armes,
Et Guiëlin et mes autres barons! »
Armes demande Guillaume Fièrebrace,
On les apporte devant lui en la place;
Vêt le haubert, et le vert heaume lace,
Et ceint l'épée par les ranges [1] de soie.
On lui amène le destrier en la place,
Le comte y monte, sans prendre l'étrier.
À son cou pent une vermeille targe,
Entre ses mains un raide épié qui taille,
À cinq clous d'or une enseigne fixée.
« Mon seigneur pape, dit Guillaume le sage,
Combien avez de gens en votre marche[2]? »
Répont le pape : « Le vous dirai sans faute :

---

1. Les *ranges* formaient une partie, encore mal déterminée, de la ceinture.
2. *Marche* = *pays*.

Trois mille sommes, chacun avec ventaille [1],
Et fort épié, et épéë qui taille. »
Lui dit le comte : « C'est belle commençaille [2].
Armer les faites, et tous les gens de pied,
Qui défendront les portes et barrières. »

Quand les barons sont réunis, le pape leur promet le paradis s'ils meurent dans la bataille, puis il déclare qu'il ira d'abord trouver le chef des Sarrasins :

« J'irai parler seul à l'émir Galafre ;
Si, pour richesse que promettre lui sache,
Veut retourner et ses nefs et ses barques [3],
Et ses armées qui sont sur ce rivage,
Lui donnerai le trésor de l'autel,
N'y restera ni calice, ni chape,
Or ni argent, ni rien qui denier vaille,
Plutôt qu'y meurent tant de francs hommes sages ! »
Barons répondent : « Il est bon qu'on le sache. »
Le pape part, avec lui un abbé ;
Jusqu'à la tente nullement ne s'attarde.
Là il trouva le puissant roi Galafre,
Ne le salue, ne convient qu'il le fasse.
Le puissant roi fièrement le regarde,
Et aussitôt le pape ainsi lui parle :
« Sire, fait-il, m'ont ici envoyé

---

1. La *ventaille* était une pièce du haubert.
2. *C'est un beau commencement.*
3. Entendez : « s'il veut s'en retourner avec ses nefs et ses barques. »

Dieu et saint Pierre, qui des âmes est garde,
Et de sa part vous veus dire un message :
Que retourniez et vos nefs et vos barques,
Et vos armées, qui sont ici campées.
Vous donnerai le trésor de l'autel,
N'y restera ni calice, ni chape,
Or ni argent qui un seul denier vaille,
Plutôt qu'y meurent tant de preus hommes d'armes. »
Répont le roi : « Tu n'es mië bien sage ;
Je suis venu dans mon droit héritage,
Qu'ont établi mes aïeus et ancêtres,
Et Romulus et Julius César,
Qui fit ces murs, ces ponts et ces barrières.
Si par la force puis ces piliers abattre,
Je détruirai tout ce qui tient à Dieu,
Ses serviteurs auront honte et dommage. »
Le sage pape en fut moult effrayé,
N'y voudrait être pour tout l'or de Carthage !
Libre passage il demande à l'émir :
Pour sauf-conduit trois Sarrasins lui donne.
Le roi Galafre encore à lui s'adresse :
« Parlez à moi, sire au chaperon large ;
Ne dites pas qu'aucun tort je vous fasse
De la cité qu'est de mon héritage !
Prenez un homme, équipé de ses armes,
J'en aurai un de mon riche lignage,
Pour champions les mettrons en la place.
Si votre Dieu a le pouvoir qu'il fasse
Que le mien soit par le vôtre vaincu,
Rome sera votre propre héritage,

Ne trouverez, dans le cours de votre âge,
Qui vous en prenne la valeur d'un fromage.
S'il arrivait que parole ne tienne,
Mes fils tous deus retenez en otage :
Nulle rançon un denier ne leur vaille [1],
Mais les pendez tous les deus à un arbre ! »
Lorsque le pape entent ce discours sage,
N'eût eu tel joie pour tout l'or de Carthage.
Lors lui souvient du comte Fièrebrace,
Qui au moutier se tient tout adoubé :
Meilleur que lui ne peut porter ses armes.

XIX

Le pape voit que Dieu le veut aider,
Puisqu'un seul homme peut ses droits disputer.
À l'ennemi sut réclamer son dû :
« Sire, fait-il, ne vous le veus celer,
Quand [2] par deus hommes il nous faudra plaider,
Le champïon je verrais volontiers
Qui contre Dieu veut Rome réclamer. »
Répont le roi : « Satisfaire vous vais. »
On lui amène le roi Corsolt à pied,
Laid et difforme, hideus comme démon ;
Les yeus a rouges com charbon en brasier,
La tête large et hérissé le chef ;
Entre les yeus, de large a demi-pied,

---

1. C'est-à-dire : « ne puisse leur servir, les sauver. »
2. *Quand* a ici le sens de *puisque*.

Une grand toise de l'épaule au brayer[1] ;
Plus hideus homme ne peut de pain manger.
Contre le pape il a les yeus roulé ;
Bien fort s'écrie : « Petit homme, que veus ?
Est-ce ton ordre, d'être si haut tondu ?
— Sire, fait-il, je sers Dieu au moutier,
Dieu et saint Pierre, qui pour nous est le chef.
Et de sa part je vous voudrais prier
Que vos armées vous fassiez retourner ;
Vous donnerai le trésor du moutier,
N'y restera calice ou encensier[2],
Or ou argent qui vaille un seul denier,
Que ne vous fasse ici tout apporter. »
Répont le roi : « Mal tu es inspiré,
Qui devant moi oses de Dieu parler !
C'est l'homme au monde qui plus m'a courroucé :
Mon père occit[3] d'une foudre du ciel ;
Tout fut brûlé, je ne lui pus aider.
Prudent fut Dieu, quand ainsi l'eut tué,
Au ciel monta, ne voulut retourner.
Je ne pouvais là-haut l'aller chercher,
Mais de ses hommes, depuis, me suis vengé !
De ceus qui furent en son nom baptisés
J'ai fait détruire plus de quatre milliers,
Brûler au feu ou dedans l'eau noyer.
Puisque là-haut ne puis Dieu guerroyer,
Nul de ses hommes ne veus ci-bas laisser,

1. *À la ceinture.*
2. *Encensoir.*
3. *Il a tué mon père.*

Et moi et Dieu n'avons plus à plaider :
Mienne est la terre et sien sera le ciel.
Si par la force puis prendre la contrée,
Ferai détruire tout ce qui tient à Dieu,
Les clercs qui chantent au couteau écorcher ;
Toi-même, sire, qui est chef du moutier,
Te rôtirai sur charbons en foyer,
Tant que ton foie tombe dans le brasier. »
Lorsque le pape l'entent ainsi parler,
N'est pas merveille s'il en fut effrayé !
Lui et l'abbé lors se sont consultés :
« Par saint Denis, ce Turc est enragé !
Grand merveille est quand terre est sous ses pieds[1],
Qu'au feu d'enfer ne l'ait Dieu envoyé.
Ah ! preus Guillaume, marquis au fier visage,
Que Celui t'aide qui en crois fut dressé !
Contre sa force la tienne ne vaudrait. »
Au fier Galafre escorte a demandé,
Et il lui donne les deus fils de sa femme,
Qui jusqu'à Rome le conduisent à pied.
Comte Guillaume vers lui s'est avancé,
Il le saisit par le fer de l'étrier :
« Sire, fait-il, comme avez réussi ?
Dites-moi si vous vîtes l'ennemi,
Qui contre Dieu veut Rome disputer ?
— Oui, beau seigneur, ne vous le veus celer,
Ce n'est pas homme, mais plutôt un démon.
Si vivants fussent Roland et Olivier,

---

1. *C'est une merveille que la terre ne l'ait pas englouti.*

Ive et Ivoire, Othon et Bérenger,
Et l'archevêque, le jeune Manessier,
Estout de Langres et le courtois Gautier,
Et avec eus Gérin et Engelier,
Les douze pairs, qui furent démembrés,
Et si y fût Aimeri le guerrier,
Votre fier père, qui tant est à priser,
Et tous vos frères, qui sont bons chevaliers,
Ne l'oseraient en bataille approcher !
— Dieu ! dit Guillaume, dites ce qui en est !
Or je vois bien que faiblit le clergé.
Ne dites-vous que Dieu a tel bonté,
Que, qui il veut soutenir et aider,
Nul ne pourra honte ou tort lui causer?
Mais, par l'apôtre qu'à Rome on va prier,
Si l'ennemi avait de haut vingt toises,
Le combattrais au fer et à l'acier !
Si Dieu nous veut notre loi[1] abaisser,
Bien y puis être occis et démembré ;
Mais s'il me veut soutenir et aider,
N'est sous ciel homme qui me puisse entamer. »
Lorsque le pape l'entent ainsi parler :
« Ah ! lui dit-il, très noble chevalier,
Celui te garde qui en crois fut dressé !
Nul n'eut jamais langage si hardi !
Où que tu ailles, Jésus te puisse aider,
Puisque tu as en lui tous tes pensers ! »
Puis a le bras de saint Pierre apporté ;

---

1. *Notre religion.*

L'or et l'argent ils en ont arraché,
Et la jointure font au comte baiser,
Puis en font crois[1] sur son heaume d'acier,
Contre le cœur, et devant et derrière.
De tel joyau, ce jour, eut grand secours :
N'y eut plus homme qui le pût entamer,
Sinon autant qu'épais sont deus deniers.
Alors il monte sur le vaillant destrier,
À son cou pent l'écu écartelé,
Et en son poing tient un tranchant épié.
De là au tertre ne voulut s'attarder,
Moult le regardent païens et Sarrasins ;
Dit l'un à l'autre : « Voilà beau chevalier,
Et preus et sage, courtois et bien appris ;
Si son pareil à combattre il avait,
En commençant fière lutte y aurait,
Mais vers[2] Corsolt sa force point ne vaut,
Souci n'aurait de quatorze semblables. »

XX

Le roi Galafre de sa tente est sorti,
Bien est en roi et chaussé et vêtu.
Le tertre avise et celui qui fut sus,
Dit à ses hommes : « Le Français est venu ;
Est sur le tertre, bien lui siét son écu.
Il doit combattre vers Corsolt le membru,
Mais près de lui est chétif et menu ;

---

1. Avec la relique, ils font le signe de la crois.
2. *Contre.*

Bien peu vaudraient Mahomet et Cahu,
Si par Corsolt tôt il n'était vaincu. »
Le roi le mande[1], et il y est venu,
Lui va encontre, les deus bras étendus :
« Neveu, dit-il, bien soyez-vous venu !
Vois[2] le Français sur le tertre battu,
Contre l'attaque est ferme et résolu. »
Répont Corsolt : « Mort est et confondu !
Puisque le vois, ne sera attendu[3].
Or tôt mes armes ! Qu'attendrais-je de plus ? »
Ils y coururent, sept rois et quinze ducs,
Les lui apportent sous un arbre ramu.
Mais de tels armes ne crois qu'y en ait plus :
Si un autre homme les eût au dos vêtu,
N'eût pu bouger, pour tout l'or qui onc[4] fut.

XXI

Quatorze rois armèrent le guerrier.
Au dos lui vêtent une brogne d'acier,
Dessus la brogne un blanc haubert doublé.
Puis ceint l'épée, dont bien tranche l'acier :
Toise eut de long, de large demi-pied.
Avait son arc et son carquois lacés,

---

1. *Galafre mande Corsolt.*
2. *Je vois.*
3. C'est-à-dire : « On peut le considérer comme déjà mort et perdu. Puisque je le vois, il (neutre) ne sera pas attendu, on n'attendra pas davantage, je vais l'attaquer. »
4. *Onc, onques = jamais.* Entendez : « lui donnât-on tout l'or du monde. »

Son arbalète et ses carreaus d'acier,
Dards émoulus, préparés pour lancer.
On lui amène Alion son destrier ;
À grand merveille était ce cheval fier,
Et si fougueus, me l'a-t-on affirmé,
Que d'une toise nul n'en put approcher,
Hormis celui qui en fut coutumier ;
Quatre dards a à la selle attachés,
Masse de fer à l'arçon par derrière.
Dieu ! Quel cheval pour qui pût le dompter !
Plus vite court que lièvre ni lévrier.
Le roi Corsolt y monta par l'étrier,
À son cou pent un bon écu doré,
Qui bien était d'une grand toise long ;
Jamais de lance il ne daigna porter.
À haute vois à son oncle a crié :
« Faites silence, dit-il, et m'écoutez !
Les sénéchaus faites tôt avancer,
Les tables mettre, préparer le manger ;
Pour ce Français ne le faut retarder.
Plus tôt l'aurai occis et démembré,
Que vous n'iriez demi-arpent à pied.
De mon épée point ne le veus toucher :
Si de ma masse puis un coup asséner,
Si je n'abas et lui et son destrier,
Jamais franc homme ne me donné à manger ! »
Païens s'écrient : « Mahon te puisse aider ! »
Parmi le camp commença à piquer[1].

---

1. *Piquer des deus.*

Comte Guillaume vit venir l'ennemi,
Laid et hideus, et d'armes tout chargé;
S'il le redoute, nul n'en doit s'étonner.
Dieu invoqua, le père droiturier :
« Sainte Marie, que voilà bon destrier!
Moult serait bon pour servir chevalier.
Il me le faut des armes épargner;
Dieu le protège, qui tout a à juger,
Que mon épée ne le puisse blesser! »
Ce ne sont là paroles de couard.

XXII

Avant tout, Guillaume descent de cheval, se tourne vers l'Orient et adresse humblement à Dieu une longue prière, qui est, suivant l'usage, une sorte de *Credo* résumant tout l'ancien et le nouveau Testament. Puis il fait le signe de la crois et se lève.

Le Sarrasin vint à lui étonné :
« Dis-moi, Français, ne me soit pas celé [1],
À qui as-tu si longuement parlé?
— Vrai, dit Guillaume, entendras vérité :
À Dieu de gloire, le roi de majesté,
Pour qu'il m'assiste, par sa grande bonté,
Que je te puisse tous les membres couper,
Et que tu sois en ce combat maté. »
Dit le païen : « Tu as folle pensée.

---

1. *Que cela ne me soit pas caché.*

Croirais-tu donc que ton Dieu ait pouvoir
Contre mes coups de défendre ta vie ? »

XXII-XXIII

Le dialogue continue, sans grand intérêt, Corsolt et Guillaume vantant chacun leur religion et se promettant l'un à l'autre des richesses en échange d'une conversion.

XXIV

Enfin Guillaume remonte à cheval, et les deus adversaires s'adressent le dernier défi. Corsolt dit à Guillaume :

« Je te ferai un moult bel avantage :
Prens ton épée et resserre tes armes,
Sur l'écu frappe, point ne serai muable [1],
Je veus un peu voir quelle est ta valeur,
Et comment frappe petit homme en bataille. »
Et dit Guillaume : « Suis fou si plus je tarde. »
Son cheval pique, un grand arpent parcourt
De la montagne qui est si grande et large.
Autour de lui a resserré ses armes ;
Le Sarrasin ne bougea de sa place.
Le pape dit : « Nous aurons la bataille.
Or vite à terre, et les fous et les sages !
Que chacun prie Dieu de tout son courage,
Qu'il nous ramène Guillaume Fièrebrace

---

1. *Je ne bougerai pas.*

Tout sain et sauf dedans Rome la large. »
Le noble comte aperçoit les barons,
Qui pour lui prient : fol est si plus s'attarde !
Le cheval pique, les deus rênes lui lâche,
Brandit la lance à l'enseigne de soie,
Le païen frappe sur la vermeille targe :
Couleur, vernis et le bois il transperce,
Le blanc haubert il lui ront et démaille,
Sa vieille brogne ne lui vaut une maille [1] !
Parmi le corps son roide épié lui passe,
Si bien que par derrière on aurait pu
Au fer qui sort une chape suspendre.
D'une tel force Guillaumë outre passe,
Que hors du corps l'épié il lui arrache.
Mais le païen n'en perdit son courage,
Tout bas il dit, pour que nul ne le sache :
« Par Mahomet, à qui j'ai fait hommage,
Il est bien fou, qui petit homme raille,
Quand il le voit entrer en grand bataille !
Quand je le vis ce matin dans l'herbage,
Peu je prisai et lui et son courage,
Et d'autre part je tiens bien pour folie
Que dessus moi lui donnai avantage,
Car jamais homme ne me fit tel dommage. »
Telle angoisse a, peu s'en faut qu'il ne pâme.
Comte Guillaume de refrapper se hâte.

---

1. C'est ici le mot *maille* (petite monnaie) que nous employons encore dans les locutions : « n'avoir ni sou ni maille, avoir maille à partir (à partager) avec quelqu'un. » Cette maille n'a rien de commun avec la maille du haubert.

XXV

Guillaume était moult valeureus et fort,
Le païen a frappé[1] parmi le corps;
En tel fureur a tiré l'épié hors,
Que la courroie il lui rompit du cou:
À terre tombe son écu à fleurs d'or.
Tous ceus de Rome lui ont crié moult fort:
« Baron, refrappe, Dieu soutienne tes coups!
Sire saint Pierre, en ce jour sauvez-nous! »
Comte Guillaume a entendu ces mots,
Le destrier pique, qui s'élance au galop,
Brandit la lance, le gonfanon déploie,
Le païen frappe sur le haubert du dos,
Qu'il lui démaille et déront et déclôt,
Sa vieille brogne ne lui valut deus clous:
L'épié lui mit par le milieu du corps,
Que d'autre part en parut le fer hors.
De moindre plaie fût un autre homme mort;
Le Sarrasin ne s'en est dérangé,
À son arçon a pris un javelot,
Contre Guillaume il l'a lancé si fort,
Le coup résonne comme foudre qui tombe;
Le preus se baisse, et peur eut de la mort.
Percée en est l'armure sur le dos;
Dieu ne voulut que sa chair fût touchée.
« Dieu, dit le comte, qui formâtes saint Loth,
Défens-moi, sire, que je n'y meure à tort! »

1. *Il a frappé le païen.*

XXVI

Corsolt se sent blessé au plus profond :
Le brun épié lui est sur le poumon,
Le sang en coule de là sur l'éperon.
Et dit tout bas, que ne l'entendit-on :
« Par Mahomet, dont j'attens le pardon,
Jamais par homme ne fus ainsi détruit,
Et je fus fou quand je lui fis ce don [1]. »
Un dard moulu [2] a pris à son arçon,
Contre Guillaume le lance à toute force,
Le coup résonne comme le vol d'un aigle.
Le preus Guillaume un peu s'est détourné,
Pourtant lui tranche [3] son écu à lion,
Sa vieille brogne ne l'en put garantir,
Près du côté lui passe à telle force
Que de deus pieds s'enfonce dans le sable.
Le voit Guillaume, tient la tête baissée,
Par son saint nom il a Dieu invoqué.

Cette prière de Guillaume, un peu moins longue que la première, et toujours sous forme de *Credo*, se termine ainsi :

« Comme c'est vrai et croire le doit-on,
Défens mon corps de mort et de prison,

---

1. C'est-à-dire : « quand je m'engageai à ne pas bouger. »
2. *Émoulu.*
3. *Le dard lui tranche...*

Que ne me tue ce Sarrasin félon.
Tant porte d'armes qu'on ne peut l'approcher :
Son arbalète lui pent à son giron [1],
Masse de fer lui pent à son arçon ;
Si Dieu n'y veille, dont Longin eut pardon,
Vainqueur sera, trop a d'armes foison. »
Corsolt lui dit ces trois mots de défi :
« Comte Guillaume, comme as cœur de félon !
Et cependant sembles bon champion ;
Mais, par ces armes, point ne te sauveras ! »
Lors il tourna son destrier d'Aragon,
Tire l'épée qui lui pent au giron,
Frappe Guillaume d'une telle façon
Que le nasal et le heaume lui ront,
Tranche la coiffe du haubert à maillons,
Et les cheveus lui tranche sur le front,
Et de son nez le bout lui abattit ;
Depuis en eut Guillaume maint reproche.
Le coup dévale de par-dessus l'arçon,
Et du cheval lui a fait deus tronçons.
Le coup fut grand, et vint d'un tel élan
Que trois cents mailles sur le sable en abat ;
L'épée en vole hors des mains du glouton.
Comte Guillaume sur ses pieds se relève,
Tire Joyeuse, qui lui pent au giron.
Il veut frapper Corsolt dessus son heaume,
Mais il était d'une si haute taille,
Qu'il n'aurait pu, pour tout l'or de ce monde.

1. *À son côté.*

Le coup descent sur le double haubert,
Et trois cent mailles en abat sur le sable ;
La vieille brogne a le Turc protégé,
Il ne le blesse vaillant un éperon [1].
Corsolt lui dit ces deus mots par jactance :
« Comte Guillaume, comme as cœur de félon !
Ne valent pas tes coups un hanneton. »
Tous ceus de Rome à haute vois s'écrient,
Avec le pape, qui fut en grand frisson :
« Sire saint Pierre, secours ton champion !
Car s'il y meurt, reproches en auras ;
En ton moutier, pour tant que nous vivrons,
Plus ne sera dite messe ou leçon. »

XXVII

Comte Guillaume, au visage vaillant,
Est tout armé sur la large montagne.
Voit le païen, qui a perdu l'épée
Dont il trancha à son cheval l'échine.
Le Turc passe outre plus d'une arbalétée [2] ;
Tout en piquant, sa masse a détachée,
Contre Guillaume il s'en vint gueule bée,
Il écumait comme bête échauffée
Que les chiens chassent en la forêt ramée.
Le voit Guillaume, a sa targe levée :
Le Turc y frappe avec un tel élan,

1. *La valeur d'un éperon, pas du tout.*
2. *Plus loin qu'une portée d'arbalète.*

D'un bout à l'autre il l'a toute cassée,
Près de la boucle il l'a toute coupée :
Par le trou fait passerait à volée
Un épervier, sans point s'y arrêter.
Tout près du heaume est la masse passée,
Cette rencontre lui fait le chef baisser.
Jamais par lui ne fût Rome sauvée,
Si Dieu n'était et la Vierge honorée.
Tous ceus de Rome hautement ont crié,
Et dit le pape : « Que fais-tu donc, saint Pierre ?
S'il y mourait, serait mauvaise affaire ;
En ton moutier messe ne chanterais,
Tant que j'aurais en ma vië durée. »

XXVIII

Comte Guillaume du grand coup qu'il reçut
Est demeuré durement étourdi.
Mais d'une chose il s'est moult étonné,
Que le Turc pût tant à cheval durer,
Car il avait bien durement saigné.
S'il eût voulu, il l'aurait mis à pied ;
Mais il épargne tant qu'il peut le destrier,
Car il se pense, s'il le pouvait gagner,
Que bon service encor faire pourrait.
Le Sarrasin s'est vers lui élancé ;
Quand voit Guillaume, telle injure lui dit :
« Vil chevalier, te voilà mal loti,
Car de ton nez as perdu la moitié ;
Du roi Louis tu seras prébendier,

À ton lignage bien sera reproché [1].
Tu ne peus plus, tu le vois bien, t'aider !
Avec ton corps il m'en faut retourner,
Car notre émir m'attent à son manger,
Et moult s'étonne que puisse tant tarder. »
Vers son arçon s'est d'abord abaissé,
Car devant lui il le voulait charger,
Tout bien armé, sur le cou du destrier.
Le voit Guillaume, en croit perdre le sens,
Bien fut à l'aise pour son coup asséner,
Frappe le roi, point ne veut l'épargner,
Dessus son heaume, qui d'or était rayé,
Et fleurs et pierres il en a fait sauter.
Il lui trancha le maître-capuchon,...
Tout le coucha sur le cou du destrier ;
Les armes pèsent, ne se put redresser.
« Dieu ! dit Guillaume, comme ai mon nez vengé !
Ne serai plus de Louis prébendier,
À mon lignage ne sera reproché ! »
Son bras il a des enarmes [2] tiré,
Et son écu dans le champ a jeté.
Tel coup d'audace nul jamais n'avait fait.
Si le Turc fût sain et sauf et entier,
Follement fût le combat commencé ;
Mais, grâce à Dieu, ne se pouvait aider.
Comte Guillaume ne s'y veut attarder,
De ses deus mains saisit le brant d'acier,

---

1. C'est-à-dire : « On en fera honte à ta famille. »
2. *De la courroie du bouclier.*

Frappe le roi, ne songe à l'épargner,
Parmi les lacs de son heaume vergé,
Et tête et heaume fit voler quatre pieds ;
Le corps chancèle et le Sarrasin tombe.
Comte Guillaume ne s'y veut arrêter :
La bonne épée, qui son nez a tranché,
Il voulut ceindre, mais trop longue elle était,
Il la pendit à l'arçon de la selle.
Pied et demi sont trop longs les étriers,
Grand demi-pied il les a raccourcis.
Comte Guillaume y monta par l'étrier,
Du Sarrasin il retire l'épié,
Qu'il lui avait dedans le corps plongé ;
Autour du bois était son sang figé.
« Dieu, dit Guillaume, bien vous dois mercier,
Pour ce cheval que j'ai ici gagné !
Plus vaut pour moi que l'or de Montpellier ;
Moult je l'avais aujourd'hui convoité. »
De là à Rome ne s'est pas attardé.
Vers lui le pape est venu le premier,
Il le baisa quand son heaume eut ôté.
Moult ont pleuré et Bertrand son neveu,
Et Guiëlin et le courtois Gautier,
Jamais tel peur n'avaient eu sous le ciel.
« Oncle, fait-il, êtes-vous sain et sauf ?
— Oui, répont-il, grâce au Seigneur du ciel,
Sauf que mon nez est un peu raccourci ;
Sais que mon nom en sera allongé. »
Le comte même s'est alors baptisé :
« Dorénavant, qui m'aime et me tient cher,

Que tous m'appèlent, Berrichons et Français,
Comte Guillaume au court nez le guerrier. »
Depuis, ce nom ne lui put-on changer.
Ne s'arrêtèrent jusqu'au maître-moutier;
Moult fut joyeus qui le tint par l'étrier.
La nuit font fête pour[1] le franc chevalier,
Jusqu'au matin où parut le jour clair.
Lors dit Bertrand : « Aus armes, chevaliers !
Puisque mon oncle a pu le champ gagner
Vers[2] le plus fort, que tant on redoutait,
Bien nous devons aus faibles essayer.
Oncle Guillaume, allez vous reposer,
Car moult vous êtes fatigué et lassé. »

Mais Guillaume déclare qu'il veut encore combattre au premier rang, et les Romains, qu'un si bel exemple remplit de vaillance, vont « s'appareiller ».

XXIX

Le roi Galafre de sa tente est sorti,
Il est en roi et chaussé et vêtu ;
Dit à ses hommes : « Ce jour, ai trop perdu,
Quand est Corsolt par cet homme vaincu.
Le Dieu qu'ils croient doit donc bien être cru !
Que tôt ma tente par vous soit défendue,
Fuyons-nous en, qu'attendrions-nous plus ?
Si ceus de Rome ont courage repris,

---

1. *En l'honneur de.*
2. *Contre.*

De notre armée n'en échappera nul. »
Et ils répondent : « Votre conseil suivrons. »
Quinze trompettes sonnèrent à la fois,
Païens s'émeuvent et montent à cheval.
Guillaume avait le tumulte entendu,
Dit à ses hommes : « Trop avons attendu ;
Païens s'enfuient, les gloutons mécréants.
Courons après, pour Dieu le roi Jésus ! »
Tous ceus de Rome sont en criant sortis.
Guillaume s'est au premier rang tenu,
Le noble comte, aussi lassé qu'il fut ;
Pique Alion[1] des éperons aigus,
Si fougueus fut qu'avec peine il le tient :
Léger lui semble celui qui sur lui siét.
Entre deus tertres ont les païens atteints ;
Là eussiez vu une lutte acharnée,
Les pieds coupés, les têtes et les troncs !
Bertrand le comte s'y est moult cher vendu[2].
Après sa lance, il a tiré l'épée :
Qui il atteint, jusqu'au sein l'a fendu,
Haubert n'y a la valeur d'un fétu ;
Maints coups reçut et plus en a rendus.
Et Guiëlin y a maint coup frappé,
Et ce Gautier, qui de Toulouse fut.
Mais sur tous autres était Guillaume craint :
Court à Galafre, à son cou son écu ;

---

1. Le cheval de Corsolt.
2. *Se vendre cher* signifie, par extension, « se bien comporter en bataille », même lorsqu'on n'y meurt pas.

Le roi Galafre, quand il l'a aperçu,
En son cœur prie Mahomet et Cahu :
« Mahomet sire, quel mal m'est advenu !
Merci vous crie, que miracle fassiez,
Que de Guillaume je puisse me saisir ! »
Son destrier pique des éperons aigus.
Comte Guillaume point n'a le sens perdu ;
Grands coups se donnent en haut sur les écus,
Dessous les boucles bientôt les ont fendus,
Les blancs hauberts démaillés et rompus,
Le long des côtes sentent fers émoulus.
Par Dieu fut bien Guillaume secouru,
Et par saint Pierre, dont champion il fut,
Car par le roi blessure ne reçut.
Le noble comte lui a tel coup rendu,
Que des deus parts a les étriers perdus.
Le cheval baisse[1] quand a le coup senti,
Et lors tomba le roi Galafre à terre.
En terre s'est fiché le heaume aigu,
Avec tel force que deus lacs a rompus.
Comte Guillaume s'est sur lui arrêté,
Tire l'épée à l'acier émoulu,
Va lui trancher la tête sur le tronc,
Quand Dieu y fit un merveilleus miracle,
Car maints captifs malheureus et dolents
Ce jour en furent hors de prison tirés.

---

1. *Fléchit.*

XXX

Comte Guillaume fut moult bon chevalier.
Devant lui vit le roi tout renversé ;
S'il l'eût voulu, le chef lui eût tranché,
Quand celui-ci merci lui a crié :
« Point ne me tue, quand Guillaume tu es,
Mais prens-moi vif, tu y peus moult gagner.
Je te rendrai le riche roi Gaifier,
Lui et sa fille, aussi sa franche femme,
Et trente mille de pauvres prisonniers.
Si je mourais, tous en seraient occis.
— Par saint Denis, dit le comte aus yeus fiers,
Pour tel raison tu dois être épargné. »
Guillaume s'est redressé sur l'étrier,
Le roi lui rent le riche brant d'acier.
Au pape il l'a tout d'abord envoyé,
Et bien trois cents des autres prisonniers.
Quand Sarrasins, les gloutons imposteurs,
Ont vu ainsi leur seigneur succomber,
En fuite tournent, par routes, par sentiers.
De là au Tibre ne veulent s'attarder ;
Leurs nefs trouvèrent, dont grand besoin avaient,
Dedans entrèrent, s'éloignent du gravier[1].
Comte Guillaume arrière est retourné ;
Le roi désarment dessous un olivier,
Le noble comte se prit à lui parler :

---

1. *De la grève, de la rive.*

« Hé ! noble roi, par Dieu le droiturier,
Comment aurons les pauvres prisonniers,
Qui dans vos barques sont serrés et liés ? »
Répont le roi : « Follement vous parlez ;
Car, par la crois qu'invoquent pèlerins,
Vous n'en aurez la valeur d'un denier
Avant que sois par prêtre baptisé,
Puisque Mahon ne me peut plus aider.
— Dieu ! dit Guillaume, sois en remercié ! »
Ne s'y est point lors le pape attardé,
Mais a bien vite fait les fonts préparer,
Le roi Galafre ils y ont baptisé,
Parrain lui fut Guillaume le guerrier,
Et Guiëlin et le courtois Gautier,
Et bien trente autres de vaillants chevaliers.
Quant à son nom, ne lui ont point changé,
Le lui confirment comme nom chrétïen.
L'eau ils demandent[1], s'assiéënt au manger.
Quand ont assez ce dont besoin avaient,
Comte Guillaume de table s'est levé :
« Hé ! gentil roi, par Dieu le droiturier,
Noble filleul, ici vous avancez.
Comment aurons les pauvres prisonniers,
Qui en vos barques sont serrés et liés ? »
Répont le roi : « Il m'y faut aviser ;
Car, si savaient Sarrasins et païens
Que je me fusse ici fait baptiser,
Me laisseraient plutôt vif écorcher

---

1. Pour se laver les mains, suivant l'usage, avant le repas.

Que de me rendre la valeur d'un denier.
Mais faites-moi de robe dépouiller,
Et me mettez sur un mauvais sommier,
Et avec moi quatre forts chevaliers,
Si près du Tibre que je puisse appeler.
Puis tous vos hommes faites appareiller
Dessous ce mur, en ce bois d'olivier.
Si Sarrasins se veulent efforcer,
Et qu'ils me veuillent secourir et aider,
Tous soyez prêts à lances abaisser.
— Dieu, dit Guillaume, par ta sainte pitié,
Meilleur convers ne peut de pain manger [1]. »
Bien ils ont fait ce qu'il a demandé,
Sauf de le battre, le lui ont épargné ;
Mais l'ensanglantent du sang d'un lévrier.
De là au Tibre ne veulent s'attarder.
Le roi Galafre commence à appeler,
Hautement crie : « Mon neveu Champion,
Fils à baron, venez-moi donc aider !
Fais rejeter ici les prisonniers :
Lors seulement de prison sortirai. »
Dit Champion : « Mahomet t'a aidé,
Quand pour rançon ton corps est épargné ! »
Le bateau font de la rive approcher,
En ont tiré les pauvres prisonniers ;
Mais les gloutons tant battus les avaient,
Pour se venger d'avoir été chassés,

---

1. C'est-à-dire : « il n'y a pas au monde de meilleur converti que Galafre. »

Que tous avaient sanglante la ceinture,
Et les épaules et le corps et la tête.
De pitié pleure Guillaume le guerrier.

XXXI

Là où ils jètent les captifs de leurs barques,
N'y a celui n'ait sanglant le visage,
Et les épaules et le corps tout entier.
De pitié pleure Guillaume Fièrebrace ;
Il voit le pape, à part il l'a tiré :
« Sire, fait-il, par notre Seigneur Dieu,
Maints nobles hommes sont ici le corps nu ;
Donnons-leur donc peaus et manteaus et chapes,
Et chacun ait de nous or et argent,
Que retourner puissent en leurs pays. »
Répont le pape : « Noble et franc chevalier,
Pour honneur faire doit chacun être large ;
Ce que vous dites il est bon que l'on fasse. »
De là à Rome point ils ne font de halte ;
Pour les captifs ils ouvrirent leurs malles,
Et leur donnèrent et draps et peaus et chapes.
Largement eut chacun or et argent,
Et bien s'en purent tourner en leurs pays.

XXXII

Lorsque dans Rome ainsi furent rentrés,
Comte Guillaume sur un perron s'assiét.
Voici qu'arrive le riche roi Gaifier,

Tout aussitôt lui est tombé aus pieds :
« Noble homme, sire, bien vous m'avez servi,
Sauvé m'avez des mains des ennemis,
Qui en leur terre m'auraient mené lié ;
N'aurais revu mes honneurs ni mes fiefs.
Une fille ai, n'est si belle sous ciel :
Je la vous donne de gré et volontiers,
Si la voulez et prendre et épouser.
Et de ma terre aurez une moitié,
Après ma mort serez mon héritier. »
Répont le comte : « Il me faut consulter. »
Il voit le pape, à part il l'a tiré :
« Sire, dit-il, prendrai-je cette femme ?
— Oui, beau seigneur, de gré et volontiers.
Bachelier êtes, de terre avez besoin »...

XXXIII

Comme bien on pense, la fille de Gaifier était la plus belle femme qu'on pût voir. Guillaume allait l'épouser, lorsqu'arrivent des messagers de France.

Deus messagers viennent à toute bride.
De France arrivent, ont leurs chevaus lassés,
N'en pouvant plus, rendus et harassés.
Tant ont Guillaume cherché et demandé,
Qu'ils ont le comte dans le moutier trouvé,
Où il devait ce jour se marier ;
Et le saint pape, qui fut noble et baron,
Était vêtu pour la messe chanter.

L'anneau prenait pour la dame épouser,
Quand à ses pieds viennent les messagers :
« Pitié, Guillaume, par sainte charité !
Du roi Louis peu souvenu vous est,
Car mort est Charles, le noble et le baron.
Au roi Louis sont les grands héritages,
Les méchants traîtres l'en veulent hors jeter ;
Un autre roi ils veulent couronner,
Le fils Richard [1] de Rouen la cité.
Tout le pays bientôt sera perdu,
Noble homme, sire, si ne le secourez. »
L'entent Guillaume, s'est vers terre incliné.
Il voit le pape, à l'écart l'a mené :
« Sire, fait-il, quel conseil me donnez ? »
Lui dit le pape : « Dieu en soit adoré !
À qui en veut, conseil doit-on donner :
En pénitence je vous veus commander
Que votre roi Louis vous secouriez.
Grand mal serait qu'il fût déshérité. »
Répont le comte : « Comme le commandez [2] !
Votre conseil ne sera refusé. »
Guillaume baise la dame au clair visage,
Et elle lui, ne cesse de pleurer.
De tel façon les voici séparés
Que de leur vie plus jamais ne se virent...

1. *Le fils de Richard.*
2. Entendez : « je ferai comme vous le commandez. »

LUTTE DE GUILLAUME CONTRE L'USURPATEUR ACELIN, FILS DE RICHARD DE NORMANDIE

XXXV

S'en va Guillaume au court nez, le marquis.
De ses journées ne sais compte tenir ;
De là en Brie, de repos point ne prit.
Emmi sa route, rencontre un pèlerin,
L'écharpe [1] au cou, bâton de frêne en main ;
Jamais ne vîtes si gaillard pèlerin.
Blanche a la barbe comme fleur en avril.
Le voit Guillaume, et de lui s'est enquis :
« D'où es-tu, frère ? — De Tours de Saint-Martin.
— Sais-tu nouvelles ? Si tu peus, nous en dis.
— Oui, beau seigneur, du petit roi Louis.
Car mort est Charles, le roi de Saint-Denis,
Au roi Louis est resté le pays.
Les félons traîtres, que Dieu puisse maudire,
Du fils Richard [2] de Rouen, le fleuri [3],
Veulent roi faire pour la France tenir.
Mais un abbé, que Dieu puisse bénir,
Sous une voûte du moutier Saint-Martin
A fait l'enfant se cacher avec lui.
Hé ! Dieu nous aide ! dit le franc pèlerin,

1. *La besace.*
2. *Du fils de Richard.*
3. *Richard le blanc, le vieus.*

Où sont allés les chevaliers de pris,
Et les parents du preus comte Aimeri ?
Ceus-là savaient leur seigneur bien servir.
Par cette crois où le Seigneur fut mis,
Si j'étais homme qui pût le secourir,
J'aurais des traîtres telle vengeance pris,
Plus n'auraient cure de leur seigneur trahir ! »
L'entent Guillaume, jète un éclat de rire,
Bertrand appèle, tels paroles lui dit :
« Quand vîtes-vous si courtois pèlerin ?
S'il était homme qui pût le secourir,
Point il n'aurait de trahison ourdi ! »
Dis onces d'or donnent au pèlerin,
Joyeusement ainsi le congédie.
S'en va Guillaume, et reprent son chemin.
Heureus est né qui a beaucoup d'amis !
Dans le chemin Guillaume a regardé,
Venir y voit de chevaliers sept vingts :
Gaudin le brun les conduit, le marquis,
Et avec lui fut le preus Savari,
Aus claires armes et aus chevaus de pris ;
Ils sont neveus de Guillaume le preus,
En France vont aider le roi Louis.
Ce fut pour eus merveilleuse rencontre :
Ils s'entrebaisent, neveus sont et amis.
Ne pense à eus l'abbé de franc lignage,
Qui eut en garde le petit roi Louis ;
S'il peut encore un peu le garantir
Et tenir loin d'Alori et sa race,
Secours aura avant que trois jours passent.

XXXVI

S'en va Guillaume, le noble et franc guerrier,
Et avec lui douze cents chevaliers.
Parmi sa troupe a fait un ban crier ;
Lors chacun pique, qui cheval, qui destrier,
Et il leur dit, sans point s'y attarder,
Qu'ils n'aient souci de cheval épargner :
Qui pert roussin, il lui rendra destrier.
« La trahison je veus voir commencer,
Je veus à temps savoir et m'informer
Qui veut de France être roi justicier.
Mais, par l'apôtre qu'invoquent pèlerins,
Tel maintenant est orgueilleus et fier,
À qui mettrai telle couronne en tête,
Que la cervelle lui viendra jusqu'aus pieds. »
Disent Romains[1] : « Cet homme a le cœur fier.
Que Dieu maudisse qui voudrait lui manquer ! »
De là à Tours ne se sont arrêtés.
Moult sagement tout voulut disposer :
Mil chevaliers a mis en quatre aguets,
Il en emmène deus cents moult bien armés,
Qui ont vêtu les blancs hauberts doublés,
Dessous les coiffes les verts heaumes lacés,
Et qui ont ceint les brants fourbis d'acier ;
Et tout près d'eus les écuyers portaient

---

[1]. On se souvient que le pape avait donné à Guillaume mille chevaliers.

Les forts écus et les tranchants épiés,
Dont au besoin bien ils pourront s'aider.
De là aus portes n'ont voulu s'attarder;
Le portier trouvent, ainsi lui ont parlé :
« Ouvre la porte, attendre ne nous fais,
Ici venons le riche duc aider :
Ce jour, sera son fils dans le moutier
Couronné roi, Français l'ont décidé. »
Quand il l'entent, enrage le portier,
Dieu invoqua, le père droiturier :
« Sainte Marie! dit le courtois portier,
Seigneur Louis, voilà mauvais secours!
Si Dieu n'y veille, qui tout a à juger,
N'en peus sortir sans la vie y laisser.
Où sont allés les vaillants chevaliers,
Et le lignage d'Aimeri le guerrier,
Qui leur seigneur si bien savaient aider? »
Dit à Guillaume : « Vous n'y mettrez les pieds,
Y a déjà trop de traîtres gloutons,
Je ne veus pas que vous les accroissiez.
C'est grand merveille que terre vous soutienne,
Car plût à Dieu, le Glorieus du ciel,
Que s'effondrât la terre sous vos pieds,
Et que Louis fût remis dans son fief!
De mauvais peuple serait vengé le monde. »
L'entent Guillaume, et tout joyeus en est.
Bertrand appèle : « Mon neveu, entendez!
Ouîtes-vous portier si bien parler?
Si nous voulions lui dire nos pensers,
Bien aujourd'hui nous pourrait-il aider. »

XXXVII

« Ami, beau frère, dit Guillaume le preus,
Mal à propos m'as ta porte fermé.
Si tu savais de quel terre suis né,
Et de quel gent et de quel parenté,
D'après ce que je t'ai ouï conter,
Tu l'ouvrirais volontiers et de gré ! »
Le portier dit : « Dieu en soit adoré ! »
Le guichet ouvre, pour pouvoir regarder :
« Noble homme, sire, si bien j'osais parler,
Demanderais de quel terre êtes né,
Et de quel gent et de quel parenté. »
Lui dit Guillaume : « Sauras la vérité,
Jamais pour homme[1] ne fut mon nom celé :
Je suis Guillaume de Narbonne sur mer. »
Dit le portier : « Dieu en soit adoré !
Sire Guillaume, bien sais qui vous cherchez,
Votre lignage n'eut onques lâcheté !
Richard le traître est dans la ville entré,
Avec sept cents de chevaliers armés ;
Noble homme, sire, trop peu de gens avez,
Pour que puissiez leurs forces repousser. »
Répont Guillaume : « Nous en aurons assez.
En embuscade sont là dehors restés
Mil chevaliers, tout prêts et bien armés.

---

1. *À cause d'un homme, par crainte d'un homme*, c'est-à-dire : « dans aucune circonstance. »

J'en ai deus cents de moult bien équipés,
Dessous les cottes les blancs hauberts doublés,
Dessus les coiffes les verts heaumes gemmés.
Derrière vont bon nombre d'écuyers,
Où au besoin recourir nous pourrons. »
Dit le portier : « Dieu en soit adoré !
Si le conseil m'en était demandé,
Les embuscades bientôt seraient quittées,
Et chevaliers sans bruit ci ramenés.
Les traîtres sont là-dedans enfermés :
Où les chercher¹, quand ci les a trouvés?
En ce seul jour, tiens-le pour vérité,
Tu en peus faire toutes tes volontés.
Mais qui bien veut de tel fais se charger²,
Doit plus fier être qu'en les bois le sanglier. »
L'entent Guillaume, s'est vers terre incliné ;
Bertrand appèle : « Mon neveu, entendez !
Ouîtes-vous si bien portier parler ? »

XXXVIII

Quand le portier entendit la nouvelle
Du preus Guillaume, dont brille la prouesse,
Vers le palais il a tourné la tête,
Et prit un gant, le mit en sa main droite,
Puis s'écria d'une vois haute et belle :
« Je te défie, Richard, toi et ta terre !

---

1. *Pourquoi les chercher, les attendre ailleurs.*
2. *Prendre la charge de punir les traîtres.*

En ton service plus jamais ne veus être.
À ton seigneur quand trahison veus faire,
Bien il est juste que tes gens tu y perdes ! »
Devant Guillaume fut tôt la porte ouverte,
Sans nul retard la tire et la desserre.
Entre Guillaume et sa troupe si belle,
Et le portier doucement l'interpèle :
« Franc chevalier, va chercher la vengeance
Des traîtres qui contre toi sont rebelles ! »
L'entent Guillaume, se penche vers la terre,
Rapidement un écuyer appèle :
« Va, et dis-moi à Gautier de Tudèle,
Et à Garin porte aussi la nouvelle,
Que devant moi sont les portes ouvertes.
Qui veut avoir et conquérir richesse,
Tôt vienne ici sans nul tumulte faire. »
L'écuyer part sans que rien ne l'arrête,
Les chevaliers les embuscades laissent,
Aus portes entrent qui leur furent ouvertes.
Les voient les traîtres, des murs et des fenêtres,
Pensent que soient ceus qu'ils avaient mandés ;
Mais ils auront bientôt d'autres nouvelles,
Qui leur seront pénibles et cruelles.

XXXIX

Comte Guillaume appela le portier :
« Ami, beau frère, si me veus conseiller,
J'ai moult de gens que je dois héberger.
— Sire, par Dieu, ne sais que conseiller,

Car n'y a salle, souterrain ni cellier,
Qui ne soit pleine d'armes et de destriers,
Et sous des tentes [1] couchent les chevaliers.
Avez la force, maître êtes du marché [2];
Leur harnois faites saisir et enlever,
Et qui ne veut de gré l'abandonner,
Y soit contraint et sa tête tranchée. »
Répont Guillaume : « Bien m'avez conseillé,
Par saint Denis, mieus ne pouvais trouver.
Ne serez plus ni guetteur, ni huissier [3],
Mais vous serez mon maître-conseiller. »
Bertrand appèle : « Neveu, vous entendez?
Ouîtes-vous si bien parler portier?
Adoubez-le et qu'il soit chevalier. »
Répont Bertrand : « Beau sire, volontiers. »
Il le regarde et aus mains et aus pieds,
Il le vit beau, de bel air et bien fait,
Et l'adouba comme les chevaliers,
De fort haubert et de heaume d'acier,
De bonne épée et de tranchant épié,
Et de cheval, de roussin d'écuyer,
De palefroi, de mulet, de sommier :
Pour son service lui donna bon loyer!
Comte Guillaume lors appela Gautier,
Le Toulousain, ainsi était nommé,
Fils de sa sœur, un noble chevalier :
« À cette porte, qui tourne vers Poitiers,

---

1. Dans le texte : *des loges* = *des baraquements*.
2. C'est-à-dire : « vous pouvez faire ce que vous voulez. »
3. Le sens primitif du mot *huissier* est : qui garde l'huis.

Vous en irez, fils de si franche dame,
Et avec vous aurez vingt chevaliers.
Que plus n'en sorte homme qui soit sous ciel,
Ni clerc, ni prêtre, tant sache-t-il prier,
Sans qu'il en ait tous les membres tranchés ! »
Répont Gautier : « Beau sire, volontiers. »

XL

Comte Guillaume au court nez, le marquis,
À lui appèle Sohier du Plesséis :
« À cette porte, qui ouvre vers Paris,
Vous en irez, franc chevalier de pris,
Et avec vous chevaliers jusqu'à vingt.
Veillez que nul n'en puisse plus sortir,
Que bien n'y soit démembré et occis. »
Et il répont : « Tout à votre plaisir. »
N'y eut barrière, ni porte ni poterne,
Où n'ait le comte de ses chevaliers mis.
Vers le moutier lors il s'est dirigé ;
Il descendit devant sur le parvis,
Au moutier entre, sur son front la crois fit.
Dessus le marbre, devant le crucifis,
Là s'agenouille Guillaume le marquis :
À Dieu demande, qui en la crois fut mis,
Qu'il lui envoie son droit seigneur Louis.
À ce moment Gautier, un clerc, arrive,
Bien reconnut Guillaume le marquis ;
Dessus l'épaule il lui a son doigt mis,
Tant l'appuya, le comte le sentit.

Lors il se dresse, vers lui tourna les yeus:
« Que veus-tu, frère ? Garde-toi de mentir. »
Et il répont : « Bientôt vous l'aurai dit.
Puisqu'ici êtes pour secourir Louis,
Fermez les portes du moutier Saint-Martin.
Clercs et chanoines sont dedans quatre-vingts,
Abbés, évêques, qui moult sont de grand pris :
Par convoitise ont trahison ourdi ;
Déshérité sera le roi Louis,
Si Dieu et vous ne le voulez aider !
Prenez leurs têtes, pour Dieu je vous en prie,
Tout le péché j'en veus prendre sur moi,
Car ils sont tous et traîtres et faillis. »
L'entent Guillaume, jète un éclat de rire :
« Bénissons l'heure où pareil clerc naquit !
Où trouverai-je mon droit seigneur Louis ?
— Par Dieu, seigneur, le clerc lui répondit,
L'amènerai, si Dieu veut et je puis. »
Au souterrain rapidement s'en vint,
Là il trouva son droit seigneur Louis ;
Le noble clerc par la main l'a saisi :
« Fils de bon roi, bien soyez rassuré,
Car, Dieu nous aide ! plus vous avez d'amis
Que ne pensais au lever ce matin.
Est arrivé Guillaume le marquis,
Et douze cents de chevaliers de pris ;
Vous a le comte au moutier demandé.
N'y a barrière, ni porte, ni poterne,
Où bien il n'ait de ses chevaliers mis. »
Louis l'entent, moult joyeus en devint,

Jusqu'au moutier point ne s'est arrêté.
Le noble abbé conseil lui a donné :
« Fils de bon roi, bien soyez rassuré,
Voilà Guillaume, qui sa foi vous promit :
Va lui aus pieds, et lui crië merci. »
L'enfant répont : « Tout à votre plaisir ! »

XLI

Le noble abbé d'abord lui a parlé :
« Fils de baron, que point ne sois troublé !
Voilà Guillaume, va lui tomber aus pieds. »
L'enfant répont : « Beau sire, volontiers. »
Devant le comte se va agenouiller,
Étroitement lui a le pied baisé,
Et le soulier dont le comte est chaussé.
Ne l'a connu Guillaume le guerrier,
Peu de clarté y avait au moutier :
« Enfant, te lève, dit le comte prisé,
Dieu ne fit homme qui tant m'ait courroucé,
S'il peut tant faire que venir à mon pied,
Que je ne lui pardonne de bon gré. »
Et dit l'abbé qui pour lui répondait :
« Sire, par Dieu, ne vous le veus celer,
C'est là Louis, fils de Charle aus yeus fiers !
Bientôt sera occis et démembré,
Si Dieu et vous ne lui voulez aider. »
L'entent Guillaume et courut l'embrasser,
Par les deus flancs le lève sans tarder :
« Par Dieu, enfant, celui-là m'a tort fait,

Qui t'a poussé à venir à mon pied,
Car sur tous hommes c'est toi que dois aider. »
Lors il appèle ses nobles chevaliers:
« Un jugement je veus que me fassiez.
Lorsqu'un homme est tonsuré au moutier,
Et qu'il doit vivre à lire son psautier,
Pour de l'argent doit-il trahison faire?
— Non point, beau sire, disent les chevaliers.
— Et s'il le fait, quel en est le salaire ?
— Pendu doit être comme pire larron. »
Répont Guillaume : « Bien m'avez conseillé,
Par saint Denis ! et mieus je n'attendais ;
Mais l'ordre à Dieu[1] je ne veus abaisser.
Et néanmoins le paìront-ils moult cher. »

XLII

Comte Guillaume, au courage éprouvé,
Le jugement a pris de ses barons.
Jusqu'au chancel[2] il est venu en hâte,
Où a trouvé évêques et abbés
Et le clergé qui leur seigneur trahissent ;
Toutes les crosses hors des poings leur arrache,
Et à Louis son droit seigneur les porte :
Le noble comte le saisit et l'embrasse,
Et le baisa quatre fois sur la face.
Comte Guillaume nullement ne s'attarde,

1. Il s'agit de l'ordre auquel appartiennent les religieus de Saint-Martin.
2. *Jusqu'à la grille du chœur.*

Jusqu'au chancel il est venu en hâte,
Où a trouvé évêques et abbés;
Pour le péché[1] ne les veut toucher d'armes,
Mais à bâtons ils les frappent et battent,
Hors du moutier les traînent et les chassent,
Et les envoient aus quatre-vingts dïables.
Qui trahison veut faire à son seigneur,
Bien juste il est qu'en reçoive dommage.

XLIII

Comte Guillaume fut moult chevalereus.
Il s'adressa à Louis son seigneur :
« Sire, dit-il, ma parole entendez.
Un messager faut que nous envoyions
À Acelin[2], lui dire de par vous
Qu'il fasse droit à Louis son seigneur. »
Répont Louis : « Sire, bien l'octroyons. »
Lors il[3] appèle Aleaume le baron :
« Va me trouver Acelin l'orgueilleus,
Dis-lui que vienne droit faire à son seigneur,
Rapidement, car de lui se plaint fort. »
Répont Aleaume : « Irai-je donc tout seul ?
— Oui, seul, beau frère, à la main un bâton.
— Et s'il demande quel force nous avons ?
— Vous lui direz quarante compagnons;

---

1. *Pour ne pas commettre un péché.*
2. C'est le nom de l'usurpateur, du fils de Richard de Normandie.
3. Guillaume.

Et s'il refuse d'obéir à cet ordre,
Très bien lui dites, devant ses compagnons,
Qu'avant le soir en sera si honteus,
N'y voudrait être pour tout l'or d'Avalon [1]. »
Répont Aleaume : « Votre désir ferons.
Et par l'apôtre qu'à Rome l'on invoque,
Par ce message dommage nous n'aurons ! »
Il est monté sur un mul d'Aragon,
Parmi les rues s'en va à éperon ;
Jusqu'au logis du traître ne s'arrête.
Acelin trouve [2], moult a de compagnons ;
À haute vois il l'appèle, oyant tous [3] :
« Sire Acelin, très noble gentilhomme,
Par moi vous mande Guillaume, le franc homme
(C'est Fièrebrace, qui cœur a de lion),
Que vous veniez droit faire au roi Louis,
Rapidement, car de vous se plaint fort. »
Lors Acelin a baissé le menton :
« Ami, dit-il, j'entens bien tes paroles ;
Combien ton oncle a-t-il de compagnons ?
— Sire, par Dieu, trente chevaliers sont. »
Acelin dit : « Que Dieu en soit béni !
Va, et me dis à Guillaume le preus
Qu'approuver veuille ce que les autres font :
De la couronne m'est délivré le don.
Bien serait France par ce garçon perdue !

---

1. C'est-à-dire : « qu'il regrettera de s'être mis dans ce cas, lui donnât-on tout l'or de l'île d'Avalon (séjour du roi Arthur). »
2. *Il trouve Acelin.*
3. *Tous l'entendant.*

Jamais Louis ne vaudra un bouton.
Je sais que moult est Guillaume prud'homme [1],
Mais encor n'a ni terre ni richesse :
Tout à choisir je lui en donnerai,
Une contrée aura toute pour lui,
Dis muls chargés d'or fin et de mangons ;
Lors sera-t-il à merveille riche homme !
— Vrai, dit Aleaume, vos paroles perdez :
Ne le ferait [2] pour tout l'or d'Avalon.
Aussi vous mande, pourquoi le cèlerions ?
Plus cruel chose qu'encor dit nous n'avons :
Si à Louis refusez d'obéir,
Avant le soir en serez si honteus,
N'y voudriez être pour tout l'avoir du monde ! »
Dit Acelin : « Que Dieu en soit béni !
Puisque ne trouve en lui pais ni amour,
Je le défie, et par vous le lui mande ! »
Et dit Aleaume : « Entendu vous avons.
Je vous redis aussi de notre part :
Je vous défie, devant tous vos barons ! »

XLIV

Acelin fut moult orgueilleus et fier,
Regarde Aleaume et aus mains et aus pieds,
Il le vit beau et droit et bien planté,
Bien reconnut qu'il était écuyer :

---

1. *Homme sage et preus.*
2. *Il ne vous reconnaîtrait pas comme roi.*

« Ami, beau frère, moult tu es mal appris,
Qui m'injuries devant mes chevaliers !
Ne donnerais de ton oncle un denier.
Quand pais ne trouve en lui ni amitié,
Je le défie par la tête à trancher !
Je lui ferai tout le corps démembrer,
Car j'ai à moi tels sept cents chevaliers,
Et quatre comtes, qui moult sont à priser.
Si ce n'était que tu es messager,
Je te ferais cette tête trancher,
Et tout le corps détruire et mettre en pièces. »
Répont Aleaume : « Maudit soit qui vous craint ! »
De la cour sort, point n'y a pris congé.
Acelin fit ses gens appareiller.
Le franc Aleaume mit le pied à l'étrier,
Parmi les rues s'en va à toute bride ;
Bientôt rencontre Guillaume le guerrier,
Qui lui demande : « Comme avez réussi ?
— Sire, par Dieu, il n'est point votre ami,
Et il ne tient Louis pour son seigneur.
Lorsque le nombre a su des chevaliers,
Alors vous fûtes aussitôt menacé,
Et défié par la tête à trancher.
Si ce n'était que je fus messager,
Il m'aurait fait tout le corps démembrer,
Brûler en feu ou dedans l'eau noyer. »
L'entent Guillaume, pense en perdre le sens.
Tous les logis ils vont prendre et fouiller,
Tout le harnois ont en un tas jeté ;
Et qui ne veut de bon gré le donner,

23*

Gage n'y met que sa tête à couper.
Les bourgeois sont dans leur fuite arrêtés,
Les fait le comte retenir et lier.
Les traîtres fuient à force de destriers,
Et jusqu'aus portes ne cessent de piquer[1],
Mais à chacune trouvent cruel portier :
Il leur fallut le tribut y payer,
Car n'en voulurent aucun emprisonner,
Quel fût celui qui les en pût prier.
Comte Guillaume se met à chevaucher
Jusqu'à l'hôtel du franc bourgeois Hungier :
Sur le perron trouve Acelin assis,
Mais il[2] était si orgueilleus et fier
Que devant lui ne se daigna lever.
Le voit Guillaume, pense en perdre le sens.
Il a sonné d'une trompette aiguë ;
Lors eussiez vu les barons débusquer,
Voici qu'arrivent et Bertrand et Gautier,
Et avec eus maints vaillants chevaliers.
Vous eussiez vu fier assaut commencer,
Lances briser et tant d'écus percer,
Tant de hauberts dérompre et démailler !
Grand peur en eurent les lâches imposteurs,
Voient qu'ils ne peuvent aus barons résister,
Tous les brants nus jetèrent à leurs pieds,
Et à mains jointes ils vont merci crier ;
Les fait le comte retenir et lier.

---

1. *De piquer des éperons.*
2. Acelin.

Et Acelin s'enfuit à toute bride ;
Comte Guillaume par derrière le suit,
Honteus reproche il lui a fait et dit :
« Sire Acelin, sur vos pas retournez,
Venez vous faire couronner au moutier :
Nous vous mettrons telle couronne en tête,
Que la cervelle vous viendra jusqu'aus pieds. »

XLV

Comte Guillaume, à la fière personne,
Voit Acelin, lui dit dures paroles :
« Traître larron, puisse Dieu te confondre !
Pourquoi faisais à ton seigneur tel honte ?
Richard ton père onc ne porta couronne. »
Voici Bertrand, qui eut l'épéë longue ;
Le voit Guillaume, fièrement l'interpèle :
« Neveu, dit-il, conseil vous demandons :
Ce félon traître, comment le détruirons ? »
Et dit Bertrand : « Qu'en pensez-vous, bel oncle ?
Mettons-lui donc au chef telle couronne,
Que la cervelle se répande en sa bouche ! »
Puis il s'avance et tint l'épéë longue ;
Il l'eût frappé, sous les yeux de cent hommes,
Lorsque lui crie Fièrebrace son oncle :
« Neveu, dit-il, ne le faut point toucher.
Ne plaise à Dieu, qui créa tout le monde,
Qu'il soit frappé d'arme de chevalier !
Je l'occirai plutôt à moult grand honte,
Que tous ses hoirs en auront grand reproche. »

XLVI

Comte Guillaume fut moult bon chevalier,
Contre orgueilleus il se faisait très fier,
Com léopard, qui gens veuille manger.
D'arme qu'il porte ne le daigna toucher;
En un treillis vit un pieu aiguisé,
Il s'avança et l'en a arraché.
Frappe Acelin par la crois de la tête,
Sang et cervelle en alla jusqu'aus pieds;
Sans plus attendre, il l'a mort abattu.
Puis dit : « Monjoie ! Saint Denis soit loué !
De ce roi-là est bien Louis vengé ! »
Comte Guillaume retourna au moutier,
Et vers Louis son droit seigneur s'en vient.
Il le courut dans ses bras enserrer :
« Sire, de qui encore vous plaignez ?
Du fils Richard je vous ai bien vengé :
Plus il n'ira nulle part guerroyer,
Pour homme au monde qui l'en voudrait prier !
— Dieu ! dit l'enfant, grand merci en ayez.
Si de son père aussi j'étais vengé,
Moult en serais joyeus et satisfait.
— Dieu ! dit Guillaume, qui me le sait montrer ? »
On le lui montre par dedans le moutier ;
S'y est le comte sitôt précipité,
Et avec lui quatre-vingts chevaliers.
Trouva Richard à l'autel appuyé,
Ne le laissa, quoiqu'il fût au moutier :

Par la main gauche il l'a pris aus cheveus,
Tant le courba, l'a presque renversé,
Lève la droite et sur son cou l'abat ;
Tout étourdi l'étendit à ses pieds.
On eût bien pu tous ses membres trancher,
N'eût remué ni les mains ni les pieds.
Le voit Guillaume, se prit à lui crier :
« Traître félon, Dieu te puisse maudire ! »
Ciseaus demande et lui tondit la tête.
Tout nu à nu sur le marbre le couche,
Puis s'écria, oyant les chevaliers :
« Ainsi doit-on tout traître justicier [1],
Qui son seigneur veut trahir et tromper. »
Tant ont les comtes et les barons prié,
Qu'ils ont Richard à Guillaume accordé,
Et de son fils la mort a pardonné ;
Ils se baisèrent, voyant maints chevaliers.
Mais cet accord ne valut un denier,
Car le voulurent [2] depuis à mort frapper,
Dedans un bois, de leurs couteaus d'acier :
Mais ne voulut Dieu leur crime souffrir.
Comte Guillaume point ne veut s'attarder,
Il en appèle le bon abbé Gautier :
« Je m'en irai au pays de Poitiers,
Beaucoup de traîtres s'y trouvent hébergés ;
S'il plaît à Dieu, les ferai dénicher.
Mais mon seigneur ne voudrai seul laisser :

1. *Faire justice de.*
2. C'est-à-dire : « Richard et ses barons voulurent frapper Guillaume, etc. » Voyez un peu plus loin.

Gardez-le bien ; s'il se va divertir,
Qu'avec lui mène au moins cent chevaliers ;
Car, par l'apôtre qu'invoquent pèlerins,
Si j'apprenais nouvelles au retour,
Qu'eût eu Louis ici quelque dommage,
Ne vous pourraient tous vos ordres[1] sauver
Que ne vous fisse tous les membres trancher. »
Répont l'abbé : « Vos paroles perdez :
Sera gardé mieus que saint du moutier. »
Comte Guillaume fut moult bon chevalier,
Par la contrée a ses brefs[2] envoyés,
Et fait mander les barons chevaliers.
Avant que fussent quatorze jours passés,
En assembla plus de trente milliers,
Puis s'en allèrent et vinrent à Poitiers.
Resta Guillaume, depuis, trois ans entiers,
Où chaque jour eut le heaume lacé,
Ceinte l'épée, armé sur le destrier.
N'y eut de fête, où l'on doive prier,
Jour de Noël, que l'on doit célébrer,
Où il ne fût armé et haubergé.
Grand pénitence[3] souffrit le chevalier,
Pour son seigneur soutenir et aider.

1. C'est-à-dire : « votre qualité de prêtre. »
2. *Ses lettres.*
3. *Grandes fatigues.*

GUET-APENS DU DUC RICHARD

XLVII-L

Le trouvère raconte ensuite, en quelques laisses très courtes, les luttes de Guillaume contre les ennemis de Louis, en Poitou, en Gascogne et en Languedoc. Guillaume, partout vainqueur, licencie ses chevaliers; il les renvoie chacun à leur femme, laissant seulement quelques garnisons dans les forteresses, et emmenant avec lui une petite troupe. C'est ici que se place l'épisode du guet-apens de Richard.

LI

Comte Guillaume au court nez, le guerrier,
Vers douce France se met à chevaucher;
Mais en Poitou laisse des chevaliers
Dans les châteaus et dans les forteresses,
Deus cents emmène moult bien appareillés.
Toute Bretagne commence à côtoyer,
Ne s'arrêta jusqu'au mont Saint-Michel.
Deus jours séjourne, puis partit le troisième,
Par Cotentin se prit à retourner.
De ses journées ne vous sais rien conter,
Jusqu'à Rouen ne voulut s'arrêter:
Au maître bourg [1] s'est le comte logé;

---

[1] C'est-à-dire : « au centre même de la ville. »

En une chose moult il fut imprudent,
Que par la terre au duc Richard le vieus
Ainsi osa passer et chevaucher,
Lui qui frappa son fils du grand levier [1].
Fié s'était le noble chevalier
En ce qu'avait avec lui fait la pais.
Mais cet accord ne valut un denier,
Car le voulurent [2] ensuite à mort frapper.
« Vrai, dit Richard, bien devrais-je enrager,
Quand par ma terre vois celui chevaucher
Qui m'a ravi le meilleur héritier
Qui jamais fut pour terre gouverner.
Mais, par l'apôtre qu'à Rome on va prier,
Avant qu'il parte, moult sera courroucé.
— Au nom de Dieu, disent ses chevaliers,
En cette ville ne soit par vous touché,
Car les bourgeois bien lui voudraient aider.
Trahison n'est pas bonne à commencer. »
Et dit Richard : « D'autant plus je le hais.
Je manderai au duc par amitié
Qu'avec lui veus en France chevaucher ;
Nous serons seize, et tous moult bien armés.
Si de ses gens le pouvons éloigner,
Chacun aura un bon couteau d'acier,
Là sera-t-il mis à mal et occis. »
À lui s'engagent [3] les quinze chevaliers ;

1. *Après avoir tué son fils d'un coup de levier, d'un coup de pieu.* Voyez ci-dessus, laisse XLVI.
2. *Richard et ses gens voulurent, etc.*, comme on va le raconter.
3. *S'engagent à aider Richard.*

Mieus leur vaudrait qu'ils l'eussent délaissé,
Car ils en furent, depuis, déshonorés.
Dieu! si du moins Guillaume le savait!
Au matin monte [1], se met à chevaucher
Jusqu'à Lions [2], riche et vaste forêt.
Dans une lande sont descendus à pied,
Les paysans leur portent à manger.
Quand ont dîné les nobles chevaliers,
Beaucoup s'endorment, car ils sont fatigués :
Le voit Guillaume, lui en prit grand pitié.
Pour s'adouber il demande ses armes,
On les lui a sans nul délai portées :
Le haubert vêt [3], le heaume d'acier lace,
Et ceint l'épée au pommeau ciselé.
On lui amène Alion son destrier,
Le comte y monte par son senestre étrier [4],
À son cou pent un écu à quartiers,
Prent en son poing un fort tranchant épié,
Le gonfanon par quinze clous fixé.
Il n'emmena que deus seuls chevaliers,
Sur la rivière [5] ils vont se divertir.
Voici venir le duc Richard le vieus,
Qui tout le jour l'avait fait épier,
Et avec lui ses quinze chevaliers.
Le voit Guillaume, moult il en fut troublé.

---

1. *Il monte à cheval.*
2. Lions-la-Forêt (Eure).
3. *Il revêt son haubert.*
4. *Par l'étrier du côté gauche.*
5. *Sur le bord de la rivière.*

LII

Comte Guillaume chevauche près d'un pont ;
Voici venir le duc Richard le rous,
Et avec lui ses quinze compagnons.
Le voit Guillaume, lui en prit grand frayeur,
Parle à vois basse à ses deus compagnons :
« Barons, dit-il, dites-moi que ferons ?
Ici nous vient le duc Richard le rous,
Et il me hait par moult grande raison,
Son fils j'occis, pour vrai bien le sait-on ;
Mais cependant accordés nous étions,
La pais fut faite dans le moutier de Tours. »
Et ils répondent : « Pourquoi le craignez-vous ?
Mais chevauchez et piquez [1] jusqu'au pont,
Et un salut courtois lui adressez.
À vos paroles si mal il répondait,
Lors tenez-vous à l'écu à lion [2] :
Pour l'or du monde nous ne vous faillirons. »
Répont Guillaume : « Merci à vous, barons. »

LIII

Comte Guillaume vint au pont le premier,
Par ces paroles a le duc abordé :
« Duc, dit le comte, Dieu veuille te sauver !
Faut-il de vous que j'aie à me garder ?

---

1. *Piquez éperons.*
2. C'est-à-dire : « comptez sur votre écu à lion, mettez-vous en défense. » — *A lion* est une épithète de nature : *orné d'un lion*.

Jadis ensemble nous sommes accordés,
La pais fut faite à Tours, dans le moutier;
Là nous baisâmes, devant maints chevaliers.
— Vrai, dit Richard, bien vous savez prêcher.
Tu m'enlevas le meilleur héritier
Qui jamais fut pour terre gouverner;
Mais, par l'apôtre qu'à Rome on va prier,
Avant que partes, seras moult courroucé!
Ni Dieu ni homme ne te pourrait sauver
Que ne te fasse cette tête trancher,
Et tous les membres hors du corps arracher. »
Guillaume dit: « Glouton, Dieu te maudisse!
Je ne te prise plus qu'un chien enragé. »
Alion pique[1] des éperons d'or pur,
Frappe Richard sur l'écu à quartiers,
Dessous la boucle il le lui a percé,
Le blanc haubert rompu et démaillé,
Dans le flanc gauche lui fait couler l'acier,
Qui des deus parts en fait le sang jaillir.
Le bon cheval s'est du fais déchargé;
Les éperons tournèrent vers le ciel,
Le bout du heaume s'est en terre fiché,
D'une tel force que deus lacs se rompirent.
Sur lui s'arrête le comte, et son brant tire :
Mon escient, il en eût pris la tête,
Lorsque les quinze, que Dieu puisse maudire,
Coururent sur Guillaume le guerrier.
Qui l'aurait vu contre tous se défendre,

1. *Il pique Alion.*

Du brant d'acier les riches coups payer,
Du noble comte aurait pris grand pitié.
Ses compagnons lui sont venus aider ;
Tout aussitôt abat chacun le sien.
Tant leur aida le Père droiturier,
Que dis en ont occis et démembrés,
Se sont enfuis les cinq autres blessés.
Comte Guillaume les suit au dos derrière,
Et leur a dit vilains mots de reproche.

LIV

Les cinq s'en vont fuyant parmi un tertre,
Comte Guillaume les poursuit et les presse,
À haute vois leur dit injure belle :
« Seigneurs barons, par Dieu le roi céleste,
Comment sera cette honte soufferte ?
Votre seigneur nous mènerons en destre[1].
Dieu ! quel baron, libre s'il pouvait être ! »
Et ils répondent : « Pour Dieu, pitié, Guillaume !
Franc chevalier, roi vous devriez être,
Ou amiral[2] d'une grand riche terre.
Par le Seigneur, bien vous nous pouvez prendre :
Sur nos arçons s'épandent nos entrailles,
Au plus allègre ne chaut d'aller en destre[3]. »
L'entent Guillaume, il a tourné sa rêne.

1. *Nous l'emmènerons prisonnier* (sur un cheval que l'on tient de la main droite). « Mener en destre » équivaut aussi à « mener en laisse ».
2. *Amiral* ou *émir*, c'est-à-dire *seigneur*.
3. *Il ne chaut, il n'importe.* Entendez : « les moins blessés ne s'inquiètent plus d'être emmenés prisonniers. »

LV

Quant voit Guillaume qu'ils ont merci crié,
Pour l'or du monde un seul n'en toucherait ;
Rapidement arrière est retourné.
Le duc Richard ils ont pris et lié,
Et, comme un coffre chargé sur un sommier,
Ils l'ont mené sur un courant destrier.
Jusques au camp[1] ne veulent s'attarder.
Quand ils y vinrent, tous étaient éveillés :
« Oncle Guillaume, dit Bertrand le guerrier,
De votre épée je vois sanglant l'acier,
Et votre écu n'est mië tout entier :
Quelque entreprise vous avez commencé ! »
Répont Guillaume : « Neveu, ne m'en veuillez !
Quand je partis d'ici pour chevaucher,
Je vous ai vu moult las et harassé,
Et vous laissai dormir et sommeiller.
Je n'avais pris que deus seuls chevaliers ;
J'ai rencontré le duc Richard le vieus,
Qui tout le jour m'avait fait épier,
Avec lui quinze de hardis chevaliers ;
Il m'a la mort de son fils reproché,
Et me voulut tous les membres trancher.
Tant nous aida le Père droiturier,
Dis en avons occis et démembrés,
Les cinq derniers se sont enfuis blessés,

---

1. Jusqu'à l'endroit où les autres s'étaient endormis après le repas. Voyez ci-dessus, laisse LI.

Vous en voyez les armes et destriers.
Le duc Richard nous amenons lié. »
Et dit Bertrand : « Dieu en soit mercié ! »

NOUVELLE EXPÉDITION DE GUILLAUME EN ITALIE COURONNEMENT DE LOUIS A ROME

LVI

Guillaume retrouve le roi Louis à Orléans, et lui livre Richard comme prisonnier. Louis le fait jeter dans sa « chartre », où il mourut depuis, de douleur et de peine.

Lors se pensa Guillaume reposer,
Chasser en bois et sur rivière aller,
Mais ne sera[1] de sa vië durant !
Deus messagers à toute bride arrivent,
De Rome viennent, chevaus ont tout lassés.
Tant ont le roi cherché et demandé,
Qu'ils ont Louis et Guillaume trouvé.
À ses pieds vont sa merci implorer :
« Pitié, franc comte, par Dieu de majesté !...
Mort est Galafre, le vaillant amiral,
Que bien vous fîtes au moutier baptiser ;
Le pape aussi est à sa fin allé.
Gui d'Allemagne a ses osts rassemblé,
Pris a de Rome les maîtres-forteresses :

1. *Mais il n'en sera ainsi.*

Tout le pays est à jamais perdu,
Noble seigneur, si ne le secourez. »
L'entent Guillaume, s'est vers terre incliné,
Et roi Louis commença à pleurer.
Le voit Guillaume, pense en perdre le sens :
« Hé ! Pauvre roi, et lâche et assoté,
Je te pensais soutenir et aider
Contre tous ceus de la chrétïenté,
Mais tout le monde[1] t'a si bien pris en haine,
Qu'à ton service vais ma jeunesse user,
Avant que n'aies toutes tes volontés.
Faites vos hommes et vos barons mander,
Que tous y viennent les pauvres bacheliers,
Qui chevaus ont éclopés, déferrés,
Et les armures défaites et faussées.
Tous ceus qui servent en pauvres seigneuries
Viennent à moi ! Assez leur donnerai
Or et argent et deniers monnayés,
Destriers d'Espagne et vigoureus mulets
Que j'amenai de Rome la cité ;
Et en Espagne j'en ai tant conquêté,
Que je ne sais où mettre le disième [2].
Nul ne pourra m'en tenir pour avare,
Les donnerai tous et bien plus encore. »
Répont le roi : « Dieu vous en sache gré ! »
Ils font leurs brefs et leurs chartes sceller,
Et leurs sergents et leurs valets partir.

---

1. *Le monde entier.*
2. *La disième partie.*

Avant que fussent les quinze jours passés,
Y en eut tant venus et assemblés,
Cinquante mille les peut-on estimer,
Tant bons sergents que chevaliers armés.
Aucun n'en ont laissé partir à pied,
Pour le secours plus presser et hâter.
De leurs journées ne vous sais rien conter,
Jusques à Rome ne se sont arrêtés.
Mais en la porte ne purent-ils entrer,
Car l'Allemand les en a empêchés.
Le roi Louis fit son pavillon tendre,
De son armée les tentes fait dresser,
Et les cuisines et les feus allumer.
Comte Guillaume a les fourriers mené
Parmi la terre pour le pays piller,
Dont ceus de l'ost bien soient ravitaillés.

LVII

Comte Guillaume a fourriers emmené.
Gui d'Allemagne sur pieds s'était levé,
À un baron de Rome ainsi parla :
« Hé ! noble sire, venez et m'écoutez :
Prenez les armes avec mil chevaliers,
Avant qu'ils aient les pavillons dressé,
Et en criant parmi eus vous jetez.
S'il est besoin, je vous irai aider. »
Et il répont : « Bien le devons-nous faire. »
Rapidement se vont appareiller,
Les hauberts vêtent, ont les heaumes lacé,

Ceignent épées et montent les destriers ;
À leur cou pendent les écus à quartiers,
Et en leur poing prennent tranchants épiés.
Hors de la porte ils se sont élancés.
Une bruine commence à s'épaissir,
Tant qu'on ne peut ni voir ni chevaucher,
Et les Français ne s'y surent garder :
Romains se sont parmi le camp jetés,
Chevaus emmènent, tuënt les écuyers,
De la cuisine emportent le manger,
Et ont occis le maître dépensier.
Le roi Louis s'en va fuyant à pied,
De tente en tente se va partout cacher,
Hautement crie : « Bertrand, Guillaume, où es ?
Fils de barons, à mon secours venez !
Par le Seigneur, moult grand besoin j'en ai. »
Le preus Guillaume ramène les fourriers,
À lui s'adresse Bertrand son bon neveu :
« Oncle Guillaume, pensez à vous hâter,
Dans notre camp j'entens moult fort crier ;
Par le Seigneur, ont besoin d'être aidés ! »
Répont Guillaume : « Il nous faut chevaucher
Par devers Rome, en tête heaumes lacés.
Si nous pouvons dehors les [1] enfermer,
Et si les nôtres ont pu se hauberger [2],
Moult grand butin nous y pouvons gagner. »
Par devers Rome lors ils ont chevauché.

---

1. *Les ennemis.*
2. *Se revêtir du haubert, s'armer.*

S'est la bruine fortement épaissie,
Et les Romains ne s'y surent garder,
Lorsque Guillaume commença à crier :
« Monjoie! dit-il, frappez-y, chevaliers! »
Vous eussiez vu beau combat commencer,
Lances briser et tant d'écus percer,
Tant de hauberts dérompre et démailler,
L'un mort sur l'autre jeter et renverser !
Et ceus du camp ont pu se hauberger ;
Ils les enferment et devant et derrière.
De ceus de Rome nul ne veulent laisser,
Que tous ne soient occis et démembrés,
Ou prisonniers et pieds et poings liés.
Le seigneur fuit, qui les avait menés,
Guillaume s'est à sa suite élancé,
Et il lui crie : « Retourne, chevalier,
Ou tu mourras comme un lâche félon. »
Le long du flanc lui a coulé l'acier,
Tout le courba sur le cou du destrier.
Tire l'épée, va lui couper la tête,
Quand lui cria et merci et pitié :
« Point ne m'occis, si Guillaume tu es,
Mais prens-moi vif, tu y peus moult gagner,
Te donnerai un grand muid de deniers. »
Comte Guillaume s'est de lui approché,
Et il lui rent son brant fourbi d'acier.
Au roi Louis l'a remis prisonnier,
Puis s'en retourne arrière à ses fourriers.
Gui d'Allemagne se leva sur ses pieds,
Dit à ses hommes : « Silence ! et m'écoutez !

Morts sont mes hommes, occis et démembrés.
Si je ne puis la bataille gagner,
Tout corps à corps, seul contre un chevalier,
Toutes nos forces point ne nous serviront. »

LVIII

Gui d'Allemagne appèle un messager,
Le fait monter sur un destrier arabe,
À son cou pent une grand peau de martre,
Entre les mains un bâtonnet lui place.
Gui d'Allemagne lui a dit un message :
« Allez-moi vite à ces tentes de soie.
Vous me direz à Louis, fils de Charles,
Qu'à moult grand tort me veut prendre ma marche[1]
N'a droit sur Rome ni sur tout l'héritage,
Et, s'il le veut avoir par violence,
Encontre moi il lui faudra combattre,
Ou chevalier[2] qui le fasse à sa place.
Et si je suis vaincu dans la bataille,
Il aura Rome et tout son héritage,
Nul ne sera[3] lui en fasse dommage.
Si je le vains de mon brant qui bien taille,
Point n'y prendra la valeur d'une maille :
S'en aille en France, à Paris ou à Chartres,
Me laisse Rome, car c'est mon héritage. »
Le messager répont : « Bien le dirai. »

1. *Marche = pays frontière*, et par extension *pays*.
2. *Lui ou un chevalier.*
3. *Il n'y aura personne qui.*

Alors s'en va parmi la porte large,
Et jusqu'au camp nullement ne s'attarde.

L'envoyé de Gui s'acquitte de son message, qu'il répète, suivant l'usage, mot pour mot.

L'entent le roi, et baisse le visage.
Quand se redresse, appèle ses barons :
« Seigneurs barons, entendez mon langage :
Gui d'Allemagne me mande grand outrage,
Par nous deus veut que soit faite bataille,
Et je suis jeune et de moult petit âge !
Ma seigneurie je ne puis pas défendre,
Est-il Français qui pour moi bien le fasse ? »
Quand ils l'ouïrent, ils baissent leur visage.
Le voit le roi, peut s'en faut qu'il n'enrage ;
Tendrement pleure dessous les peaus de martre.
Voici qu'arrive Guillaume Fièrebrace,
Qui les fourriers a conduits en la place.
Tout armé entre en la tente de soie,
Et voit le roi qui soupire à grands larmes.
Quand il le voit, peu s'en faut qu'il n'enrage,
Lors il s'écrie, devant tous les barons :
« Hé ! pauvre roi, que Dieu tout mal te fasse !
Pourquoi pleurez ? Qui vous a fait dommage ? »
Le roi Louis répondit, point n'y tarde :
« Au nom de Dieu, sire, ne le vous cache,
Gui d'Allemagne m'a mandé grand outrage ;
De nous deus seuls demande la bataille,

N'y a Français qui le fasse en ma place,
Et je suis jeune et de bien petit âge,
Mal je pourrais tel combat soutenir.
— Roi, dit Guillaume, que Dieu tout mal te fasse !
Pour votre amour[1] j'en ai fait vingt et quatre[2] :
Pour celle-ci pensez-vous que vous manque[3] ?
Non point, pour Dieu ! Je ferai la bataille.
Tous vos Français ne valent une maille. »
Au messager fièrement a parlé.

LIX

« Ami, beau frère, dit Guillaume le franc,
Tu me diras à Guion[4] l'Allemand
Qu'un chevalier, qui son seigneur défent,
Veut la bataille, moult en est désirant.
Je veus otages à ma discrétion,
Et qu'il en prenne à ses ordres de moi,
Et le vainqueur ait tout ce qu'il voudra. »
Sur pieds se dresse le palatin Bertrand :
« Oncle, dit-il, trop avons à nous plaindre !
Tout vous échoit, batailles et assauts ;
Votre vaillance met la nôtre à néant.
Cette bataille, sire, je la demande,
Donnez-la-moi, commandez que la fasse. »
Répont le comte : « Vous parlez follement.

---

1. *Pour l'amour de vous.*
2. *Vingt-quatre batailles.*
3. *Que je vous fasse défaut.*
4. *Guion*, accusatif de *Gui*.

Lorsque Louis allait se lamentant,
N'en fut aucun si hardi ni puissant,
Qui devant lui osât tendre son gant.
Pensiez-vous donc que j'allais reculer?
Ne le ferais pour l'honneur d'Abilant.
Messager, frère, dis à Gui l'Allemand
Qu'aille s'armer, puis vienne dans le champ.
Comte Guillaume lui sera au devant. »

Le messager va rendre compte à Gui du résultat de sa mission; il lui rapporte qu'un chevalier, nommé Guillaume, a relevé le défi, et que ce chevalier a un neveu, nommé Bertrand, qui aurait voulu se battre à sa place.

« Ami, beau frère, a dit Gui l'Allemand,
Quand sur Guillaume j'aurai gagné le champ,
Si alors veut ce sien neveu Bertrand,
Pour la bataille ne lui serai manquant.
Apportez-moi mes plus chers armements. »
Et il répont : « Tout à votre command ! »
On les apporte sans nul retardement.
Au dos lui vêtent son haubert jaseran,
Rouge est la maille plus que n'est feu ardent.
Et puis lui lacent un vert heaume luisant,
Une escarboucle au nasal par devant.
Ceinte a l'épée à son senestre flanc [1],
On lui amène le bon destrier courant,
Une autre épée pent à l'arçon devant.

1. *Au côté gauche.*

Sur son destrier est sauté à l'instant,
Mais à étrier ni arçon ne se prent.
À son cou pent un fort écu pesant,
Entre ses mains un fort épié tranchant :
À cinq clous d'or un gonfanon y pent.
Parmi[1] la porte il sort éperonnant,
Au pré Néron[2] il est bientôt venu.
Comte Guillaume au loin l'a aperçu,
Il en appèle Guiëlin et Bertrand :
« Mon ennemi vois entré dans ce champ,
Plus je ne dois tarder un seul instant.
Apportez-moi mes plus chers armements. »
Et ils répondent : « Tout à votre command ! »
On les apporte sans nul retardement.
Le roi Louis, quand on l'arme, est présent.
Le haubert vêt, le heaume luisant lace,
Et ceint Joyeuse à son senestre flanc,
Que lui donna[3] Charles le combattant.
On lui amène Alion le courant,
Et il y monte d'un vigoureus élan.
À son cou pent un fort écu pesant,
Et en ses mains un bon épié tranchant,
À cinq clous d'or le gonfanon pendant.
Parmi les tentes s'en va éperonnant,
Jusques au tertre point ne s'est arrêté.

1. *Par le milieu de.*
2. C'est sur l'emplacement du pré Néron qu'était bâti le Vatican.
3. *Joyeuse... que lui donna.* Sur Joyeuse, voyez la chanson de *Roland*, laisse CCXIII.

LX

Au tertre monte Guillaume le marquis.
Gui d'Allemagne ces paroles lui dit :
« Qui es-tu, toi, et songe à ne mentir,
Qui en ton cœur si grande audace as pris,
Que contre moi osas en champ venir?
— Vrai, dit Guillaume, je vous l'aurai tôt dit.
Bien dois combattre au brant d'acier fourbi :
Rome est par droit au roi de Saint-Denis,
Et c'est moi-même qui la bataille en fis,
Là, sur ce tertre, vers[1] Corsolt d'Arabie,
Le plus fort homme qui de mère naquit.
Il me coupa le nez sur le visage. »
Quand Gui l'entent, peu s'en faut qu'il n'enrage,
N'y voudrait être pour le fief de Paris[2].
Il s'est encore à Guillaume adressé :
« Es-tu, dis-moi, Guillaume le marquis,
Le fils du comte de Narbonne Aimeri?
Faisons la pais et soyons bons amis,
Et moi et toi aurons Rome à tenir[3]. »
Guillaume dit : « Glouton, Dieu te maudisse!
Pour discourir ne suis venu ici.
Je ne veus mie mon droit seigneur trahir,
Ne le ferais quand j'y perdrais la vie. »
Quand Gui l'entent, peu s'en faut qu'il n'enrage,

1. *Contre.*
2. *Il voudrait ne plus être là, lui donnât-on Paris.*
3. *À gouverner.*

L'apôtre en jure¹ qu'à Rome l'on bénit :
« Je me tiens vil de t'en avoir requis²,
Et te défie par Dieu de paradis ! »
Répont Guillaume : « Je te défie aussi ! »
Ils s'entr'éloignent plus loin qu'un arc ne porte,
Puis se retournent et se montrent la face.
Les forts écus tiennent sur la poitrine,
Bien se préparent à rudes coups férir.
Les chevaus piquent des éperons fourbis,
Lances baissées ils se sont attaqués,
Grands coups se donnent sur les écus bombés,
Dessous les boucles les ont en pièces mis.
Les blancs hauberts ils ne purent fausser,
Si bien résistent que les lances s'y brisent,
Et vers le ciel en volent les éclats.
Ils s'entre-frappent des corps et des poitrines,
Ensemble joignent les forts écus bombés,
Et les hauberts et les chevaus de pris ;
Dessus leurs têtes font les heaumes grincer,
Sang et sueur font à terre couler,
Tant que tous quatre³ il leur fallut tomber.
Les bons destriers sont à terre étendus,
Et les vassaus sont sur pieds relevés.
Les brants tirés, écus en avant mis,
Bien montreront qu'ils ne sont pas amis.

1. *Il en jure par l'apôtre.*
2. C'est-à-dire : « de t'avoir fait cette proposition. »
3. Les deus chevaliers et les deus chevaus.

LXI

Comte Guillaume sur pieds s'est relevé,
Dieu invoqua, le Père droiturier :
« Sainte Marie, vierge pucelle, à l'aide!
Nul ne m'avait fait perdre les étriers! »
Gui d'Allemagne fièrement répondit :
« Pour Dieu! Guillaume, rien ne te servira,
Rome est à moi, et ses murs et son fief,
Jamais Louis n'en sera héritier. »
Guillaume dit : « Glouton, Dieu te maudisse!
Avant le soir et le soleil couché,
Je pense avoir ton corps si bien paré,
Qu'on te pourra d'un besant acheter. »
Tenait Joyeuse, dont le brant fut d'acier;
Moult durement il a Gui attaqué,
Grand coup lui donne sur son heaume rayé,
Tant qu'il en fait fleurs et pierres tomber :
Ne fût la coiffe du blanc haubert doublé,
Après ce coup n'eût eu besoin d'un autre.
Dessus la hanche est le coup appuyé,
Tant que de chair lui abat plus d'un pied,
Tout reste nu l'os jusques au brayer [1].
« Vrai, dit Guillaume, par là vous ai saigné.
Sais [2] maintenant si tranche mon acier. »
Gui d'Allemagne fièrement répondit :
« Comte Guillaume, puisse Dieu te maudire!

1. *Jusqu'à la ceinture.*
2. *Tu sais.*

LE COURONNEMENT DE LOUIS

As-tu pensé pour si peu me troubler?
De pauvre chair on se peut trop charger;
Mais, par la crois qu'invoquent pèlerins,
Avant le soir et le soleil couché,
Je vais ma chair sur la tienne venger. »
Lors a Guillaume durement attaqué,
Grand coup lui donne sur le heaume vergé,
Tant qu'il en fait fleurs et pierres tomber.
Ne fût la coiffe du blanc haubert doublé,
Eût Aimeri perdu cet héritier.
Dieu ne le veut souffrir ni approuver.
À ce coup-là Gui a bien peu gagné;
Tout près du poing son brant s'y est brisé,
Il tire l'autre[1], sans point s'y attarder.
Le voit Guillaume et en rit volontiers.
Il tint Joyeuse, au riche brant[2] d'acier,
Moult durement il a Gui attaqué,
Grand coup lui donne sur son heaume rayé,
Dessus l'épaule le coup en descendit,
Et jusqu'au sein l'a fendu et tranché;
Du coup à terre il l'a mort renversé.
Le Tibre est près, il l'a dedans lancé,
Au fond l'emmène le fer dont fut chargé,
Jamais depuis il n'en fut retiré.
Le preus Guillaume lors commence à hucher[3]:

---

1. Il avait, comme on l'a vu, une épée de rechange.
2. Le *brant* est proprement la *lame* de l'épée. — *Riche* = d'excellente qualité.
3. Le mot *hucher* (= *crier*) est encore dans le dictionnaire de l'Académie.

« Monjoie ! il crie, Dieu, saint Denis, aidez [1] !
De ce glouton est roi Louis vengé ! »
Sur Alion est monté, son destrier,
Prent Clinevent [2], qu'il ne voulut laisser ;
Jusques au camp ne voulut s'attarder.
À sa rencontre est son neveu allé,
Et roi Louis, triomphant et joyeus.
Tant ont pleuré Guiëlin et Gautier [3],
Tel peur ils n'eurent à nul jour sous le ciel,
Hormis le jour du combat de Corsolt.
« Oncle Guillaume, êtes-vous sain et sauf ?
— Oui, répont-il, Dieu en soit mercié !
Neveu Bertrand, ne le vous veus celer,
Que je vous donne ce bon courant destrier,
Pour la bataille qu'avez hier demandée [4]. »
Répont Bertrand : « Cent mercis en ayez ! »...

LXII

Après la mort de Gui, ceus de Rome ont ouvert leurs portes et fait leur soumission « à leur seigneur droiturier ». Le trouvère raconte en quelques vers incolores que Louis entre à Rome, et que Guillaume l'y couronne

---

1. Ce sont des cris de guerre, qui deviennent des cris de victoire.
2. *Clinevent*, nom du destrier de Gui.
3. Ils ont pleuré pendant le combat, parce qu'ils craignaient pour la vie de Guillaume.
4. C'est-à-dire : « Pour vous récompenser d'avoir demandé à vous battre contre Gui. »

au nom des barons francs, qui tous lui prêtent le serment de fidélité.

Tel le jura, qui point ne l'a tenu.

NOUVELLES RÉVOLTES EN FRANCE

LXIII

Le preus Guillaume est dedans Rome entré,
Il a Louis son seigneur couronné,
Et bien lui a tout l'empire assuré.
Lors se prépare et songe à retourner.
Ils ont ensemble si longtemps cheminé,
Qu'ils sont venus au royaume de France.
S'en va le roi à Paris la cité,
Comte Guillaume rentre à Montreuil-sur-Mer.
Lors se pensait Guillaume reposer,
Chasser en bois et sur rivière aller,
Mais ne sera tant qu'il pourra durer[1] ;
Car se voulurent les Français révolter,
L'un contre l'autre se battre et guerroyer.
Les villes brûlent, ravagent la contrée,
Le roi Louis ne veulent maintenir.
Un messager à Guillaume le comte ;
L'entent le preus, pense en perdre le sens,
Bertrand appèle : « Neveu, vous entendez !
Au nom de Dieu, quel conseil me donnez ?

---

1. *Mais cela ne sera pas (il ne pourra se reposer) de toute sa vie.*

Le roi messire[1] est tout déshérité. »
Répont Bertrand : « Laissez-le donc aller !
Laissez la France, au diable l'envoyez,
Avec ce roi qui tant est assoté !
Bientôt n'aura d'héritage un plein pied. »
Répont Guillaume : « Ainsi point ne parlez !
En son service veus ma jeunesse user. »
Il fait ses hommes et ses amis mander ;
Tant ils se sont hâtés de chevaucher,
Qu'ils sont venus à Paris la cité,
Là a Guillaume le roi Louis trouvé.
Dès lors commencent grands guerres à mener.
Quant voit Guillaume, le marquis au court nez,
Qu'en cette terre ne pourra demeurer,
Car trop y a des ennemis mortels,
Il prent l'enfant[2] qu'il avait à garder,
Et l'emmena dans la cité de Laon ;
Le fait à ceus de la ville garder,
Puis il s'en va les barrières forcer,
Et les hauts murs percer et effondrer.
En moins d'un an les[3] a si bien menés,
Que quinze comtes fit à la cour aller,
Et qu'il leur fit tenir leurs héritages
Du roi Louis, qui a France à garder.
Et puis sa sœur il lui fit épouser.
Sa grand puissance a Louis recouvré,
Mais il n'en sut à Guillaume aucun gré.

1. *Le roi mon seigneur.*
2. *L'enfant,* nous dirions aujourd'hui *le jeune roi.* Le sens du mot « enfant » s'est restreint et ne comprent plus l'adolescence.
3. *Les = les ennemis du roi.*

APPENDICE

EXTRAIT DU « CHATEAU DE DANNEMARIE »

Nouvelle d'ACHILLE JUBINAL (septembre 1843)

Nous croyons devoir reproduire ici, d'après *le Musée des familles* (t. X, pp. 376 et suiv.), la partie de la nouvelle d'Achille Jubinal que Victor Hugo a imitée dans *Aymerillot*. On pourra ainsi la comparer avec le commencement d'*Aimeri de Narbonne*.

« Seigneurs, dit-il, je vais vous réciter une chanson de geste fort célèbre, et dont souvent vous avez entendu parler. Les jongleurs anciens l'ont défigurée ; mais moi, j'en ai pris le vrai sens dans les histoires de l'abbaye de Saint-Denis ; je l'ai mise de latin en français, et ce que vous allez écouter est quelque chose d'authentique. Vous y apprendrez comment Aymeri devint comte de Narbonne.

Seigneurs, il faut vous reporter à des temps bien éloignés de nous. Charlemagne, l'empereur à la barbe fleurie, revient d'Espagne. Il a déjà traversé les Pyrénées et il s'avance vers la France ; mais son visage est triste, son œil chagrin, sa démarche affligée !... Qu'a donc ainsi le grand empereur?... Ah! c'est que son neveu Roland, par la trahison de Ganelon, a été tué avec Olivier, les douze pairs et toute l'arrière-garde de son armée, jusque-là victorieuse.

L'etcheco-sauna (le laboureur des montagnes) est rentré chez lui avec son chien; il a embrassé sa femme et ses enfants. Il a nettoyé ses flèches ainsi que sa corne de bœuf, et les ossements des héros qui ne sont plus blanchissent déjà pour l'éternité [1]. Le destrier de Charles, qui lui vient de Syrie, est triste lui-même et fait *chère marrie* [2]. Charlemagne pleure, mais ce n'est pas seulement d'avoir perdu la bataille, sa pairie et son neveu, c'est de penser que sa défaite sera racontée après lui pendant quatre cents ans et plus.

cccc ans et plus dès que ma vie
De Roncisvals sera chanson oïe.

Quatre cents ans et plus, après ma vie,
De Ronceveaux la chanson sera récitée.

---

1. Ces paroles sont empruntées au chant basque d'Altabicar. [Le chant basque, dit *d'Altabiscar*, a été composé dans le courant de ce siècle, mais il passait, à l'époque romantique, pour un vieus chant national des Basques. Nous en donnons la traduction ci-après. — Le mont Altabiscar domine la vallée de Roncevaux.]

2. C'est la même idée que celle de Racine quand il dit :

Ces superbes coursiers, qu'on voyait autrefois, etc.

[Il y a là un contresens de M. Jubinal. Dans la chanson de geste, c'est l'empereur qui fait *chère* (c'est-à-dire *mine*) *marrie*.]

Cependant il chemine toujours. Tout à coup il arrive sur le sommet des Pyrénées, et, du revers aujourd'hui français de la chaîne, il se prend à regarder dans la plaine. Là, vers la droite, au loin et bien avant dans les terres, il aperçoit sur une montagne une ville bien close de murs et de défenses, que couronnent de grands arbres verts. Jamais on n'a vu cité plus forte. Outre ses murailles, elle est ceinte de trente tours en bonne pierre de liais; au milieu de ces tours il y en a une qui les dépasse toutes. L'homme le plus habile du monde à deviser mettrait le plus long jour d'été à la décrire. Ses créneaux sont tous scellés avec du plomb. Sur chacun d'eux il y a un arc prêt à jeter des traits, et, sur le faîte de la tour, on voit une escarboucle plus brillante que le soleil et qu'on peut à peine regarder fixement de trois lieues.

Sur la gauche étincelle la rive de la mer, cette grande onde qui permet aux navires nommés *dromons* d'arriver jusqu'à la ville.

A ce spectacle, Charles sentit son cœur bondir. Il appela le duc de Naymes, son sage conseiller, et lui parla à peu près ainsi :

— Beau sire, quelle est cette cité ? ne me le cachez pas. Celui qui la tient peut se vanter qu'il n'y en a pas une pareille dans le monde. Par saint Denis ! je veux venger ma défaite. Celui d'entre vous qui désirera retourner en France passera par ces portes, car, je vous jure, dussé-je rester ici quatorze ans, je ne reverrai pas la France sans avoir conquis cette ville.

Naymes a entendu Charlemagne, et il lui a dit :

— Sire, jamais homme ne fut plus surpris que je le suis. Si vous voulez avoir cette ville, vous la payerez cher ; car je n'en connais de plus forte. Celui qui la défend a avec lui vingt mille Turcs, qui ont chacun double harnais et doubles armes, et qui se moqueront, comme d'autant de boules de neige, des traits de nos arbalètes. D'ailleurs vos soldats sont si las, que chacun d'eux ne vaut pas une femme. Vos chevaliers aimeront mieux leurs manoirs qu'un assaut ; vos barons !... leurs chevaux ne se nourrissent plus que de paille ; et, quant à moi, je vous donne ma foi que je voudrais pour beaucoup être dans mon royaume de Bavière.

— Beau sire duc, reprit l'empereur, n'en parlons plus. Par la foi que je dois à Dieu, je vous jure que je ne rentrerai pas en France sans avoir conquis cette cité. — Sire, dit Naymes, ayez pitié de votre barnage, qui est à demi-mort de fatigue ; vous ne pourrez prendre la cité. D'ailleurs les Sarrasins qui la défendent ont creusé trois souterrains, l'un qui va jusqu'à Saragosse, l'autre jusqu'à Toulouse, le troisième jusqu'à Orange. Si vous assiégez la ville, ils recevront par là des secours.

Charles l'entend, et il jette un grand rire.

— Pardieu, sire Naymes, vous contez bien. Si vous étiez plus jeune, on pourrait faire de vous un jongleur. Quel est le nom de cette ville ?

— Empereur, c'est Narbonne.

— Tant mieux, dit-il ; car elle a un grand renom de vaillance, et je la donnerai à un de nos guerriers.

Avisant alors un comte de haut parage, Drues de

Montdidier, Charlemagne l'appela auprès de lui :

— Drues, lui dit-il, vous êtes fils d'un gentil chevalier ; prenez Narbonne, et je vous laisserai tout le pays depuis Narbonne jusqu'à Montpellier.

— Sire, répondit Drues, je ne vous le cache pas, je serais désolé de rester encore un mois hors de mon pays. J'ai besoin de me faire poser des ventouses et de prendre des bains, car je suis très malade. Je n'ai plus d'ailleurs un palefroi à monter, et il y a bien un an que je n'ai couché sans mon haubert.

Donnez donc Narbonne à un autre, car je n'en ai que faire.

A ces mots, Charlemagne rougit ; sa figure s'enflamma, et appelant Richer de Normandie :

— Duc, dit-il, vous êtes d'une haute race et de grande seigneurie. La valeur est entrée en vous avec le jour. Prenez Narbonne, et je vous en fais bailli.

— Sire, répondit Richer, je suis resté si longtemps dans cette terre d'Espagne, où le soleil brûle, que j'en ai le visage tout noir. Je voudrais être en Normandie. Donnez Narbonne à un autre, car, pour moi, je n'en veux pas.

L'empereur laissa tomber sa tête sur sa poitrine, et il pensa longtemps à ce que lui avaient dit les trois preux. Enfin, voyant passer Hue de Cotentin, qui était un haut chevalier et un comte palatin, il l'appela :

— A vous, chevalier, lui cria-t-il, Narbonne et ses richesses si vous la prenez.

— Droit empereur, répondit celui-ci, il y a longtemps que je porte mon harnais, que je me couche tard et que je me lève matin. Vous m'offririez tout le trésor de Pépin pour prendre Narbonne, que je ne la prendrais pas.

A ces paroles, Charles éclata en sanglots ; mais voyant passer Girard de Roussillon :

— Venez avant, gentilhomme de bien, je vous donne Narbonne.

Girard de Roussillon leva la tête. Il regarde autour de lui, et voyant le petit nombre de ses gens, son cheval qui boîtait, son enseigne déchirée :

— Seigneur, reprit-il, je vous demande pardon. Depuis deux ans j'ai toujours vécu non en palais ni en maison, mais sous une tente. Constamment j'ai porté mes éperons ; par le chaud comme par le froid j'ai été vêtu de fer. Donnez Narbonne à tout autre ; car, pour tout l'or de Salomon, je ne voudrais pas m'arrêter à la prendre ; j'ai assez de terres ailleurs.

Charlemagne appela encore successivement Eudes, duc de Bourgogne, Ogier de Danemarck, le duc Ernaut de Beauléandre ; tous refusèrent sa proposition. Alors, se dressant sur son cheval, il lève les yeux au ciel, et l'âme pleine de douleur, il s'écrie :

— O vous, comtes palatins, Olivier et Roland, que n'êtes vous ici ! Si vous étiez vivants, vous prendriez Narbonne.

Puis, se retournant vers les seigneurs qui l'avaient refusé :

— Barons, dit-il, vous qui m'avez servi, Français, Bourguignons, Flamands, Poitevins, Bretons, Lorrains, Champenois, Normands, retournez en vos terres ; pour moi, j'assiégerai Narbonne. Quand vous serez dans notre douce France, si l'on vous demande où est le roi Charles, vous répondrez que vous l'avez abandonné au siège de Narbonne ; mais celui d'entre vous qui aura besoin de ma justice viendra la chercher jusqu'ici, car je ne bougerai pas de ce tertre.

Les barons poussèrent une grande lamentation et se regardèrent tristement. Alors on vit s'avancer du milieu de la foule un jeune homme grand et bien fait. Il regarda tout le monde avec simplicité, et, s'approchant de Charlemagne avant que celui-ci l'eût interrogé, il dit :

— Dieu garde le roi de Saint-Denis et tous les barons en même temps. Je viens lui demander ce dont aucun seigneur ne veut, Narbonne et son pays.

Tout le monde resta surpris. L'empereur, considérant la jeunesse et l'audace de celui qui parlait ainsi, lui demanda son nom.

— Je suis, répondit le jeune homme, le neveu de Gérard de Vienne ; on me nomme Aymeri. Les terres que je possède sont plus petites que deux pièces de monnaie ; mais, quand il plaira à Dieu, je conquerrai un grand avoir.

— Bien parlé, Aymerillot (petit Aymeri), s'écria Charlemagne ; on t'appellera dorénavant Aymeri de Narbonne ; car, si tu prends la ville, elle est à toi.

— Sire, merci, dit le preus guerrier. Je suis encore bachelier (jeune écuyer) ; je n'ai pas beaucoup d'or, ni d'argent, ni de paille, de chair ou d'avoine ; mais, s'il plaît à Dieu, j'en aurai pris avant peu sur les Sarrasins.

Aymeri tint parole, seigneurs qui m'écoutez ; car, après avoir longtemps assiégé la ville, il la conquit par sa vaillance et devint comte de Narbonne. Il épousa plus tard Orable, fille d'un roi Sarrasin, dont il eut Guillaume au Court-Nez et plusieurs autres héros : vous en connaissez l'histoire. Prions Dieu qu'il leur donne paix dans son saint paradis et qu'il nous accorde autant de gloire qu'il en départit à ces guerriers ! »

LE CHANT D'ALTABISCAR

Nous donnons la traduction de ce chant[1] d'après le livre de M. Blanc Saint-Hilaire, *les Euskariens ou Basques* (Paris, Picard, 1888) :

« Un cri s'est élevé du milieu des montagnes des Basques, et l'*etcheco jauna*, debout devant sa porte, a ouvert l'oreille, et il a dit : « Qui est là ? Que me veut-on ? » Et le chien, qui dormait aux pieds de son maître, s'est levé, et il a rempli les environs d'Altabiscar de ses aboiements.

Au col d'Ibagneta un bruit retentit ; il approche en frappant à droite, à gauche, les rochers. C'est le murmure sourd d'une armée qui vient. Les nôtres y ont répondu du sommet des montagnes, ils ont fait entendre

1. Voyez ci-dessus, page 436, note 1.

le signal de leurs cors, et l'*etcheco jauna* aiguise ses flèches.

Ils viennent! Ils viennent! Quelle haie de lances! Comme les bannières de toutes couleurs flottent au milieu d'eus! Quels éclairs jaillissent au milieu de leurs armes! Combien sont-ils? Enfant, compte-les bien. Un, deux, trois, quatre, cinq, six, sept, huit, neuf, dix, onze, douze, treize, quatorze, quinze, seize, dix-sept, dix-huit, dix-neuf, vingt.

Vingt, et par milliers d'autres encore, on perdrait son temps à les compter. Unissons nos bras nerveux et souples, déracinons ces rochers, lançons-les du haut de la montagne en bas jusque sur leurs têtes, frappons-les de mort..

Que voulaient-ils de nos montagnes, ces hommes du Nord? Pourquoi sont-ils venus troubler notre paix? Quand Dieu fit ses montagnes, il voulut que les hommes ne les franchissent pas. Mais les rochers en tournoyant tombent, ils écrasent les troupes. Le sang ruisselle, les débris de chair palpitent. Oh! combien d'os broyés! Quelle mer de sang!

Fuyez! Fuyez! Vous à qui il reste de la force et un cheval. Fuis, roi Carloman, avec tes plumes noires et ta cape rouge. Ton neveu bien-aimé, Roland le robuste, est étendu mort là-bas; son courage ne lui a servi à rien pour lui. Et maintenant, Basques, laissons ces rochers, descendons vite en lançant nos flèches à ceux qui fuient.

Ils fuient! Ils fuient! Où est donc la haie des lances? Où sont ces bannières de toutes couleurs flottant au milieu d'eux? Les éclairs ne jaillissent plus de leurs armes souillées de sang. Combien sont-ils ? Enfant, compte-les bien. Vingt, dix-neuf, dix-huit, dix-sept, seize, quinze, quatorze, treize, douze, onze, dix, neuf huit, sept, six, cinq, quatre, trois, deux, un.

Un ! Il n'en paraît pas un de plus. C'est fini. *Etcheco jauna*, vous pouvez rentrer avec votre chien, embrasser votre femme et vos enfants, nettoyer vos flèches, les serrer avec votre cor, et ensuite vous coucher et dormir dessus. La nuit, les aigles viendront manger ces chairs écrasées, et tous ces os blanchiront dans l'éternité. »

TABLE DES MATIÈRES

	Pages.
Préface.	V
Explication des archaïsmes.	IX

ROLAND

Conseil tenu par Marsile.	2
Conseil tenu par Charlemagne.	6
Départ, voyage et trahison de Ganelon.	19
Roland est placé à l'arrière-garde.	36
Préparatifs des Sarrasins.	46
Roland refuse de sonner du cor.	53
La bataille de Roncevaux.	62
Le cor de Roland.	96
Derniers exploits.	105
Mort d'Olivier.	110
Mort de Gautier et de l'archevêque Turpin.	115
Mort de Roland.	127
Charlemagne à Roncevaux. — Poursuite des Sarrasins.	133
Arrivée de Baligant, amiral de Babylone.	143
Charlemagne retourne à Roncevaux.	153
Nouvelle bataille : Charlemagne et Baligant.	159
Prise de Saragosse.	190
Retour en France. — Mort de la belle Aude.	192
Procès et châtiment de Ganelon.	195

AIMERI DE NARBONNE

Charlemagne devant Narbonne.	210
Aimeriot.	226

TABLE DES MATIÈRES

	Pages.
L'épisode de la « Quintaine »	231
Prise de Narbonne.	236
Projet de mariage d'Aimeri.	247
Aimeri envoie des messagers au roi des Lombards. — Voyage. — Combat contre Savari l'Allemand.	251
Arrivée et séjour à Pavie. — Épisode des nois et des hanaps brûlés.	258
Les messagers s'acquittent de leur message. — Réponse d'Hermengarde.	271
Dis des messagers retournent près d'Aimeri. — Embuscade de Savari l'Allemand.	281
Aimeri à Pavie. — Demande en mariage.	306
Siège de Narbonne par les Sarrasins.	314
Les noces d'Aimeri et d'Hermengarde.	338

LE COURONNEMENT DE LOUIS

Préambule.	346
Le couronnement à Aix.	347
Guillaume à Rome. — Combat contre Corsolt.	356
Lutte de Guillaume contre l'usurpateur Acelin, fils de Richard de Normandie.	390
Guet-apens du duc Richard.	411
Nouvelle expédition de Guillaume en Italie. — Couronnement de Louis à Rome.	418
Nouvelles révoltes en France.	433

APPENDICE

Extrait du *Château de Dannemarie*.	435
Le chant d'Altabiscar.	442

Tours. — Imp. DESLIS FRÈRES, rue Gambetta, 6.

www.ingramcontent.com/pod-product-compliance
Lightning Source LLC
Chambersburg PA
CBHW070534230426
43665CB00014B/1685